THE GREAT EXPLORERS AND THEIR JOURNEYS OF DISCOVERY

伟大的探险之旅

〔英〕博·里芬堡 —— 著

张佳静 付强 —— 译

U0724895

Royal
Geographical
Society
Enterprises

Commercial activities
supporting the charity

BY
BEAU RIFFENBURGH

重庆大学出版社

CONTENTS
目录

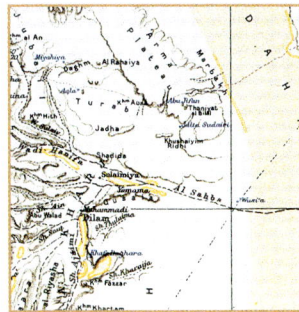

4 Chapter 4
第四章

AFRICA

非洲

5 Chapter 5
第五章

AUSTRALIA AND THE PACIFIC

澳大利亚和太平洋

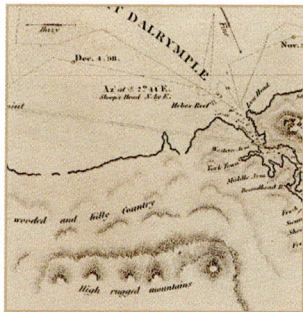

6 Chapter 6
第六章

THE ARCTIC

北极地区

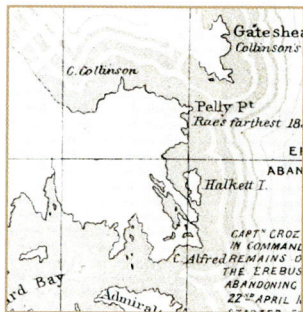

7 Chapter 7
第七章

ANTARCTICA

南极洲

EXPLORATIO
BEFORE THI
GOLDEN AG

黄金时代之前的探险

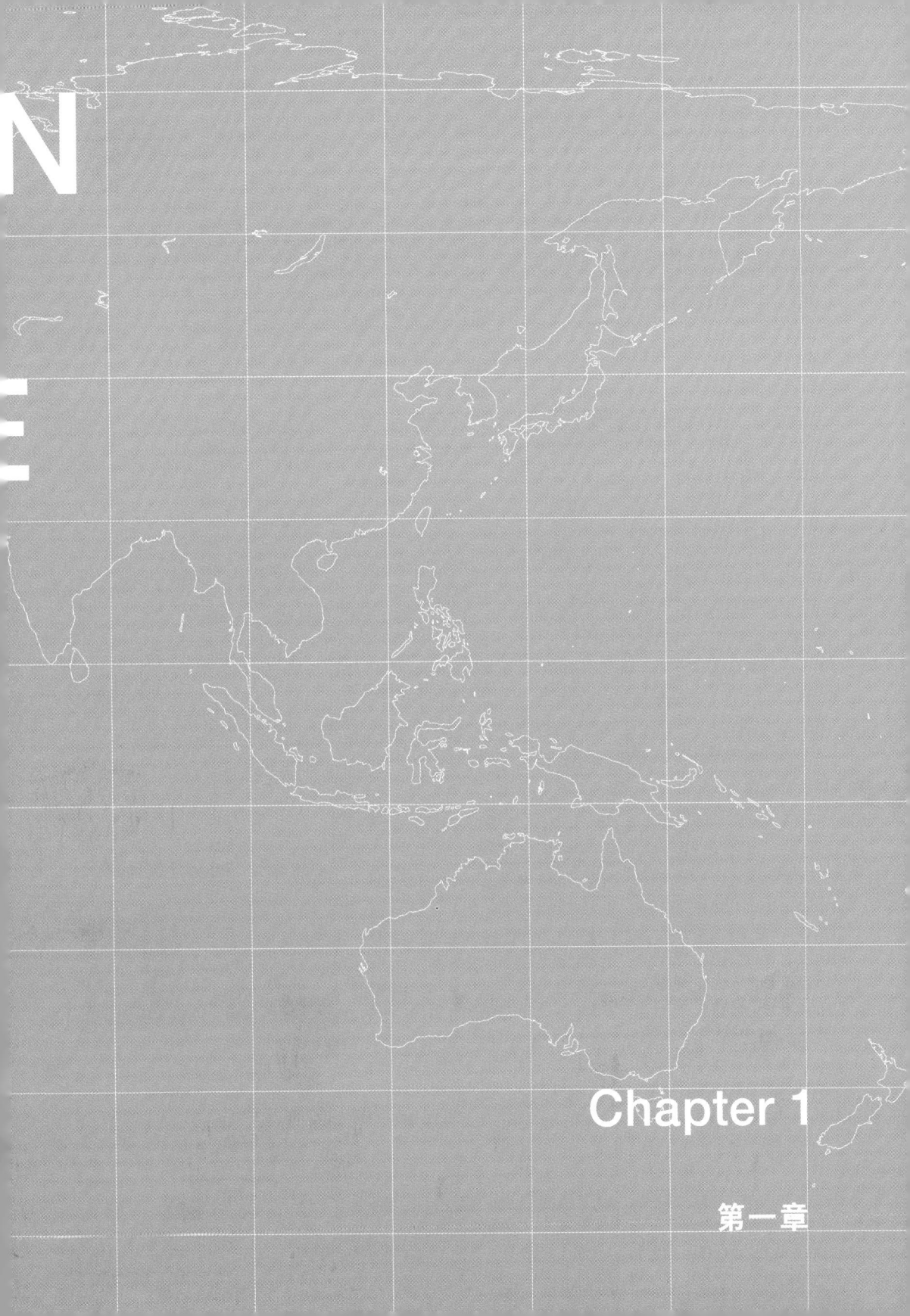

N

E

Chapter 1

第一章

EXPLORATION BEFORE COLUMBUS

—

哥伦布之前的探险

从某种意义上说，探险和人类历史一样古老：早期的人类走出非洲，最终在世界上大部分地区定居。对于古代文明来说，探险通常是军事征服或建立商路的副产品。古埃及人哈克胡夫是最早的探险家之一，他生活在埃及古王国的第六王朝。公元前 2270 年左右，他领导了几次逆尼罗河而上的探险活动；最后一次探险，他带回了一个"小矮人"给法老佩皮二世。大约八百年后，埃及女王哈特谢普苏特派遣了一支舰队沿着红海前往"庞特"之地，但目前人们还不确定庞特的确切位置。

In one sense, exploration is as old as mankind: early peoples spread out from Africa and ultimately populated most of the world. For ancient civilizations, exploration was usually a by-product of military conquest or the establishment of trading routes. One of the earliest known explorers was an Egyptian, Harkhuf, who lived during the Sixth Dynasty of the Old Kingdom. Around 2270 BC, he led several expeditions up the Nile; on the last one, he brought back a "dwarf" to Pharaoh Pepi II. Some 800 years later, the Egyptian queen Hatshepsut sent a fleet down the Red Sea to the land of "Punt", although it is uncertain where Punt actually was.

阿赫图宾斯克
Akhtubinsk

苏达克
Sudak

阿斯特拉罕
Astrakhan

特拉布宗
Trabzon

里海
Caspian
Sea

黑海
Black Sea

大不里士
Tabriz

大马士革
Damascus

阿克里
Acre

耶路撒冷
Jerusalem

巴格达
Baghdad

布哈拉
Bukhara

塔什干
Tashkent

撒马尔罕
Samarkand

大夏(今巴尔赫)
Balkh

喀布尔
Kabul

波斯
PERSIA

伊斯法罕
Esfahan

克尔曼
Kerman

霍尔木兹
Hormuz

佩瓦利
Perwali

卡拉奇
Karachi

德里
Delhi

阿拉伯半岛
ARABIA

吉达
Jedda

麦加
Mecca

塞拉莱
Salalah

亚丁
Aden

摩加迪沙
Mogadishu

蒙巴萨
Mombasa

基尔韦
Kilwe

印度洋
INDIAN
OCEAN

孟买
Bombay

印度
INDIA

卡利卡特
Calicut

甘吉布勒姆
Kanchipuram

斯里兰卡
SRI
LANKA

龟兹(库车)
Qiuci

吐鲁番
Tulufan

沙洲(敦煌)
Shazhou

亚洲
ASIA

秦城
Chin-Ch'eng

长安(西安)
Chang'an

北京
Beijing

莱州
Laizhou

中国
CHINA

杭州
Hangzhou

泉州
Quanzhou

广州
Guangzhou

锡尔赫特
Sylhet

吉大港
Chittagong

加尔各答
Calcutta

新加坡
Singapore

挪威海
rgian
an

卑尔根
ergen

塔万格
avanger

挪威
NORWAY

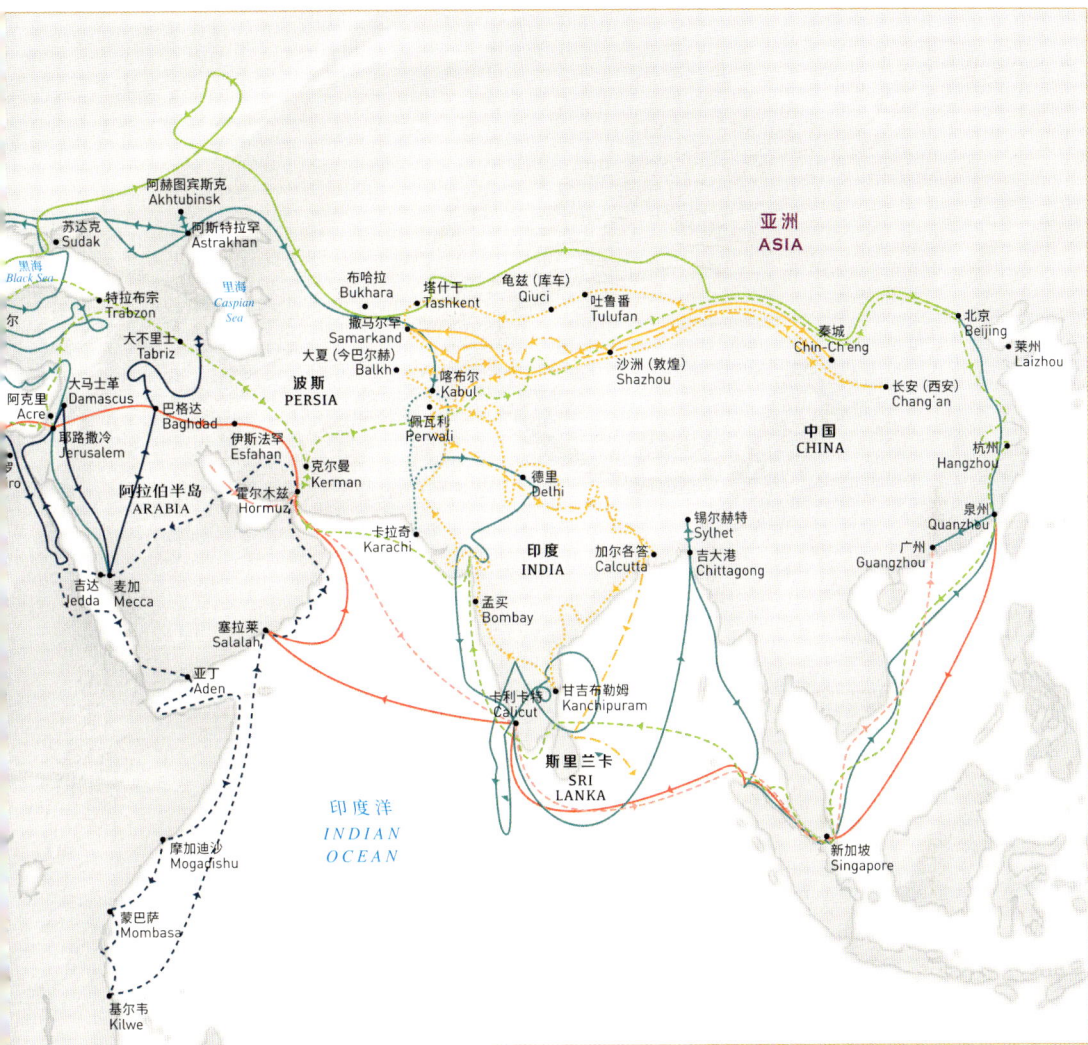

——— 张骞，公元前139—前116	——— 伊本·白图泰，1325—1327
——— 法显，399—414	- - - 伊本·白图泰，1328—1330
······· 玄奘，629—645	——— 伊本·白图泰，1330—1346
- - - 商人苏里曼，850—851	······· 伊本·白图泰（线路不确定）
——— 尼古拉·波罗和马菲奥·波罗的 去程路线，1260—1266	——— 伊本·白图泰，1346—1349
- - - 马可·波罗，1271—1295	- - - 伊本·白图泰，1349—1354

① 撒马尔罕：中亚地区历史名城，也是伊斯兰学术中心，现在是乌兹别克斯坦的旧都兼第二大城市、撒马尔罕州的首府。

② 即《大唐西域记》。

③ 保加尔汗国：又称伏尔加保加利亚，或伏尔加卡马河保加利亚，存在于 7—13 世纪。范围是现在的楚瓦什共和国与鞑靼斯坦共和国，如今的俄罗斯楚瓦什人与鞑靼人是他们的后裔。

④ 赫尔陆兰：意为"平石之地"，此地可能是今加拿大的巴芬岛。

⑤ 马克兰：意为"树岛"，即今北美哈德逊湾与大西洋间的拉布拉多半岛。

⑥ 布哈拉汗国：位于中亚河中地区的伊斯兰教封建国家（1500—1920），因 16 世纪中叶迁都至布哈拉而得此国名。

● 对页图
英国皇家地理学会于 1830 至 1931 年委托制作了赫里福德世界地图（Hereford "Mappa Mundi"，即中世纪的欧洲世界地图）的复制品。而诞生于 13 世纪的原版地图在英国赫里福德大教堂展出，它由牛皮纸制成，尺寸为 158 厘米 × 153 厘米。

耶路撒冷位于地图上圆圈的中心，地图的顶部为正东方向，伊甸园在世界边缘的圆圈中。欧洲位于左下方，其中苏格兰、英格兰和爱尔兰等大岛屿被划至西北方边境，而非洲位于右侧。

在欧洲人的眼中，世界上大部分地区是随着地中海的腓尼基商人或亚历山大大帝东征而开辟的。但并非所有的探险活动都在欧洲始发——中国人进行此类探险也由来已久。公元前 139 年到公元前 116 年，张骞旅行远至撒马尔罕①。他被匈奴人扣留后，这次探险也被迫中断了十年之久。5 世纪初，佛教旅行家法显成为第一个到达印度的中国人，他沿着丝绸之路穿过帕米尔高原后南下，最终抵达斯里兰卡。两百年后，玄奘进行了一次和法显类似但范围更广的旅行，之后他写下了中国古代最重要的旅行记录之一②。

在伊斯兰世界，探险活动也很兴盛。在高峰时期，其范围从西班牙扩展到西非、中亚，甚至更远的地区。首批著名的伊斯兰探险家中，商人苏里曼（Suleiman）于 850—851 年从波斯湾启程，先后到达印度、香料群岛、越南和中国。他后来写的游记对众多阿拉伯和波斯地区的地理学家产生了深远影响。10 世纪，伊本·法德兰（Ibn Fadlan）到达了伏尔加河畔的保加尔汗国③。

从 8 世纪开始，来自北欧的维京人（又称诺曼人）开始向其他地方迁徙扩散，他们在诺曼底安顿下来，在基辅建立国家，并占领西西里岛。他们还在欧洲西部开拓了大量新的领地，比如在 9 世纪初定居设得兰群岛和法罗群岛，此后不久又定居冰岛。982 年，埃里克·托瓦德森（Eirik Thorvaldsson，又称"红胡子埃里克"）从冰岛出发，去寻找大约一个世纪前挪威人贡比约·乌尔斯松（Gunnbjörn Ulfsson）记载的地方。埃里克"重新"发现了这片土地，并将其命名为格陵兰，随后在此地建立定居点。在文兰（Vinland）的传奇小说里，谁是第一个到达北美的欧洲人还没有定论。《格陵兰人的传说》（*Groenlendinga Saga*）中，大约在 986 年，布贾尼·赫乔尔夫斯森（Bjarni Herjólfsson）看到的可能是纽芬兰的海岸线，以及拉布拉多和巴芬岛。但是根据《埃里克传说》（*Eoríks Saga*），这一荣誉当归于莱夫·埃里克松（Leif Eiriksson），他在 1001—1002 年到了他命名为赫尔陆兰④（Helluland）、马克兰⑤（Markland）和文兰的地方。新的移民区很快在文兰建立，虽然它存在的时间有些短，但毋庸置疑，这是欧洲人在北美的第一个定居点。

哥伦布之前，欧洲最伟大的旅行家应该是来自威尼斯的一个商人家族。马可·波罗（Marco Polo）的父亲尼古拉·波罗（Nicolò Polo）和叔叔马菲奥·波罗（Maffeo Polo）积极参与了著名的商业旅行，访问了神秘的布哈拉汗国⑥和撒马尔罕，随后前往北京，探访了位

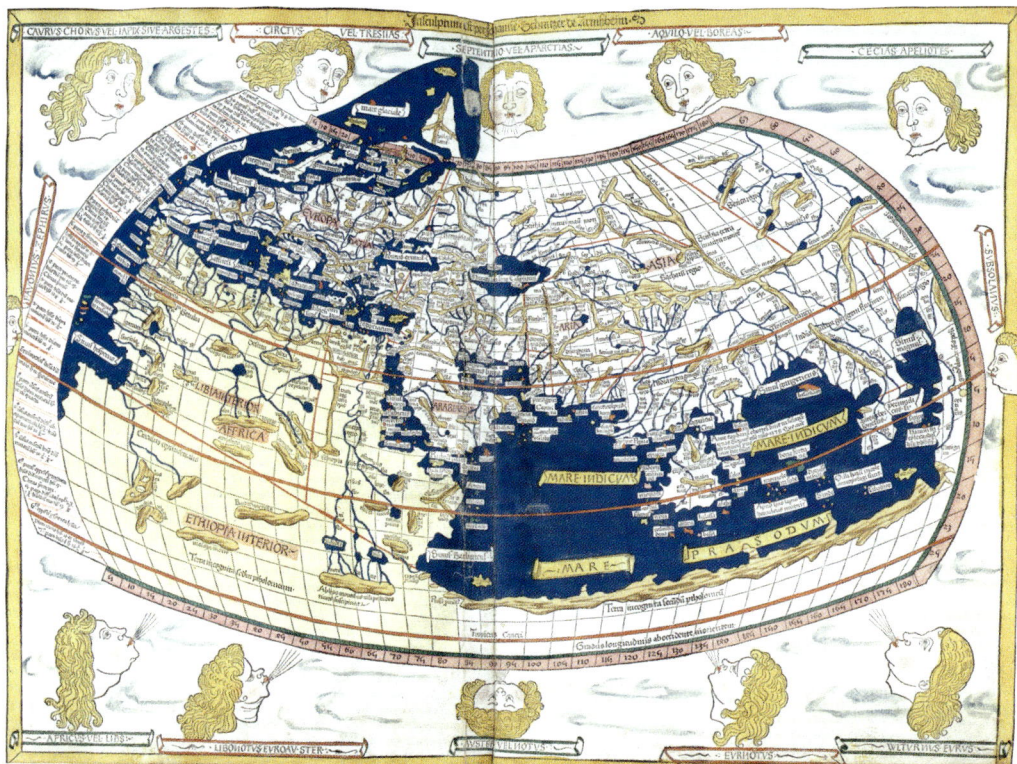

于这座耀眼城市的忽必烈汗宫。他们的旅程或许长达六年多，甚至或许是十年。1271年，在返回威尼斯后不久，他们又带着17岁的马可·波罗再次上路。

马可·波罗和父亲、叔叔一起，穿越了土耳其人、亚美尼亚人、波斯人和阿富汗人的领土，穿越了兴都库什山脉，沿着丝绸之路到达中国。在中国，波罗家族为大汗服务了大约17年，其间他们访问了蒙古、缅甸、印度和马来西亚。1259年，他们重返欧洲，回到威尼斯。在返程时，他们还肩负着护送一位蒙古公主经苏门答腊岛和印度洋前往波斯的任务。几年后，马可·波罗在一场威尼斯与热那亚的战争中被俘虏和监禁。他的狱友鲁斯蒂切罗（Rustichello）是一位作家，成功说服马可·波罗口述了他的旅行故事。《马可·波罗游记》（The Travels of Marco Polo）出版后，欧洲人才得以了解他所描述的有关中国的众多奇迹。

● 上图
大约140年，希腊地理学家、天文学家托勒密在埃及亚历山大制作的世界地图。他的《地理学指南》（*Guide to Geography*）（八卷）是当时收集得最齐全的地理信息汇编，影响了几个世纪的旅行者。

● 对页图
马可·波罗家族前往中国的场景，取自一幅由加泰罗尼亚制图师为西班牙国王查理五世准备的14世纪地图。

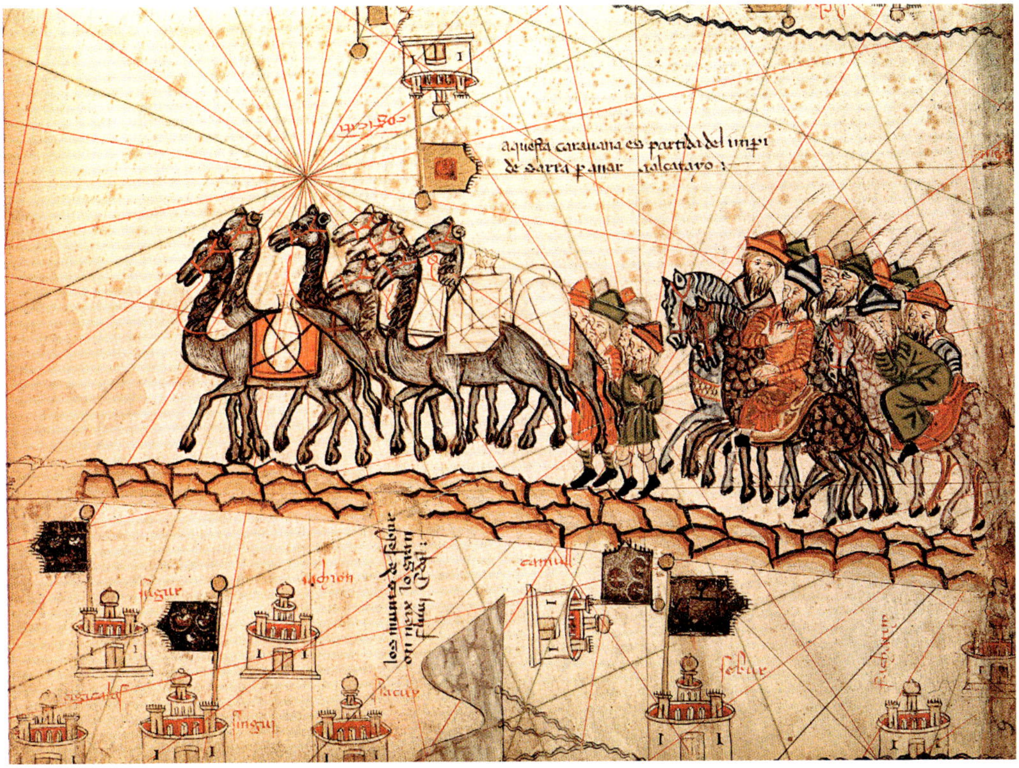

IBN
BATTUTA

伊本·白图泰

伊本·白图泰或许是有史以来最伟大的旅行者。1304 年，他在丹吉尔出生，21 岁时加入了麦加朝圣之旅，这是他的第一次探险。他一生共有 8 次探险活动，持续了 29 年，累计里程 120 000 公里。他的首次行程是沿着红海航行，到达大马士革、麦加和巴尔达等地。随后的一次航行，他绕过阿拉伯半岛，到达非洲的索马里和坦桑尼亚。其中，他最伟大的一次探险持续了 16 年，到达的地方包括君士坦丁堡、俄罗斯南部、传说中的布哈拉汗国和撒马尔罕、阿富汗、印度、马尔代夫以及中国。回到丹吉尔后，他又前往格拉纳达，向南穿过撒哈拉大沙漠，到达传说中的廷巴克图。

● 下图
麦加朝圣之旅。

The Caravan.

WHERE WAS VINLAND?

文兰在哪里？

莱夫·埃里克松到达北美后，先在一个叫文兰的地方过冬，然后带着葡萄和葡萄藤回到格陵兰。多年来，文兰的确切位置存在争议。1961年，挪威学者海格（Helge）和妻子安妮-斯坦·因斯塔（Anne-Stine Ingstad）在纽芬兰北部的兰塞奥兹牧草地进行发掘，发现了8座建筑的地基，其中一座大房子几乎和莱夫在格陵兰的"大殿"一模一样。所以，现在人们一致认定这个叫莱夫布迪尔（Leifsbudir）的地方即为莱夫在文兰的定居点。

● 上图

探险家莱夫·埃里克松的雕像矗立在雷克雅未克大教堂门前，这座雕像是美国国会在1930年赠给冰岛的。

CHRISTOPHER COLUMBUS

—

克里斯托弗·哥伦布

1492年10月12日,三艘西班牙船只抵达了一座名叫巴哈马的小岛。当时没有任何一名船员意识到他们发现了一个欧洲人以前完全不了解的世界,历史上也没有任何一次探险能超越这次航行。这一天是这支小船队的指挥官克里斯托弗·哥伦布的胜利时刻。

No expedition in history is more famous than the one that culminated on 12 October 1492, when three Spanish ships arrived at a tiny island in the Bahamas. None of the crew then realized that they had discovered a part of the world previously totally unknown to Europeans, but it was, nevertheless, a moment of triumph for the commander of the small flotilla, Christopher Columbus.

大西洋
ATLANTIC
OCEAN

葡萄牙
PORTUGAL

西班牙
SPAIN

亚速尔群岛
Azores

里斯本
Lisbon

帕洛斯港
Palos de la Frontera

加的斯
Cadiz

加那利群岛
Canary Islands

非洲
AFRICA

北回归线
Tropic of Cancer

佛得角群岛
Cape Verde Islands

0   500 kms
0   300 mls

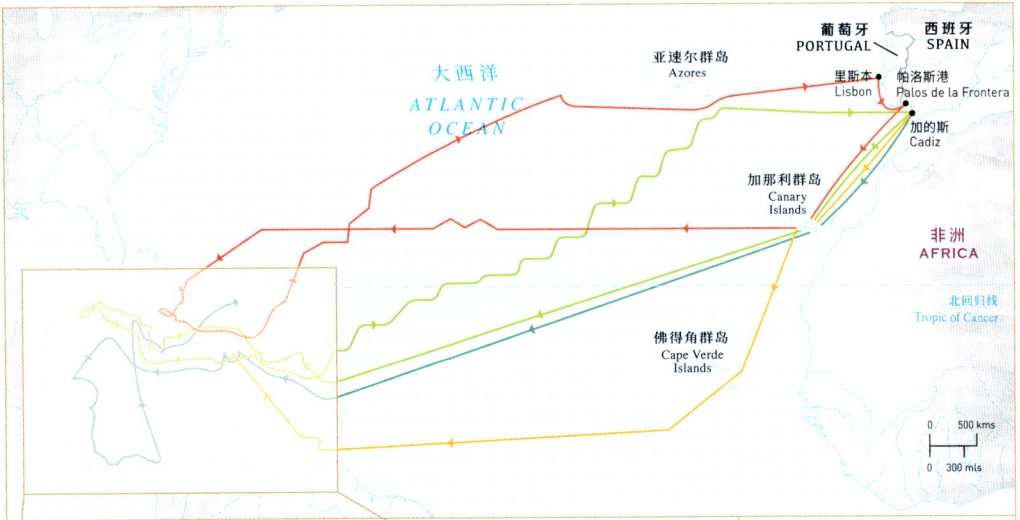

第一次航行, 1492—1493
第二次航行, 1493—1496
第三次航行, 1498—1500
第四次航行, 1502—1504

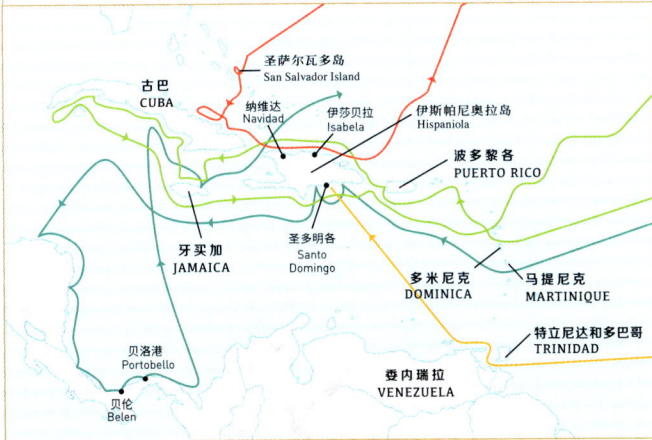

圣萨尔瓦多岛
San Salvador Island

古巴
CUBA

纳维达
Navidad

伊莎贝拉
Isabela

伊斯帕尼奥拉岛
Hispaniola

波多黎各
PUERTO RICO

牙买加
JAMAICA

圣多明各
Santo Domingo

多米尼克
DOMINICA

马提尼克
MARTINIQUE

特立尼达和多巴哥
TRINIDAD

贝洛港
Portobello

委内瑞拉
VENEZUELA

贝伦
Belen

● 对 页 图

1493 年，西班牙伊莎贝拉女王和夫婿费
尔南多国王在哥伦布第一次航行回国后接
见了他。哥伦布向君主展示了从新大陆带
回的土著、植物和食物。

● 上 图

哥伦布的旗舰圣玛利亚号（中）与另两艘
帆船平塔号和妮娜号。据估计，圣玛利亚
号重约 100 吨，另两艘船只有它一半大。

1451 年，哥伦布（又被称为意大利的克里斯托弗罗·科伦坡，或西班牙的克里斯托瓦尔·科隆）出生在热那亚，是一位纺织工人的儿子。14 岁时，哥伦布开始出海，关于他早年的航海经历有很多传说，但可以肯定的是，15 世纪 70 年代他搬到当时的海上贸易中心里斯本，其间也在马德拉岛住过一段时间。哥伦布在大西洋上积累着航海经验，开始逐渐相信"向西航行有可能到达远东地区"这一说法。1484 年，他向葡萄牙国王约翰二世提议——向西航海寻找通向远东地区的航线，但遭到了国王的拒绝。哥伦布毫不气馁，转而求助于西班牙的伊莎贝拉女王和她的夫婿费尔南多国王，获得了他们为期六年的资助，并最终取得成功。

1492 年 8 月 3 日，星期五，哥伦布率领了一支由三艘船组成的船队——他本人所驾驶的圣玛利亚号，以及由马丁（Martin）和文森特·平松（Vicente Pinzón）两兄弟分别率领的两艘轻快帆船平塔号（Pinta）和妮娜号（Niña），从西班牙港口帕洛斯出发。9 月 6 日，他们在加那利群岛补给后，继续西行。可随后的 13 天，强劲的大风迫使他们减缓速度，这让船员们极度紧张。10 月 10 日，哥伦布承诺：如果还没有发现陆地，就将在三天内返航。幸运的是，两天后，船队抵达了被哥伦布命名为圣萨尔瓦多的岛屿。他以西班牙之名占领了此岛屿，并继续向南，到达他所认为的亚洲大陆（今古巴地区）。随后，哥伦布又发现了伊斯帕尼奥拉岛，但在圣诞节前夜，圣玛利亚号失事了，于是哥伦布在海岸上留下了一个分队后，率领着他的另外两艘小船返航。当他于次年 3 月 15 日回到西班牙后，受到了英雄般的欢迎。

哥伦布的第二次航行（1493—1496）更加野心勃勃。他率领着 17 艘船（包括 3 艘大帆船和 14 艘轻快帆船）和由上千人组成的船队，从加的斯启航。大约五周后，他们看到了多米尼克岛。在前往伊斯帕尼奥拉寻找伊莎贝拉的沿海定居点之前，他们又发现了瓜德罗普岛和波多黎各。哥伦布勘察了古巴的南部海岸，发现了牙买加。遗憾的是，与部下发生的一系列争吵促使他返回了西班牙。

尽管事实证明哥伦布明显缺乏事务管理的领导力，但在 1498 年，他仍然在第三次航行时被委以重任，因为西班牙君主担心其他国家觊觎他们在新世界的领土。这次航行中，有 3 艘船将直接驶向伊斯帕尼奥拉，船上还载有 30 位女士，与前两次远征时的定居者会合。同时，哥伦布带着其他 3 艘船继续向南前行，7 月下旬，他们

发现了特立尼达岛，并沿着委内瑞拉海岸到达北美大陆。但哥伦布与下属的关系依然势同水火，甚至在 1500 年，他被一位新的西班牙皇家总督用锁链押解回西班牙。

好在哥伦布仍然得到伊莎贝拉女王的信任，被获准回到新大陆，但他不得接近伊斯帕尼奥拉。1502 年，在第四次航行中，哥伦布试图寻找一条通往印度的航线。他航行到今古巴西部，沿着今天的洪都拉斯、尼加拉瓜、哥斯达黎加和巴拿马的沿岸航行。回到今古巴东部时，他的船在牙买加失事，被救出之前，他在此地被困了一年。1504 年 11 月，哥伦布回到西班牙，变得郁郁寡欢。一年半后，他于 1506 年 5 月去世。

● 上图
摘自克里斯托弗·哥伦布写给伊莎贝拉女王和夫婿费尔南多国王的一封信（写于他首次航行新大陆的返航途中）。该信是其航行日志的总结，并以西班牙语和拉丁语大量印刷。

NAVIGATIONAL INSTRUMENTS

导航仪器

在哥伦布时代，当船只航行于无法望见陆地的海洋上时，航行者常用两种航海仪器来确定位置：象限仪和星盘。相比星盘，象限仪更加原始，但它仍然被使用了数个世纪。象限仪呈三角形，底部弯曲，从顶角垂下一条底端拴着铅块的线。星盘呈圆形，边缘标有度数，还有一根可以移动的观察杆。这两件仪器都被用来测量太阳或恒星高度，再对比先前在港口测量的数值，进而推算当前所处海上位置的纬度。

● 上图
英国皇家地理学会所藏星盘。中心的轴承可以旋转，能用来测定恒星或行星的方位。

THE FIRST SETTLEMENTS

第一个定居点

1492 年圣诞节，正好是圣玛利亚号在伊斯帕尼奥拉搁浅后的第二天，哥伦布认为这次事故是在此建立殖民地的天意。因此，他命令 40 人在此定居，并给他们物资和弹药，他把此地命名为纳威达（西班牙语中的圣诞节之意）。第二年，当哥伦布再次来到此地时，发现留下的定居者已经全部被杀。1494 年，他又在此地向东 50 公里的地方建立了新的定居点，取名为伊莎贝拉。同样，因为原住民的敌意和哥伦布的高压统治，这个定居点也很快遭到破坏。然而，它确实是新大陆上第一个属于欧洲人的城镇。

● 上图
1493 年哥伦布信件的木版画，以浮夸、荣耀、时髦的方式展示了他在伊斯帕尼奥拉建立的堡垒。当第二年回来时，哥伦布发现该殖民地已荒废。

THE GREAT VOYAGER

—

大航海家

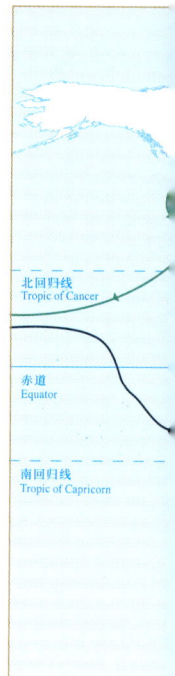

15 世纪大部分时间里，身为欧洲小国的葡萄牙引领了一股海上探险的浪潮，推动这一浪潮的关键人物是有"大航海家"美誉的亨利王子，他是葡萄牙国王约翰一世的第三子。1415 年，在突袭并占领摩尔人的北非城市休达后，亨利着手建立了一所航海学校，继而启动对非洲西海岸耐心且系统的探索。这些举措最终使葡萄牙在大西洋奴隶贸易（始于 15 世纪 40 年代）中占据主导地位，并促成了发现通往印度的新航路。

Throughout most of the fifteenth century, it was one of Europe's smaller kingdoms, Portugal, that led a great wave of maritime exploration. The key figure behind this push was Prince Henry "the Navigator", the third son of John I of Portugal. Shortly after the capture of the Moorish city of Ceuta in North Africa in 1415, Henry set up a school for navigation and began promoting the patient, systematic exploration of the coast of West Africa. This process led eventually to Portuguese dominance of the Atlantic slave trade (which developed from the 1440s) as well as to the discovery of a seaborne route to India.

美洲
AMERICA

北大西洋
NORTH
ATLANTIC
OCEAN

英格兰
ENGLAND

亚速尔群岛
Azores

里斯本
Lisbon

西班牙
SPAIN

印度
INDIA

达喀尔
Dakar

贝宁湾
Bight of Benin

非洲
AFRICA

卡利卡特
Calicut

东印度群岛
East Indies

佛得角群岛
Cape Verde Islands

科纳克里
Conakry

摩加迪沙
Mogadishu

科钦
Cochin

帕尔马斯角
Cape Palmas

马林迪
Malindi

南美洲
SOUTH AMERICA

累西腓
Recife

蒙巴萨
Mombasa

萨尔瓦多
Salvador

莫桑比克
Mozambique

澳大利亚
AUSTRALIA

里约热内卢
Rio de Janeiro

德班
Durban

马普托
Maputo

开普敦
Cape Town

印度洋
INDIAN
OCEAN

莫塞尔湾
Mossel Bay

南大西洋
SOUTH
ATLANTIC
OCEAN

好望角
Cape of Good Hope

0   2000 kms

0   1000 mls

迪亚士, 1487—1488

达·伽马, 1497—1498

回程, 1498—1499

卡布拉尔, 1500—1501

麦哲伦, 1519—1521

德尔·卡诺, 1521—1522

德雷克, 1577—1580

Tartariæ li:
mites.

In China regione, Iapania alijsque
insulis vicinis, messis multa Chri-
stianorum: quorum indies novæ co-
loniæ ducuntur, patribus societatis
Iesu fidis operarijs.

AMERICÆ SEPTE:
Quivira.

TRIONALIOR PAR

Xanton

Murus quingentorum leucar

C. Liamton

Paquin

CHINAE
REGNI
PARS.

Cincheo

Isla
de Plata.

Argyra hæc
forte anti:
quorum.

R. de los estrechos

C. de Trabaios

C. Mendocino

Costa brava

Baia de las pinas

Sachion

Iapan ins. nuper ad Fi:
dem Christianam conversa.

Cequij:

Molim

Suadechio

Hucheo

Foquiem

Semarvey

Meaco de
Sacuy

Amanguchia

Y. de Ladrones

Las dos
Hermanos

Los Bolcanes

Malabrigo

La Farfana

Cantao

Meate de
Goto

Bandal

Suadechio

Cincheo

Lequio grande

Lequio pequenno

Circulus Cancri.

MARE PACI

Caylon

Cubo

Islas de Lucois.

Resinga de
ladrones

Baxos de S. Bartholemeo

CUM QU

Y. de S. Yº

Sandaco

Philippinas.

Minoro

Dos Arecifes

Los Iardines

Cubo

Mindanao

Dos Mataloes

Y. dos Corales

Pracel

B. de Malaye

Terena

Carangas

Talao

Y. de los eas

Mal:luc:
ques

Costa de
mero

P. lagoada

170

180

190

200

210

220

230

Celebes

Machian
Bachian

Buro

Tidore

Terra
alta

Timor

Primera tierra
Hermosa

Tierra de S. Iuan

La casimana

Los Volcanes

Nombre de Iesus

Isola Atrequada

Las Martas

S. Catalina

S. Anna

Iaua Mi:
nor

Baixos

Tierra
baxa

R. de S.
Agustin

Golfao hermoso

Baia hermosa

R. de S. Iuan

San Marcos

Insulæ Sa:
lomonis.

Nova Guinea, quibusdam
Terra de Piccinacoli.

Los Tuberones

Circulus Capricorni.

SPE ET
METV.

GENIO ET INGENIO NO:
BILI DN. NICOLAO ROCCOXIO,
PATRICIO ANTVERPIENSI,
EIVSDEMQVE VRBIS SENATORI,
Abrahamus Ortelius   Regiæ Mtis geographus
lub. merito   dedicabat.

1589

TERRA AVSTI

SIVE MAGELLAN

DVM DETECT

MARIS PACIFICI,

(quod vulgò Mar del Zur)

cum regionibus circumiacentibus, insulisque in eodem passim sparsis, novissima descriptio.

MARIS ATLANTICI,

SIVE MAR DEL NORT

PARS.

Bermuda

Noua Hispania.

Messico.

Florida

Cuba

Spagnola

Iamaica

S. Ioan

La Trinidad

California

Mar Ver- mejo

Y. de S. Thomas

La amollada

Rocca partida

Islas de los Cedros

Islas de los diamantes

Cartagena

Caribana.

Quito.

Circulus Aequinoctialis.

AMERICAE

MERIDIONA-

LIOR PARS.

Peru.

Charcas.

Chili.

Patagones.

VVLGO

MI - NANT

DEL

ZVR.

Y de Cocos

Y. de Galopegos

Prima ego velivolis ambivi cursibus Orbem,
Magellane novo te duce ducta freto.
Ambivi, meritoq̃ vocor VICTORIA: sunt mi
Vela, alæ; precium, gloria; pugna, mare.

Archipe
lagus in
sularum.

Fretum Magella
nicum.

Mar
del Nort.

Tierra del Fuego.

Cum privilegijs Imp. & Reg. Maiestatum,
nec non Cancellariæ Brabantiæ, ad decennium.

亨利于 1460 年去世，但葡萄牙人对非洲海岸的考察在里斯本商人
费蒙·戈姆斯（Fernão Gómes）的主导下依然继续，他还承诺每年
至少探索 100 里格①（leagues）以换取对贸易的垄断。15 世纪 80
年代，葡萄牙国王约翰二世派遣的探险队取得了更为迅速的进展。
1482 年，迪奥戈·康（Diego Cão）到达非洲刚果河；1488 年，巴尔
托洛梅乌·迪亚士（Bartolomeu Dias）从今天的纳米比亚出发，
直接向南行进，抵达非洲的最南端，然后转往东北方向，在莫塞尔
湾登陆。在确定了非洲海岸线后，转向东北，他被一群不满的船员
强迫返航，在归途中，还发现了非洲南端的奥古拉斯角和好望角。

1497—1498 年，一条通往东方的航路终于建立。瓦斯科·达·伽马
（Vasco da Gama）没有像他的前辈们那样沿着非洲海岸、艰难挣
扎于几内亚湾的寒风中，而是从佛得角群岛向南航行，并在到达非
洲南部后转向东行。然后，他沿着东非海岸一路向北，同时还要试

①
里格：这是一个曾在欧洲和拉丁美洲使用
的古老的长度单位。在陆地上，1 里格为 3
英里，约为 4.828 公里，即大约为步行 1
小时的距离；在海上，1 里格为 3 海里，约
5.556 公里。

● 上页图

这幅太平洋地图取自第一本现代地图集《寰宇概观》(*Theatrum Orbis Terrarum*, 意为"世界是一座剧场")。地图集最早的版本由安特卫普制图师、地理学家亚伯拉罕·奥特柳斯 (Abraham Ortelius) 于 1570 年出版,它由 70 幅地图组成,背面还有描述性文字。该图名为《马里斯太平洋海图》(*Maris Pacifici*),于 1589 年绘制,出现在 1590—1612 年出版的地图集上,尺寸为 344 毫米×498 毫米,比例尺为 1:4000。图名下的注记可译为:"一个全新的关于和平之海的描绘,它通常被称为南海,拥有很大的区域和星罗棋布的岛屿。"地图右下方是麦哲伦的维多利亚号,即第一艘环游世界的船。

● 对页图

西班牙艺术家、探险家和征服者胡安·德·拉·科斯塔 (Juan de la Costa) 所绘地图在 19 世纪的复制品。制图者参加了克里斯托弗·哥伦布发现新大陆的前三次航海。地图对重要统治者和建筑物进行了着色,还列出了沿海尤其是西海岸的地名,令人印象深刻。

● 上图

瓦斯科·达·伽马正在听取船员的恳求,他们因罹患坏血病而惊恐不已。达·伽马拒绝返回葡萄牙,并继续沿着非洲的东海岸直到印度。

● 下图

桌湾和好望角周边的早期绘画。虽然葡萄牙人最早到达这里,第一个贸易站却是荷兰东印度公司在 1652 年建立的。

Aldus Verthoont hem de TAFEL BAY Geleegen aen CABO de BONA SPERANCA.

图安抚患坏血病的船员们，因为这一次远航使他们远离陆地的时间比以往任何一次都长。在到达今天的肯尼亚海岸后，达·伽马向东行驶至印度。1499 年 7 月，他满载从印度获得的胡椒、肉桂和丁香回到葡萄牙。

达·伽马的成功，激发了更多探险家沿着大西洋中部的航路前行。其中一位贵族佩德罗·阿尔瓦雷斯·卡布拉尔（Pedro Alvares Cabral）在前往印度的途中，被风吹到西南方向，并于 1500 年 4 月抵达巴西。他宣称这里属于葡萄牙，然后起身前往印度。尽管绕了远路，但这是轮船找到的从欧洲到印度的最快路线。

另一位葡萄牙贵族费迪南·麦哲伦（Ferdinand Magellan），也曾经由非洲航线行至印度，并前往摩鹿加群岛或香料群岛。他坚信，可以通过一条 1513 年由瓦斯科·努涅斯·德·巴尔博亚（Vasco Núñez de Balboa）发现的通道穿过美洲，再横跨太平洋。麦哲伦在葡萄牙失宠后，开始效忠并服务于西班牙国王查理五世。

 1519 年 9 月，麦哲伦带着五艘船离开西班牙，沿着南美洲海岸航行，得以考察该洲的主要河流。接着，麦哲伦在圣朱利安（在今巴塔哥尼亚）过冬，并平息了一场船员的叛变。这场叛变使一艘船被毁，一艘船被遗弃。1520 年 11 月，他穿过后来以他命名的麦哲伦海峡，驶入太平洋。接下来三个月，余下的三艘船一直行驶在太平洋上，许多船员在抵达关岛前就已经死于坏血病。1521 年 4 月，麦哲伦在菲律宾被杀，剩下的两艘船由胡安·德尔·卡诺（Juan del Cano）继续指挥。1522 年 9 月，最后一艘船维多利亚号抵达西班牙，完成了人类首次环球航行。这支出发时拥有 250 人浩浩荡荡的舰队，最后仅剩下 18 人。

半个世纪后，英国人弗朗西斯·德雷克（Francis Drake）进行了第二次环球旅行。1577 年，德里克离开普利茅斯，意图袭击在秘鲁的西班牙人。他沿着南美洲海岸行驶，穿过麦哲伦海峡，刚进入太平洋，就被一场风暴吹向南方，随后发现了德雷克海峡，并证明了火地岛是一个岛屿，而非南部大陆的一部分。之后，德雷克沿着美洲西海岸航行，到达旧金山后，然后再出发穿越太平洋。他带着来自香料群岛的丁香和掠夺来的西班牙宝藏，一路向西，于 1580 年 9 月抵达英格兰。

● 对页图和上图
费迪南·麦哲伦是一位葡萄牙的航海家，但他为西班牙服务。因错误地与菲律宾交战，麦哲伦在试图占领麦克坦岛时被杀。

● 上图

安特卫普制图师亚伯拉罕·奥特柳斯在1570年左右制作的著名地图。加上麦哲伦发现的火地岛，这幅地图中奥特柳斯所谓的"未知的南方大陆"覆盖了南大洋的大部分地区。

FRANCISCVS DRACVS NOBILISS EQVES ANGLIÆ

Iodorus Hondius
Flander fecit Londini.

Effigies fortiſſ. Ducis Francisci Draci ad uiuum, una cũ deliː
neatione admirandæ ipsius nauigationis, quã Id. Decemb.1577
ex Anglia incepit. 4° uero Kalen. Octob. 1580. felⁱciſſ. absoluit.

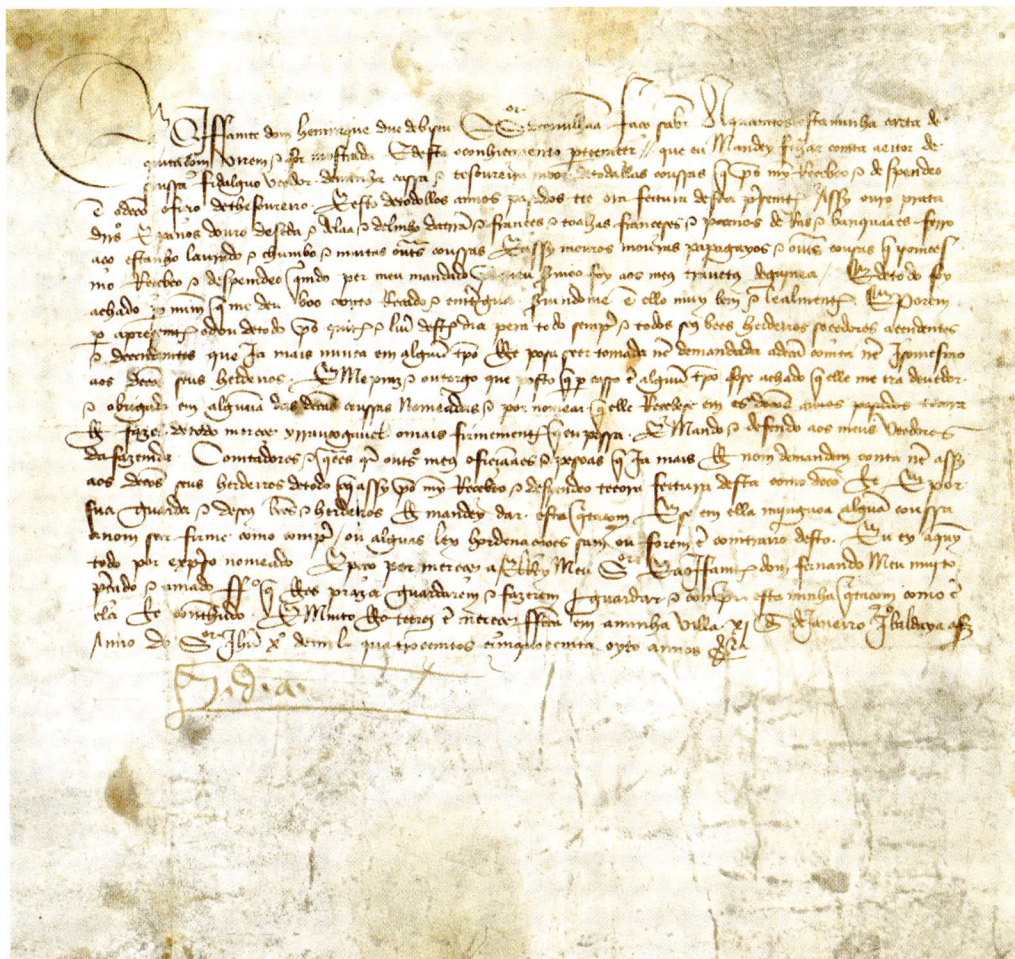

MEASURING
SPEED AT SEA

海上测速

如果船员能够估计在海上的船速，就可以更准确地确定他们的实际位置。一个常用来测量船速的办法是：给一根绳索打一系列结，这些结之间的距离是相等的，然后把这根绳索绑在一根圆木上，再将圆木扔入海中。根据绳结在船一侧的速度，可以测算出船只的行驶速度。如今用于表示船只行驶速度的"节（knots）"就是这样来的。

● 左图
在 19 世纪，船员掌握航速的过程历尽艰辛。

URDANETA'S PASSAGE

乌达内塔通道

在麦哲伦的环球航行和西班牙在新大陆西海岸建立殖民地之后，人们多次尝试穿越太平洋返回美洲。然而，他们被厄运和东北信风阻挠。最终，直到 1565 年，安德烈·德·乌达内塔（Andrés de Urdaneta）从菲律宾出发向北航行，发现是流向东北方向的日本洋流推动着太平洋东部的北太平洋洋流。这个发现帮助他到达了加利福尼亚。后来，他沿着海岸线南下，抵达墨西哥。这个著名的"乌达内塔通道"被使用了两个世纪。

● 上图

如果按照今天的标准，西班牙、葡萄牙、荷兰和英国探险家的小船绝对得不到贸易委员会的批准。

THE SPANISH IN NORTH AMERICA

—

北美洲的西班牙人

尽管还是像哥伦布一样，在航海前被许诺荣耀和财富，但是此后20年内，西班牙人却没有再考察过北美大陆。对北美大陆的第一阶段探索始于 1513 年，当时胡安·庞塞·德·莱昂离开波多黎各寻找传言中富裕的比米尼岛，这也是神话传说中"不老泉"的故乡。当年 4 月，他发现了一处被认为是一座岛屿的地方，并把此地命名为"佛罗里达"，其在西班牙语中的意思是"花之复活节"。他回到波多黎各，获得了皇家的许可，被允许在这块新土地上定居和统治。然而，1521 年当莱昂再次回到佛罗里达时，因遭到印第安人的袭击而丧命。

Despite the glory and riches that voyages of Columbus seemed to promise, two decades later the Spanish had still not investigated the mainland of North America. The first stage in that exploration only began in 1513, when Juan Ponce de León left Puerto Rico to locate the reputedly rich island of Bimini, which was also reported to be the home of the legendary "Fountain of Youth". In April, he discovered what he thought to be an island, which he named Florida for the Spanish Feast of the Flowers at Eastertide, Pascua Florida. He returned to Puerto Rico to obtain a royal licence to settle and govern this new land. However, when de León returned to Florida in 1521, he was fatally wounded in an attack by Indians.

阿肯色河
Arkansas R.

堪萨斯州
KANSAS

加利福尼亚州
CALIFORNIA

亚利桑那州
ARIZONA

新墨西哥州
NEW MEXICO

俄克拉荷马州
OKLAHOMA

密西西比河
MISSISSIPPI R.

阿肯色州
ARKANSAS

田纳西州
TENNESSEE

北卡罗来纳州
NORTH CAROLINA

南卡罗来纳州
SOUTH CAROLINA

得克萨斯州
TEXAS

格兰德河
Rio Grande

密西西比州
MISSIS-
SIPPI

阿拉巴马州
ALABAMA

佐治亚州
GEORGIA

美国
U.S.A.

路易斯安那州
LOUISIANA

阿巴拉契
Apalachee

大西洋
ATLANTIC
OCEAN

加利福尼亚半岛
Baja California

墨西哥
MEXICO

阿巴拉契湾
Apalachee Bay

佛罗里达州
FLORIDA

墨西哥湾
GULF OF MEXICO

坦帕湾
Tampa Bay

北回归线
Tropic of Cancer

哈瓦那
Havana

古巴
CUBA

坎佩切湾
CAMPECHE BAY

特诺奇蒂特兰
Tenochtitlan

坎波拉
Cempoala

尤卡坦半岛
Yucatan
Peninsula

加勒比海
CARIBBEAN SEA

太平洋
PACIFIC
OCEAN

特拉斯卡拉
Tlaxcala

维拉科鲁兹
Vera Cruz

塔巴斯科
Tabasco

伯利兹
BELIZE

洪都拉斯湾
GULF OF HONDURAS

危地马拉
GUATEMALA

洪都拉斯
HONDURAS

尼加拉瓜
NICARAGUA

萨尔瓦多
EL SALVADOR

0   500 kms
0   300 mls

庞塞·德·莱昂, 1513
纳瓦茨和德·瓦卡, 1528—1536
德·索托, 1539—1542
慕斯科索, 1542—1543
科罗纳多, 1540—1542
辅助路线
科尔特斯, 1519
德·索托去世的地方

与此同时，1519 年，曾经跟随迪奥戈·德·韦拉斯克斯（Diego de Velásquez）征服古巴的埃尔南·科尔特斯（Hernán Cortés），被派往当时新发现的尤卡坦半岛，寻找据说位于半岛西部的富裕王国。他带着 500 人、16 匹马和 6 门大炮在墨西哥海岸登陆，建立了维拉科鲁兹城。当年 8 月份，他从位于热带的墨西哥湾沿岸出发，穿过高山和平原，前往一座在湖中岛屿上的伟大城市——特诺奇蒂特兰——蒙特祖玛（Montezuma）在这里统治着阿兹特克帝国。途中，科尔特斯说服曾被阿兹特克人征服过的部落加入自己的队伍。

西班牙人进入特诺奇蒂特兰后，抓住了蒙特祖玛，使之成为西班牙的傀儡。这种局面持续了五个月，直到科尔特斯暂时离开这座城市，阿兹特克人开始反抗他留下的人。蒙特祖玛在试图维持和平时，被他的人所杀。科尔特斯遭遇了初期挫败，但他很快重组部队，并围攻和洗劫了特诺奇蒂特兰，并废除最后一位阿兹特克帝国的统治者。科尔特斯的新西班牙成为未来向南北方向探险、进入太平洋探险的中心。

1528 年，曾经参与入侵古巴的庞费列奥·德·纳瓦茨（Pánfilo de Narváez）率领一支探险队开拓了佛罗里达，并被任命为此地的行政官。在佛罗里达半岛南部登陆期间他听到了一个关于财富之城的传说，但在向北行进期间，搜寻无果。撤退到墨西哥湾海岸时，他的部下建造了五艘船并向西驶去，直到一场风暴摧毁了船只，将幸存者扔到了得克萨斯州加尔维斯顿附近一座小岛上。纳瓦茨在海上失踪了，一名初级军官阿尔瓦·纽恩兹·卡比赞·德·瓦卡（Álvar Núñez Cabeza de Vaca）和其他几个人开始了一场可怕却非凡的西部之旅。尽管他们得到了其他部落的援助，但还是有两次被印第安人俘获。他们缓慢向西，穿过得克萨斯和墨西哥北部，逐渐接近加利福尼亚湾，在西班牙奴隶贩子的帮助下，于 1536 年到达墨西哥城。此时，距他们出发已过去八年了。

卡比赞·德·瓦卡的旅行记录鼓舞了赫尔南多·德·索托（Hernando de Soto），作为一个嗜血的征服者，他曾经与费朗西斯科·皮萨罗（Francisco Pizarro）一起在秘鲁探险（见第 54—55 页）。其中，德·索托在 1539—1543 年的探险，让后来并入美国东南部领土上的原住民胆战心惊。德·索托带着 600 人出发，向佛罗里达、佐治亚和卡罗莱纳进军，然后西行越过阿巴拉契亚山脉，蜿蜒穿过田纳西、阿拉巴马、密西西比和路易斯安那。行进的同时，这支队伍的人不断杀害或奴役土著。1541 年，他的队伍在前往阿肯色和堪萨斯之前跨越了密西西比河，成为第一批看到这条河流的欧洲人。1542 年，德·索托去世，他的队伍在路易斯·德·莫斯科索（Luis de Moscoso）的带领下返回墨西哥。

几乎在同时，即 1540—1542 年，弗朗西斯科·德·科罗纳多（Francisco de Coronado）穿越了更遥远的西部地区，一是寻找传说中齐波拉的七座黄金城，二是寻找传说中的奎维拉（Quivira）。科罗纳多把他的探险队划为几个分队，这使他的探险足迹能够到达堪萨斯、科罗拉多、新墨西哥的彩色沙漠，以及亚利桑那的大峡谷。然而，在美国西部的普韦布洛人眼中，科罗纳多没有发现任何财富，他只带回了"毫无价值"的地理知识。

● 对页图
弗朗西斯科·德·科罗纳多的大规模探险从未找到传说中齐波拉的七座黄金城，但这为美国西部的土著居民带来了马匹。

● 右图
蒙特祖玛一世在特诺奇蒂特兰参加活人祭祀。西班牙人对阿兹特克人献祭神灵时那种看似无法满足的血液需求而感到震惊。根据一位早期的西班牙编年史家的记录，每年有超过 5 万人被处死。

THE CONQUEST OF THE CARIBBEAN

征服加勒比

在哥伦布到达新大陆的最初几年，西班牙人对伊斯帕尼奥拉岛以外的加勒比诸岛毫无兴趣。1508年，胡安·庞塞·德·莱昂登陆波多黎各，征服当地居民后，建立了殖民地，并成为该地的执行官。三年之后，曾经参与了哥伦布第二次航行的迪奥戈·德·韦拉斯克斯率领一支探险队从伊斯帕尼奥拉岛出发，征服了古巴。他从古巴东部登陆，建立了第一个永久性的欧洲人定居点巴拉科亚，并在三年内镇压了当地人对西班牙统治的反抗。

● 上图
迪奥戈·德·韦拉斯克斯对古巴的野蛮征服远不是浪漫主义画作中表现的这般轻松。

THE CONQUISTADORS
征服者们

"Conquistadors" 一词来源于西班牙语 "征服者"。征服者们往往是勇敢的冒险家和雇佣兵，他们为了黄金和名誉来到新大陆，其中一些服务于国王或天主教会。总体数量很少的征服者们表现出对掠夺原住民财富的狂热追求和贪得无厌，所以往往毫不留情且极度残忍。最著名的征服者是埃尔南·科尔特斯和弗朗西斯科·皮萨罗。

◉ 左图
在 1520 年 7 月击败奥图巴的阿兹特克人后，科尔特斯成功地进入了盟友的家乡特拉斯卡拉。

◉ 下图
阿兹特克人的首都特诺奇蒂特兰的规划归功于埃尔南·科尔特斯。

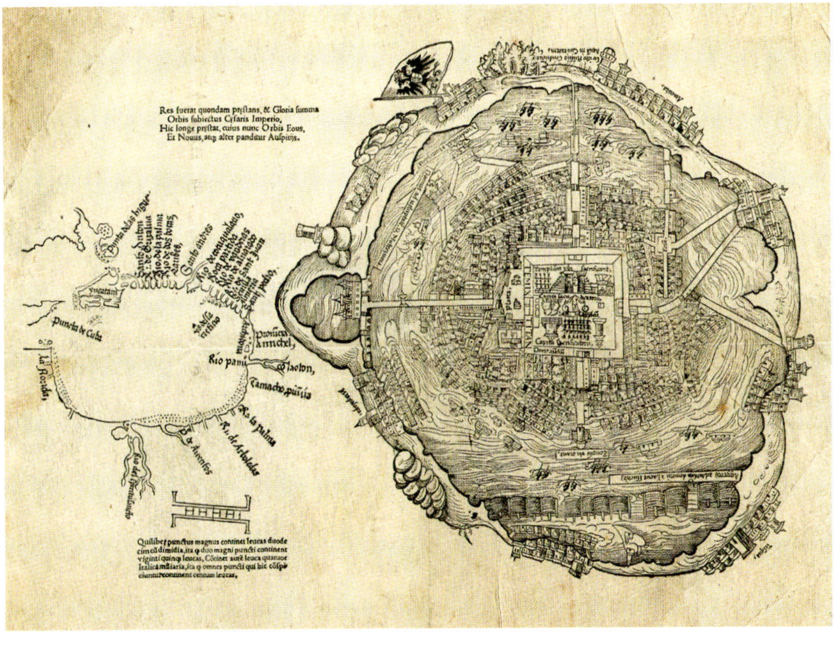

THE FRENCH IN NORTH AMERICA

—

北美洲的法国人

当西班牙的征服者们在南美沉醉于黄金之时，其他欧洲人也正被新世界的北部所吸引，因为他们渴望寻求一条通往中国的航路，以发掘巨大的商机。1497 年，约翰·卡伯特在航行结束后，报告了纽芬兰附近鳕鱼的巨大存量，这一发现加剧了大规模渔业航海的热潮。在此期间，新的发现不断出现，但鲜有记载。

While Spanish conquistadors lusted for gold, other Europeans were drawn to more northerly parts of the New World by their desire to find a sea route to China and take advantage of the remarkable commercial opportunities such a route would open up. After his voyage of 1497, John Cabot reported the existence of vast stocks of cod off Newfoundland, a discovery which precipitated a surge of voyages to exploit the massive fishery, during which, in turn, new discoveries were made but rarely recorded.

安大略省
ONTARIO

加拿大
CANADA

魁北克省
QUEBEC

圣劳伦斯湾
GULF OF ST. LAWRENCE

新不伦瑞克省
NEW BRUNSWICK

美国
U.S.A.

苏必利尔湖
Lake Superior

休伦湖
Lake Huron

魁北克
Quebec

蒙特利尔
Montreal

缅因州
MAINE

新斯科舍省
NOVA SCOTIA

威斯康星州
WISCONSIN

安大略湖
Lake Ontario

新罕布什尔州
NEW HAMPSHIRE

佛蒙特州 VERMONT

密歇根州
MICHIGAN

伊利湖
Lake Erie

纽约州
NEW YORK

马萨诸塞州
MASSACHUSETTS

爱荷华州
IOWA

宾夕法尼亚州
PENNSYLVANIA

罗德岛州
RHODE ISLAND

密西西比河
Mississippi R.

伊利诺伊河
Illinois R.

俄亥俄州
OHIO

密苏里州
MISSOURI

伊利诺伊州
ILLINOIS

印第安纳州
INDIANA

肯塔基州
KENTUCKY

大西洋
ATLANTIC
OCEAN

阿肯色州
ARKANSAS

田纳西州
TENNESSEE

阿肯色河
Arkansas R.

密西西比州
MISSIS-
SIPPI

路易斯安那州
LOUISIANA

墨西哥湾
GULF OF MEXICO

| 0 | 500 kms |
| 0 | 300 mls |

⋯◄⋯	卡蒂埃，1534
──◄──	卡蒂埃，1535—1536
──┼──	尚普兰，1604—1607
──┤───	尚普兰，1608
⋯◄⋯	尚普兰，1615
──┼──	尼科莱，1634—1635
──┼──	乔利埃特和马奎特，1672—1673
──◄──	拉·萨勒，1679—1680
⋯◄⋯	拉·萨勒，1682

多年来，对大西洋沿岸进行考察的主要是葡萄牙人、布列塔尼人和诺曼的渔民；1542 年，在佛罗伦萨航海家乔瓦尼·达·维拉萨诺（Giovanni da Verrazano）的带领下，一支法国探险队试图寻找一条通往太平洋的路线，同时吸引真正的探险家们加入探索大西洋沿岸的行列。维拉萨诺在北卡罗来纳的"恐惧角"（Cape Fear）附近登陆，然后向北航行到纽芬兰，仔细考查沿途的犄角旮旯，但他没有对重要的切萨皮克湾和哈德逊河进行考察。之后，他又进行了两次航行，在后一次航行中，维拉萨诺独自一人在瓜德罗普岛登陆，不幸的是，船员们惊恐万分地目睹了他被加勒比的印第安人杀害并切开吃掉的过程。

维拉萨诺未能发现一条西方通道，这使后来的法国探险队将注意力集中在纬度更高的地区。1534 年，雅克·卡蒂埃（Jacques Cartier）勘探了纽芬兰海岸和圣劳伦斯湾。第二年，他在圣劳伦斯河上行进了 1600 公里，发现了易洛魁族印第安人的村落奥雪来嘉——后来的蒙特利尔就建于此地——之后被猛烈的急流所阻。他的队伍在圣查尔斯河越冬时，许多人死于严寒和坏血病，后来易洛魁人向他们展示了一种用白雪松的树皮和叶子制成的饮料，它能治愈可怕的坏血病。1541 年，卡蒂埃又进行了第三次旅行，但进展有限。

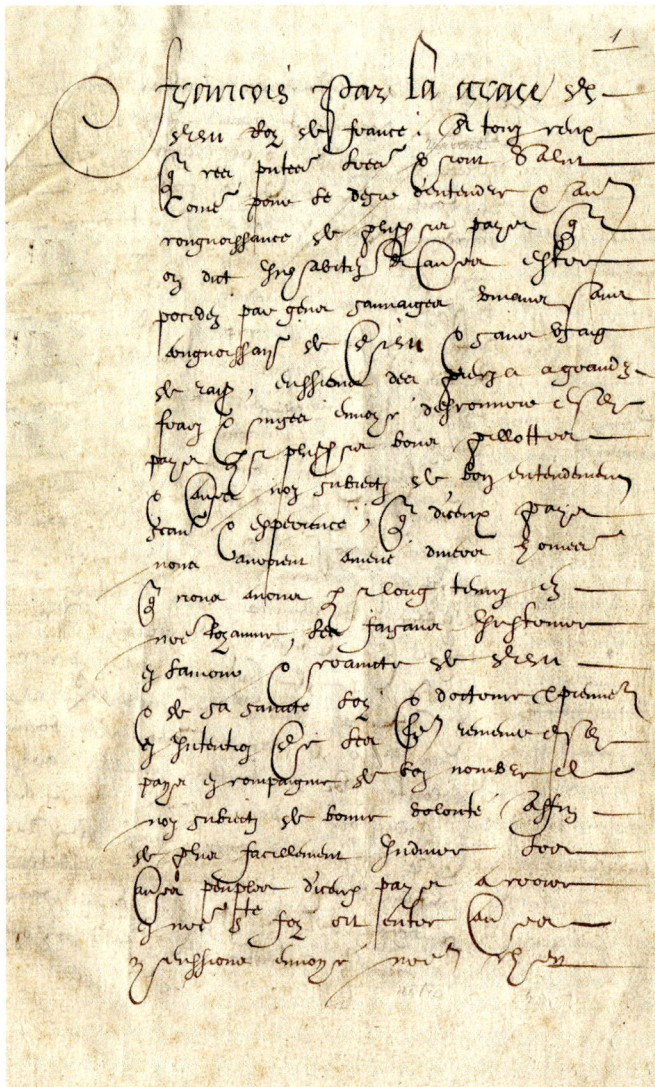

又过了六十年, 塞缪尔·德·尚普兰(Samuel de Champlain) 大大地扩展了卡蒂埃的发现。在 17 世纪初期, 尚普兰领导了一系列探险活动, 探索和绘制了从大西洋南部海岸到马萨诸塞州, 以及圣劳伦斯河流域南北两侧的地图。这位被称为"新法兰西之父"的人, 不仅将目光停留在探险领域, 还建立了一个探险的前哨点, 即后来的魁北克市。回到法国后, 他的旅行记录让公众着迷。此外, 他不仅鼓励人们探索新世界, 还成了法国年轻探险家们的导师, 这些后来者包括测绘了五大湖区地图的艾蒂安·布勒(Etienne Brûlé)、第一个深入苏必利尔湖探险的欧洲人基恩·尼科莱（Jean Nicolet）等。

1672 年，毛皮商人路易斯·乔利埃特（Louis Jolliet）受人之托，调查关于一条大河的印第安故事，这使五大湖以南地区的探险工作得以继续。乔利埃特的团队中还有耶稣会牧师兼翻译雅克·马奎特（Jacques Marquette），他们从密歇根湖西岸出发，追溯到密西西比河上游的河流和湖泊地区。两人继续向南，经过密苏里河与俄亥俄河的交汇处，遇到了以前不为人知的印第安部落、野生动物和植物种群。最后，他们在西班牙人领地北部的阿肯色河附近返回，并确信这条河继续流向墨西哥湾。

随后，勒内 - 罗贝尔·卡弗利耶·德·拉·萨勒（René-Robert Cavelier de La Salle）又花了十年来核实密西西比河这条北美最伟大河流的去向。1679 年，他乘船穿越伊利湖、休伦湖和密歇根湖后，进入密歇根湖以南的水道，到达伊利诺伊河与密西西比河的交汇处。返回蒙特利尔后，拉·萨勒再次向南行驶，并顺流而下，穿过乔利埃特经过的转折点，于 1682 年 4 月 6 日到达墨西哥湾。他宣称这条河流的整个集水区归属于法国，并命名此地为路易斯安那，然后向北折回。随后，拉·萨勒返回法国，被授权在密西西比河河口建立殖民地。可是，当他带着 320 人组成的队伍回来时，却再未找到这条河，被迫在得克萨斯上岸，队伍中的不少人被遗弃，甚至葬身于此。1687 年，拉·萨勒在继续寻找密西西比河的过程中被手下谋杀。

NOT GOOD NEIGHBOURS

坏邻居

卡蒂埃遭遇的困境促使法国殖民者把注意力转向南方。1562年，让·里博（Jean Ribault）在南卡罗来纳的罗亚尔港建立了法国胡格诺教派（Huguenots）的殖民地。两年后，定居者们放弃了这个据点。勒内·德·劳唐尼尔（René de Laudonnière）带领着逃避宗教迫害的新教徒们，进行了第二次探险，并在圣约翰河上建造了卡罗琳堡。然而，在西班牙王室的支持下，当时的佛罗里达执政官、同时也是北美最古老的欧洲人定居点圣奥古斯丁的执政官佩德罗·弥尼德兹·德·阿维莱斯（Pedro Menéndez de Avilés），派人袭击了卡洛琳堡并屠杀了所有"异端"定居者。

● 上图
勒内·德·劳唐尼尔和部落首领阿瑟雷在让·里博建立的其中一个图腾柱前见面。

THE SPANISH IN LATIN AMERICA

—

拉丁美洲的西班牙人

继哥伦布成功航行后，其他西班牙水手们也向西航行寻找财富。1499 年，曾经与哥伦布一起航行的阿隆索·德·奥赫达和胡安·德·拉·科萨到达了圭亚那海岸，并沿着海岸线向北到达今天的哥伦比亚。奥赫达看到当地的房子像踩着高跷一样建在水里，就把这片土地命名为委内瑞拉，意思是"小威尼斯"。1500 年，曾经驾驶着妮娜号和哥伦布进行第一次远航的文森特·平松，进攻了位于现在累西腓附近的巴西海岸，并探索了亚马孙河河口，他当时误认为这条河是恒河。在接下来的十年，胡安·迪亚斯·德·索利斯陪同马丁·平松环游古巴，宣称乌拉圭属于西班牙，他们还发现了拉普拉塔河。

After Columbus's successful voyages, other Spanish mariners also sailed west to make their fortunes. In 1499, Alonso de Ojeda and Juan de la Cosa – both of whom had accompanied Columbus – reached the coast of Guiana and followed it north to present-day Colombia. Seeing houses built on stilts in the water, Ojeda named the land Venezuela, meaning "Little Venice". In 1500, Vicente Pinzón, who had commanded Niña on Columbus's first voyage, struck the coast of Brazil near modern Recife and explored the mouth of the Amazon, which he mistakenly identified as the Ganges. During the next decade, Juan Díaz de Solis, who had accompanied Martin Pinzón in circumnavigating Cuba, claimed Uruguay for Spain and discovered the River Plate.

巴拿马
PANAMA

圣玛尔塔
Santa Marta

特立尼达和多巴哥
TRINIDAD
AND TOBAGO

奥里诺科河河口
Orinoco Estuary

卡塔赫纳
Cartagena

圣塞巴斯蒂安
San Sebastian

委内瑞拉
VENEZUELA

圭亚那
GUYANA

苏里南
SURINAME

达里恩
Darien

法属圭亚那
FRENCH GUIANA

巴拿马城
Panama
City

奥里诺科河
Orinoco R.

圣达非
Santa Fe

亚马孙河河口
Amazon Estuary

哥伦比亚
COLOMBIA

瓜维亚尔河
Guaviare R.

基多
Quito

纳波河
Napo R.

亚马孙河
Amazon R.

赤道
Equator

通贝斯
Tumbes

巴西
BRAZIL

圣米格尔
San Miguel

卡哈马卡
Cajamarca

秘鲁
PERU

库斯科
Cuzco

玻利维亚
BOLIVIA

大 西 洋
ATLANTIC
OCEAN

的的喀喀湖
Lake Titicaca

安第斯山脉
Andes Mountains

阿塔卡马沙漠
Atacama Desert

巴拉圭
PARAGUAY

智利
CHILE

南回归线
Tropic of Capricorn

太 平 洋
PACIFIC
OCEAN

乌拉圭
URUGUAY

圣地亚哥
Santiago

阿根廷
ARGENTINA

康塞普西翁
Concepción

比奥比奥河
Rio Biobío

瓦尔迪维亚
Valdivia

马尔维纳斯群岛（阿根、英争议）
（英称福克兰群岛）
IS. MALVINAS
(Claimed by Arg. & U.K.)
(FALKLAND IS. BY U.K.)

奥赫达、科萨和韦斯普奇，1499—1500	
文森特·平松，1500	
奥赫达，1509	
巴尔博亚，1513	
F. 皮萨罗，1524—1525	
F. 皮萨罗，1526—1527	
F. 皮萨罗，1530—1533	
阿尔马戈罗，1535—1537	
瓦尔迪维亚，1540—1552	
G. 皮萨罗，1541—1542	
奥雷利亚纳，1541—1542	
瓦尔迪维亚，1553	

0   500 kms

0   300 mils

另一位生于意大利的探险家亚美利加·韦斯普奇（Amerigo Vespucci）宣称他曾陪同哥伦布航行，并且在 1497 年带领着自己的远征队考察过南美，然而这两件事情都未得到证实。不过可以肯定的是，韦斯普奇曾陪同奥赫达和德·拉·科萨一起穿越了大西洋。随后，当奥赫达和德·拉·科萨去北方调查时，他去了南方。据说，韦斯普奇还进行了更多的航行，甚至有可能发现了里约热内卢的港口，还可能抵达了拉普拉塔河，如果这是真的，那么他肯定也去过达里恩湾。虽然不知韦斯普奇的说法是否属实，但在 1507 年德国人马丁·瓦尔德泽米勒（Martin Waldseemüller）制作的地图中，为了纪念韦斯普奇，马丁使用了"亚美利加"来命名新大陆的部分海岸。

1509 年，奥赫达试图在哥伦比亚海岸的圣塞巴斯蒂安建立定居点。这一尝试失败后，幸存者和新来的移民们在瓦斯科·努涅斯·德·巴尔博亚（Vasco Nunes de Balboa）——一名逃离伊斯帕尼奥拉债务的偷渡者——的带领下到达了位于达里恩的新据点。从达里恩开始，巴尔博亚逐渐扩大了他的控制范围，并于 1513 年顽强地穿过了巴拿马地峡，成为第一个看到太平洋东部的欧洲人，巴尔博亚将其命名为南大洋。然而，巴尔博亚在政治上并不成功，1519 年，他被冷酷无情、目不识丁、体力惊人且曾经服务于他的弗朗西斯科·皮萨罗逮捕，巴尔博亚在反抗中被当众斩首。

几年后，皮萨罗和同僚迪奥戈·德·阿尔马戈罗（Diego de Almagro）听闻南部有金矿城的传言后，随即开始了一系列对秘鲁的探险。

1531 年，皮萨罗和他的三个同父异母兄弟带领着大约 180 人，在印加帝国附近建立了一座基地。第二年，皮萨罗在卡哈马卡抓住了印加皇帝阿塔瓦尔帕，并把他扣留。在缴纳了巨额赎金后，阿塔瓦尔帕仍被绞死。皮萨罗在阿尔马戈罗的增援下，随即进军印加首都库斯科，洗劫了这座城市后，开始巩固他们对秘鲁的控制。

在随后的几年里，皮萨罗建立了利马城。在此地成为西班牙殖民地的首都后，他将权力分配给自己的兄弟们。而手握南部土地控制权的迪奥戈·德·阿尔马戈罗翻过南安第斯山脉，再穿越阿塔卡马沙漠返回，一路上几乎没有发现黄金，因此恼羞成怒。回来后，他就控制了库斯科，由此引发了与赫尔南多·皮萨罗（Hernando Pizarro）的冲突，后者趁机逮捕并处决了阿尔马戈罗。作为报复，1541 年，阿尔马戈罗的支持者在利马刺杀了弗朗西斯科·皮萨罗。

在皮萨罗去世的前一年，他派兄弟冈萨洛去探索他们领地腹地。1541 年，探险队越过安第斯山脉，8 个月后到达了亚马孙河的一条支流。当意识到在沼泽和森林里的食物短缺后，冈萨洛派了一群人，由弗朗西斯科·德·奥雷利亚纳（Francisco de Orellana）带领，乘着驳船顺流而下寻找补给。在奥雷利亚纳未能按约返回，冈萨洛便辗转撤退到基多。与此同时，奥雷利亚纳无法逆流而上，只好继续顺着亚马孙河而下，在航行了 4830 公里后，于 1542 年 8 月到达大西洋。三年后，奥雷利亚纳试图对该河进行更多的探索，但因命丧探险途中而以失败告终。

THE TREATY OF TORDESILLAS

托尔德西亚斯条约

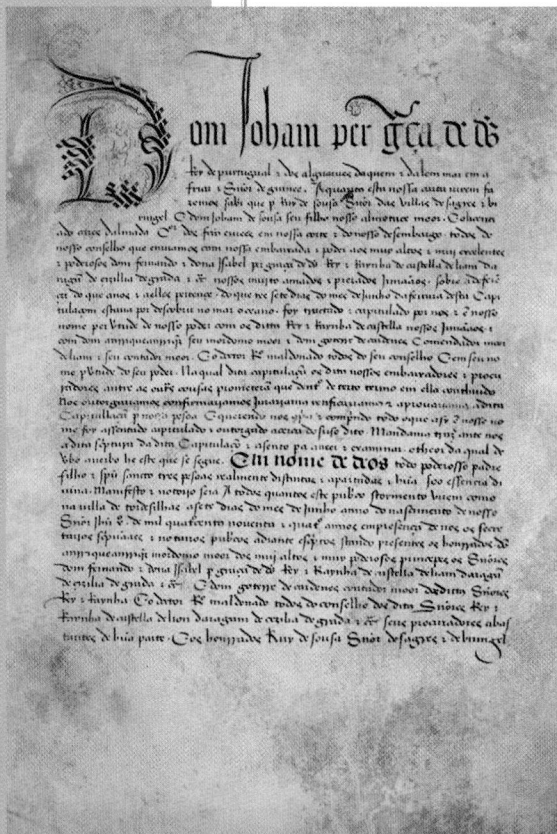

巴尔托洛梅乌·迪亚士和哥伦布的航行开启了西班牙和葡萄牙在新领域的竞争。1493年，教皇亚历山大六世颁布了一项法令，通过划分世界上未知之地来防止这两个天主教国家之间的冲突。第二年，《托尔德西里亚斯条约》施行，在佛得角群岛以西370海里的地方画了一条线，这条线以西属于西班牙，以东属于葡萄牙。当时还没有被发现的巴西位于葡萄牙的领地中。这个条约同时也激怒了法国、荷兰和英国。

● 左图
根据教皇亚历山大六世先前的法令，《托尔德西里亚斯条约》于1494年划分了西班牙和葡萄牙新发现的地区。该条约甚至在大约500年后仍被引用，以此证明阿根廷对福克兰群岛的主张。

第一批定居点

PEDRO DE VALDIBIA.

阿尔马戈罗被处决后，他的领地交由佩德罗·德·瓦尔迪维亚（Pedro de Valdivia）管理，瓦尔迪维亚在效忠皮萨罗之前曾参与过征服委内瑞拉的行动。从 1540 年开始，瓦尔迪维亚向南穿越智利，翻过高山，走过沙漠，于 1541 年制定了圣地亚哥的城市规划，并于 1550 年建立了康塞普西翁。接着，他渡过了比奥比奥河，在 1553 年被阿劳卡尼亚的印第安土著挡住了前进的脚步。阿劳卡尼亚人杀死瓦尔迪维亚，并消灭了他的军队，控制该地区近三个世纪之久。

● 上图
佩德罗·德·瓦尔迪维亚在缔造圣地亚哥时遭遇了持续不断的抵抗。建立殖民的定居点后，他前往瓦尔帕莱索，但又因平息圣地亚哥的叛乱被迫返回。他走后，刚部署在瓦尔帕莱索海边的驻军即被消灭，他调头营救时，圣地亚哥又因遭袭击而被摧毁。

THE
AMERICAS

美洲

Chapter 2

第二章

FROM HUDSON BAY TO BERING STRAIT

—

从哈德逊湾到白令海峡

有了哥伦布的发现，其他航海家不久之后就开始在大西洋的西部海域航行。首个接近美洲北部海岸的人约翰·卡伯特是一位在英国布里斯托尔港口定居的威尼斯人。1497 年，卡伯特在一家商人财团的资助下，只带了 18 名船员驾驶小船马修号，在他坚信是纽芬兰的地方登陆。第二年，他再次向西行驶，但他和四艘船就此消失。卡伯特的儿子塞巴斯蒂安一直声称曾陪同父亲进行过第一次远航。十年后，在寻找一条途经北美大陆北部、通往亚洲的海上航道即西北航道时，塞巴斯蒂安被拉布拉多海岸的浮冰所阻挡。

In the wake of Columbus's discoveries, other navigators soon began plying the western waters of the Atlantic. The first to approach the more northerly shores of the Americas was John Cabot, a Venetian who had settled in the English port of Bristol. In 1497, financed by a syndicate of merchants, Cabot sailed with a crew of just 18 on the tiny Matthew, making landfall in what was most likely Newfoundland. The next year he went west again, but he and four of his ships simply vanished. A decade later, Cabot's son Sebastian, who claimed to have accompanied his father's first expedition, attempted to find the Northwest Passage a sea route to Asia around the north of the North American continent but was stopped by ice on the Labrador coast.

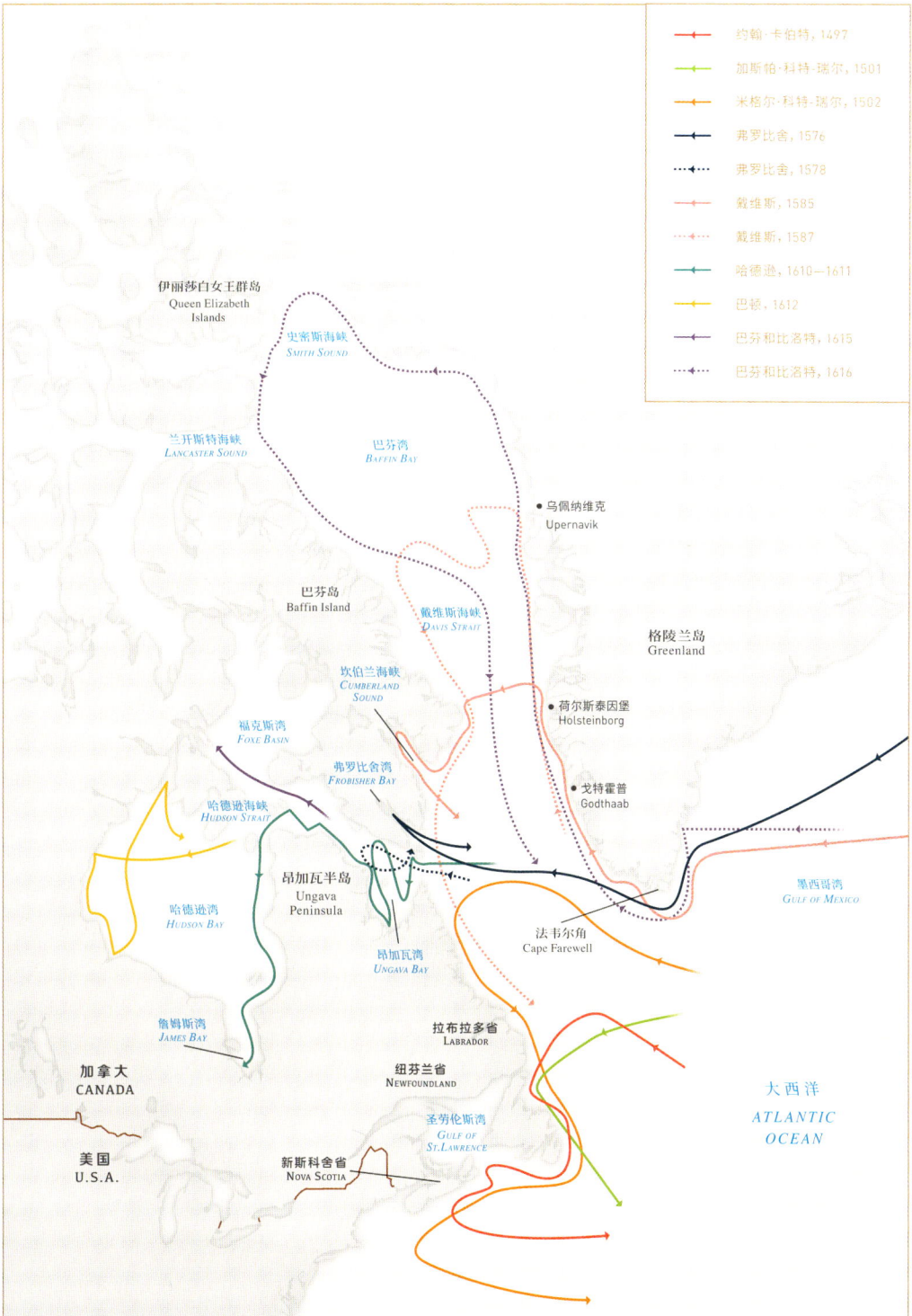

16 世纪初，葡萄牙兄弟加斯帕（Gaspar）和
米格尔·科特－瑞尔（Miguel Corte-Réal）抵
达加拿大海岸，他们试图寻找通往亚洲的
航道，与此同时，英国人也把寻找西北航道
变成了全国痴迷的活动。在整个 16 世纪和
17 世纪初，为了寻找这条航道，人们做了很
多努力，但都未能成功，主要原因是当时寻
找的领域太偏南了。马丁·弗罗比舍（Martin
Frobisher）分别于 1576、1577 和 1578 年进
行了三次远航：在第一次航行中，他发现了弗
罗比舍湾（Frobisher Bay），还遇到了因纽特
人；在第二次航行中，他带回来数百吨自认为
是黄金的东西，但事后被证明是毫无价值的
矿石；在第三次航行中，他发现并进入了哈德
逊海峡。

在弗罗比舍第三次航行结束之后十年，约
翰·戴维斯（John Davis）为寻找西北航道，也
进行了三次航行。1585 年，他沿着格陵兰海
岸航行，接着穿过戴维斯海峡到达巴芬岛，在
这里，他发现了坎伯兰海峡。戴维斯的第二次
航行与第一次区别不大。1587 年，在第三次
航行中，他在北纬 72°46' 附近被浮冰阻挡了
去路。

二十年后，亨利·哈德逊（Henry Hudson）重启英国人寻找西北航
道的任务，他的成就促成了西北航道发现者商人公司的成立，这
家公司持续资助了多次海上探险。第一次被资助的航行是 1612 年
由托马斯·巴顿爵士（Sir Thomas Button）领导的深入探索哈德逊
湾的行动，另外两次分别由罗伯特·比洛特（Robert Bylot，哈德
逊叛变的手下）和威廉·巴芬（William Baffin）领导，他们探索了巴
芬湾，发现了它的三个主要出口：史密斯、琼斯和兰开斯特海峡，
其中，兰开斯特海峡后来被视为西北通道的入口。

半个多世纪后，在英国国王查尔斯二世的授权下，寻找西北航道的
工作继续进行，并正式成为哈德逊湾贸易区英格兰探险家的管理
者与公司（又名"哈德逊湾公司"）的一部分业务。授权的特许执

● 上图

在开始搜寻西北航道和巨额金矿之前，
马丁·弗罗比舍曾两次面临海盗行为的指
控，他至少将 8 艘被虏获的法国船只占为
己有。

照要求在永不停歇地勘探此地的同时，给予哈德逊湾公司在哈德逊湾整个流域——这片被称为"鲁伯特领地"的地方——独家经济控制权，包括经营利润丰厚的皮毛贸易、矿产开发及捕鱼权。尽管后来面临着包括西北公司等其他商业公司的挑战，但是，直到1870年哈德逊湾公司才放弃了在大部分地区的权利，将其转让给加拿大的新自治区。

北美大陆的西北部也是以类似模式进行勘探和开发的，只不过时间要晚很多。1732年，俄罗斯人米哈伊尔·格沃兹德夫（Mikhail Gvozdev）发现了阿拉斯加，可惜这一发现几乎没有引起重视。但是，在白令的"伟大的北部远征"——一项俄罗斯人试图确定亚洲和美洲的地理关系的探险活动（1733—1743）——之后，人们对阿留申群岛和其沿海地区的勘探使利润丰厚的毛皮贸易激增。1799年，俄罗斯政府授予俄美公司享有俄罗斯美洲殖民地上所有猎场的独家使用权，以及发现和占领新土地的权利。通过俄美公司组织的一系列航行，以及在奥托·冯·科兹布（Otto von Kotzebue）指挥下的环球航行（1815—1818），其中包括对堪察加半岛、阿留申群岛、白令海峡和阿拉斯加大陆的大规模科学考察，俄罗斯加强了对阿拉斯加的控制。

● 上 图

在加拿大的北极维多利亚海峡，海冰间可以通航，但随着浮冰变厚，被覆盖的水面增多，可通航的冰域越来越少。

VANCOUVER'S SURVEY

温哥华的勘测

1791 年，詹姆斯·库克（James Cook）手下的前海军少尉候补军官乔治·温哥华（George Vancouver）被派往北美西北海岸，对一系列深水海湾进行考察。他试图寻找穿越美洲大陆的通道，这条通道曾经出现在 16 世纪 90 年代胡安·德·富卡（Juan de Fuca）的航海日志中。在接下来的四年里，温哥华沿着从华盛顿到阿拉斯加的海岸线进行了细致的调查，包括绕行和绘制现在以他的名字命名的岛屿。他的考察终于使人们彻底放弃了在低纬度地区寻找西北航道的想法。

● 上图
乔治·温哥华的肖像画，他在北美西海岸的调查堪称海上探险史上最彻底、最详尽的调查之一。

HENRY HUDSON

亨利·哈德逊

1607 年，亨利·哈德逊受莫斯科威公司的委托，寻找通过北极地区到东方的航道。他沿着格陵兰沿岸航行，到达斯匹次卑尔根，最后被浮冰所阻。第二年，哈德逊试图从东北方向通过，但在新地岛附近又被浮冰挡道。1609 年，哈德逊再次被迫返回新地岛附近后，向西驶向新斯科舍省，然后沿着海岸向南行进，发现了哈德逊河。接着他沿河追溯了 240 公里，发现这条河没有北出口。1610 年，哈德逊进行了第四次航行，发现了哈德逊湾。然而，在詹姆斯湾附近熬过一个凄惨的冬天后，哈德逊的手下船员叛变了，他们将哈德逊、他十几岁的儿子约翰和生病体弱的 6 名船员放逐在一条船上。据推测，哈德逊最后被他的船员所杀。

● 下 图

亨利·哈德逊在现今纽约曼哈顿登陆时的浪漫化形象。1609 年，他发现并探索了哈德逊河。

LEWIS AND CLARK

—

刘易斯和克拉克

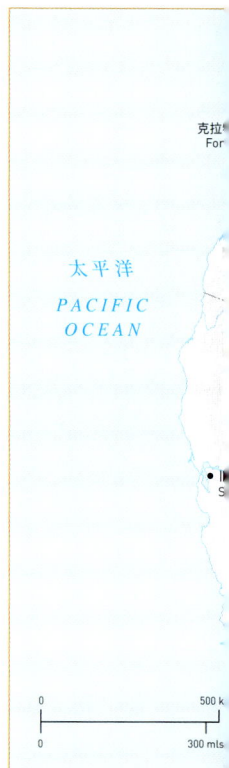

太平洋
*PACIFIC
OCEAN*

克拉
For

• I
S

0   500 k
0   300 mls

1801 年，托马斯·杰斐逊当选美国第三任总统，他希望能确保这个年轻的国家经济独立，实现这一目标的方式之一是在北美西部大片地区内外进行贸易。购买路易斯安那之前，杰斐逊说服国会拨款进行了一次考察，以确定是否可以通过密苏里河流域进行跨越北美大陆的通信与贸易，还有密苏里河是否与已发现的流入太平洋的河流存在某种联系。

One of Thomas Jefferson's goals when he became the third president of the United States in 1801 was to establish the young nation's economic independence, in part by trading throughout and beyond the huge area of the North American west. Before the Louisiana Purchase was even finalized, Jefferson persuaded Congress to grant money for an expedition that would determine whether communication and trade across the continent were possible via the Missouri river system and its possible links to already discovered rivers that ran into the Pacific Ocean.

温哥华
Vancouver

加拿大
CANADA

大瀑布城
Great Falls

华盛顿州
WASHINGTON

斯波坎
Spokane

美国
U.S.A.

温尼伯
Winnipeg

刘易斯顿
Lewiston

米苏拉
Missoula

威利斯顿
Williston

鲑鱼河
Salmon R.

比尤特
Butte

赫勒纳
Helena

蒙大拿州
MONTANA

密苏里河
Missouri R.

北达科他州
NORTH DAKOTA

苏必利尔湖
Lake Superior

斯里福克斯
Three Folks

比林斯
Billings

黄石河
Yellowstone R.

曼丹村
Mandan
Villages

俾斯麦
Bismarck

明尼苏达州
MINNESOTA

爱达荷州
IDAHO

斯内克河
Snake R.

牛奶河
Milk R.

怀俄明州
WYOMING

夏延河
Cheyenne R.

皮尔
Pierre

南达科他州
SOUTH DAKOTA

密苏里河
Missouri R.

圣保罗
St.Paul

明尼阿波里斯
Minneapolis

威斯康星州
WISCONSIN

密歇根湖
Lake
Michigan

密歇根州
MICHIGAN

内华达州
NEVADA

盐湖城
Salt Lake City

普拉特河
Platte R.

内布拉斯加州
NEBRASKA

奥马哈
Omaha

爱荷华州
IOWA

密西西比河
Mississippi R.

芝加哥
Chicago

犹他州
UTAH

科罗拉多河
Colorado R.

丹佛
Denver

科罗拉多州
COLORADO

堪萨斯河
Kansas R.

堪萨斯城
Kansas City

密苏里河
Missouri R.

圣路易斯
St.Louis

伊利诺伊州
ILLINOIS

印第安纳州
INDIANA

阿肯色河
Arkansas R.

堪萨斯州
KANSAS

密苏里州
MISSOURI

肯塔基州
KENTUCKY

那什维尔
Nashville

刘易斯和克拉克，1803—1806

克拉克，1806年7—8月

刘易斯，1806年7—8月

负责这次探险的是杰斐逊 29 岁的私人秘书梅里韦瑟·刘易斯（Meriwether Lewis），他当时邀请了前陆军军官、33 岁的威廉·克拉克（William Clark）担任自己的联合指挥官。除了收集地理信息，他们还需要汇编所到之处的河流、地形、自然资源、气候和土著的详细科学观察资料。

1803 年末，刘易斯和克拉克组建了一支 45 人的队伍。他们从圣路易斯穿过密西西比河越冬，一边等待春天的到来，一边向法国当局了解购买路易斯安那的计划，着手准备沿密苏里河逆流而上。1804 年 5 月，这支名为"发现军团"的著名探险队开始出发，他们拥有一艘 17 米长的龙骨船和两艘小帆船，河岸上还有骑兵陪同。他们严格按照上级指示，与印第安人保持着友好的关系，避免爆发任何冲突。他们穿过由大群水牛占领的大草原，一路缓慢地向西北方向行进，抵达今天北达科他的曼丹村过冬。在此地，法裔加拿大毛皮商人杜桑·夏博诺（Toussaint Charbonneau）和他来自肖肖尼的妻子萨卡加维亚（Sacagawea）也加入了探险队。

1805 年 4 月，刘易斯和克拉克驾驶着六艘划艇和两只独木舟，一路顺利通过了密苏里河和黄石河的交汇处。6 月，他们到达密苏里（即今天蒙大拿）大瀑布，又花了三个星期把船搬到可以再次行船的河道，然后爬上山麓，徒步进入落基山脉。他们忍受着白天的炎热和夜晚的严寒，拖着装备前行。穿过落基山脉的中心，迎接他们的并非通往大海的广阔平原，而是比特鲁特山的山峰。他们在路上继续挣扎前行，甚至不得不抛弃了独木舟。不久后，他们遇到了

萨卡加维亚的哥哥率领的一群肖肖尼人。

与肖肖尼人相处几周后，探险队获得了肖肖尼人提供的西边路线信息，于是买下他们的马匹，于8月底继续出发。探险队和一群内兹佩尔塞印第安人交了朋友，并建造了更多的独木舟，然后沿着克利尔沃特河而下，到了斯内克河后进入哥伦比亚河。根据克拉克的记录表明，他们航行了6791公里后，于11月份抵达太平洋。

"发现军团"在海岸附近度过了一个潮湿、凄惨的冬天后，于1806年3月开始返回。7月，刘易斯和克拉克将队伍一分为二，刘易斯率队在原路线以北前行，克拉克率队沿原路线以南的黄石河航行。当探险队的一名成员约翰·科尔特（John Colter）在返回途中离队去捕捉海狸时，他成了白人中第一个看到黄石国家公园间歇泉的人，但当他讲述此事时，却没有人相信。8月中旬，两支队伍在黄石公园与密苏里河汇合处相遇，并顺着急流而下，于9月抵达圣路易斯。

虽然刘易斯和克拉克没有找到横跨北美的水道，但他们探索并绘制了大片未知领域的地图，记录下新的地域、新的动植物标本，以及众多印第安部落的语言和习俗。他们已经开始向未来的定居者展示西部，并促使他们融入美国。

SACAGAWEA

萨卡加维亚

萨卡加维亚出生于 1786 年或 1788 年，是一名莱姆哈伊的肖肖尼人。大约 13 岁时，她被希多特萨人俘虏，卖给了法裔加拿大毛皮商杜桑·夏博诺。在曼丹村，夏博诺带着萨卡加维亚和他们两个月大的婴儿，以翻译身份加入了刘易斯和克拉克的队伍。传说萨卡加维亚是探险队的向导，这其实夸大了她的作用。事实上，她只是其中的翻译之一。不过，她带着一个婴儿出现在土著面前，令土著感受到了探险队的友好和善意。1812 年前后，她在南达科他州的曼纽尔堡去世。

● 上图
传说萨卡加维亚是远征队的关键向导。虽然这可能夸大了她的作用，但她确实是美国西进运动中的传奇女英雄。

THE LOUISIANA PURCHASE

购买路易斯安那

在路易斯安那购地案中，达到高潮的政治进程实际始于四十年前。七年战争结束时，西班牙控制了密西西比河以西的法国领土。然而，根据 1800 年的《圣伊尔德方索条约》(*The Treaty of San Ildefonso*)，西班牙人将路易斯安那归还法国。但拿破仑在欧洲战争中亟需用钱，于是在 1803 年把法国在北美的大片领土卖给了美国。托马斯·杰斐逊政府支付了 27 267 622 美元，获得大约 2 144 250 平方公里的土地，使美国的面积翻了一番。

● 上图
用黑色皮革装帧并精心保护的路易斯安那购地案文件。

MANIFEST DESTINY

—

天赋使命

太平洋
*PACIFIC
OCEAN*

喀斯喀特山脉 Cascade

加利福尼亚州
CALIFORNIA

内华达山脉 Sierra Nevada

蒙特利
Monterey

圣华金河谷
San Joaquin
Valley

像许多早期的美国人一样，托马斯·杰斐逊相信他的新国家注定要探索、移民并把管理权延伸到太平洋的领土。购买路易斯安那、杰斐逊对刘易斯和克拉克的支持，这两个关键因素使开拓西部成为美国政府的核心愿景。1845 年，《美国杂志》和《民主评论》的编辑约翰·奥沙利文将这种国家使命层面上的信念称为"天命"。这种固有的信念贯穿了整个 19 世纪。在毛皮商人、军人和专业探险家的努力下，美国开拓了广阔的新领域。

Thomas Jefferson, like many early Americans, believed his new nation was destined to explore, settle and control the territories extending to the Pacific Ocean. The Louisiana Purchase and Jefferson's backing of Lewis and Clark were key factors in maintaining western expansion as a central vision of the American republic. In 1845, John O'Sullivan, editor of The United States Magazine and Democratic Review, labelled this belief in a national mission "Manifest Destiny". This innate conviction lasted throughout the nineteenth century, with fur traders, military men and professional explorers helping to open up vast new areas.

0 500 kms

0 300 mls

加拿大
CANADA

美国
U.S.A.

哥伦比亚河
Columbia R.

落基山脉
Rocky Mountains

密苏里河
Missouri R.

黄石河
Yellowstone R.

北达科他州
NORTH DAKOTA

苏必利尔湖
Lake Superior

蒙大拿州
MONTANA

阿里卡拉印第安人
Arikara Indians

明尼苏达州
MINNESOTA

威斯康星州
WISCONSIN

爱达荷州
IDAHO

比格霍恩山脉
Bighorn Mountains

斯内克河
Snake R.

南达科他州
SOUTH DAKOTA

密苏里河
Missouri R.

密西西比河
Mississippi R.

密歇根州
MICHIGAN

大盐湖
Great Salt Lake

南山口
South Pass

尤宁山口
Union Pass

怀俄明州
WYOMING

内布拉斯加州
NEBRASKA

爱荷华州
IOWA

密歇根湖
Lake Michigan

犹他州
UTAH

格林河
Green R.

普拉特河
Platte R.

密苏里河
Missouri R.

伊利诺伊州
ILLINOIS

印第安纳州
INDIANA

科罗拉多河
Colorado R.

科罗拉多州
COLORADO

堪萨斯河
Kansas R.

圣路易斯
St.Louis

布拉克山脉
Black Mountains

阿肯色河
Arkansas R.

堪萨斯州
KANSAS

密苏里州
MISSOURI

肯塔基州
KENTUCKY

亚利桑那州
ARIZONA

俄克拉荷马州
OKLAHOMA

阿肯色州
ARKANSAS

田纳西州
TENNESSEE

圣达菲
Santa Fe

得克萨斯州
TEXAS

加拿大河
Canadian R.

阿肯色河
Arkansas R.

新墨西哥州
NEW MEXICO

密西西比州
MISSISSIPPI

派克，1806—1807

朗，1820

朗，1823

史密斯，1823—1825

史密斯，1826—1827

史密斯，1827—1828

阿什利，1824—1825

弗里蒙特，1843—1844

弗里蒙特，1845—1847

1805 年，在刘易斯和克拉克远征后不久，路易斯安那执政官派名军官西布伦·派克（Zebulon Pike）去勘察密西西比河的源头，并记录那里的英国毛皮贸易状况。第二年，派克接到秘密指示，暗中监视新墨西哥的西班牙人。他向西前往落基山脉，在科罗拉多看到了海拔 4300 米的派克峰。1807 年，他的队伍向南行进到格兰德河后，派克被西班牙人拘禁了三个月。在此期间，他对西班牙人的边防开展了广泛研究。他的报告和出版的记录里详细记载了西班牙领土和中部平原的信息。

派克回来后的次年，一位来自德国的移民约翰·雅各布·阿斯特（John Jacob Astor）创办美国皮草公司（American Fur Company），最终打破英裔加拿大人在皮草贸易中的主导地位。阿斯特赞助了许多开拓西北的探险活动，其公司的捕兽员们也有很多新发现。最重要的一次是罗伯特·斯图亚特（Robert Stuart）的探险，1812 年，他首次记录了从南部隘口穿越落基山脉，这就是

● 上图

通向科罗拉多众神花园（Garden of the Gods）的路直指白雪皑皑的派克峰顶。美国陆军军官和探险家西布伦·派克写道，他认为 5486 米高的"大峰"可能永远无人不会登顶。然而，埃德温·詹姆斯（Edwin James）在 1820 年攀上山顶，其实际海拔为 4301 米。1893 年，凯瑟琳·李·贝茨（Katherine Lee Bates）从派克峰顶获得灵感，并为《美丽的阿美利加》（America the Beautiful）创作了歌词。

● 对页图

图中与熊搏斗者就是杰迪戴亚·史密斯，这张图展示了他无畏死亡的冒险精神。1828 年，史密斯和两名同伴从前方侦察归来，发现印第安人屠杀了留在营地的所有人。

1
俄勒冈小径：19世纪北美大陆西部拓荒
时代美国的开拓者、移民通行的主要道
路之一。这条小径从密苏里州横越堪萨
斯州、内布拉斯加州、怀俄明州、爱达
荷州，终点为俄勒冈州，全长3490公里。
1869年，大陆横贯铁路开通后，这条道路
的长距离交通功能被铁道取代。

后来的俄勒冈小径 [1]。

其他皮毛商人也纷纷效仿，其中不少人受雇于威廉·亨利·阿什利
（William Henry Ashley）。阿什利亲自率领探险队前往怀俄明的
格林河，随后沿着普拉特河，穿过落基山脉，到达大盐湖。1826
年，他把公司卖给了三位合伙人，其中包括最伟大的探猎者杰迪戴
亚·史密斯（Jedediah Smith）。史密斯有三次极其重要的旅行：第
一次是向北考察落基山脉，进入加拿大；第二次是在1826—1827
年，离开大盐湖，穿过犹他州和亚利桑那州北部的荒漠，开辟了一
条穿越莫哈韦沙漠和圣贝纳迪诺山脉的路线，最终到达洛杉矶。
逃离西班牙人的软禁后，史密斯向北穿过圣华金山谷，首次从西向
东穿越了内华达山脉；第三次是在1827—1828年，他再次穿越布
莱克山脉和莫哈韦沙漠。而这次，他在到达海岸后，朝北走，经过
旧金山，沿着哥伦比亚河的哈德逊湾公司哨所，向西南方向穿过落
基山脉。除了史密斯，还有许多传奇"山地硬汉"，包括吉姆·布里

杰（Jim Bridger）、约瑟夫·沃克（Joseph Walker）、基特·卡森（Kit Carson）和杰西·奇泽姆（Jesse Chisholm）。

与皮毛交易商一样，美国陆军地形工程兵团的成员也帮助开辟了通往西部的道路。在一系列以河流为目标的探险活动中，斯蒂芬·朗（Stephen Long）沿河考察了密西西比河、阿肯色河、密苏里河和普拉特河的部分地区，并有幸在密苏里河成为第一批乘坐汽船旅行的人。他进行了派克峰的第一次攀登，还制作了这里的地图，并有意在图中把这些平原标注为"美国大沙漠"（Great American Desert），以致不明真相的人们在该地定居的时间推后数十年。

另一名地形工程兵团官员是约翰·C.弗里蒙特（John C. Frémont），他在19世纪40年代早期领导了两次官方探险，第一次进入英国声称拥有主权的俄勒冈领地，第二次进入西班牙声称拥有主权的加利福尼亚。弗里蒙特出版的两本探险记录由他与妻子一同撰写，在书中，弗里蒙特和向导基特·卡森被塑造成国家的传奇人物。弗里蒙特本应集中精力进行第三次探险，此时却因醉心政治而被军队除名。1856年，极高的声望助推他成为新共和党的总统候选人，不过在选举中他还是输给了詹姆斯·布坎南（James Buchanan）。

● 对页图

1843年，第一批大规模移民定居者沿着俄勒冈小道抵达威拉米特河谷。十五年内，超过25万人从密苏里州独立城附近出发，沿着普拉特河到拉勒米堡，穿过落基山脉、蓝山，最后到达哥伦比亚河，进行长达六个月的长途跋涉。

● 上图

当西布伦·派克的探险队助推其成为领袖人物时，他只有二十多岁。他回归军界，并于1812年晋升为副司令员。1812年战争（美国第二次独立战争）期间，派克在加拿大约克镇（多伦多前身）遇袭身亡。

JOHN WESLEY POWELL

约翰·威斯利·鲍威尔

虽然约翰·韦斯利·鲍威尔在希洛战役[1]中失去了右臂，可是这没有妨碍他成为一名伟大的探险家。在与妻子进行过初步调查后，1869年鲍威尔带着一支 9 人组成的队伍出发了，他们沿着格林河和科罗拉多河进行了一趟长达 2400 公里的旅程。在三个多月里，他们坠落下瀑布，撞上巨石，冲出急流，首次穿越大峡谷，探索了美国 48 个毗邻州中最后一个主要未知区域。1872 年，鲍威尔回到了美国西南部，对一大片处女地开展地形测量。

[1] 希洛战役：又称"匹兹堡登陆之战"，是美国南北战争早期（1862 年）发生在西部战线的一场战役，地点位于田纳西州的西南部。

● 上图
约翰·韦斯利·鲍威尔（左一）和他第一次远征时的另外三名成员。

THE FIRST PROFES-
SIONAL EXPLORER

第一位职业探险家

弗雷德里克·施瓦特卡
(Frederick Schwatka)
拥有医生和律师双重资
格证书，却阴差阳错地成
了探险家。他最先在美
国地理学会组织的搜救
富兰克林行动¹（1878—
1880）中赢得声誉，因为
他创造了驾驶雪橇行进
5232 公里的记录。1883
年，他对阿拉斯加进行勘
探，这是一次出色的水陆
兼备考察。施瓦特卡随后成为"职业人士"，如果有足够高
的报酬，他愿意到任何地方探险。在随后的十年里，他试
图攀登圣伊莱亚斯山，以及首次于冬季穿越黄石地区，但
都未能成功。不过，他确实勘探了马德雷山脉，并沿着铜
河而行。

①
搜救富兰克林行动：详见第六章介绍。

● 上图
纽约的报社积极资助了弗雷德里克·施瓦特卡。他的第一次探险得到了《纽
约先驱报》（*The Herald*）的支持，后来又得到《泰晤士报》（*The Times*）、《世
界报》（*The World*）和《纪事报》（*The Ledger*）的支持。

THE SCIENTIFIC EXPLORATION OF SOUTH AMERICA

—

南美洲的科学探索

17 世纪末，征服者、传教士和奴隶贩子已经渗透到南美洲的大部分地区。但直至 18 世纪中叶，对南美洲内陆地区的原住民、野生动植物等大规模综合科学考察才开始大规模兴起。

By the late seventeenth century, much of South America had been penetrated by conquistadors, missionaries, or slave-traders. But the first comprehensive explorations of the hinterlands, native peoples, wildlife and flora did not begin until the mid-eighteenth century, when numerous scientific expeditions were launched.

卡塔赫纳
Cartagena

加拉加斯
Caracas

委内瑞拉
VENEZUELA

苏里南
SURINAME

卡宴
Cayenne

大西洋
ATLANTIC
OCEAN

马塔达莱纳河
Magdalena R.

奥里诺科河
Orinoco R.

圭亚那高原
Guiana
Highlands

圭亚那
GUYANA

法属圭亚那
FRENCH GUIANA

钦博拉索山
Mount
Chimborazo

卡斯基亚雷河
Casiquiare R.

波哥大
Bogota

哥伦比亚
COLOMBIA

马罗尼河
Maroni R.

图穆库马克山脉
Tumuc Humac
Mountains

赤道
Equator

基多
Quito

厄瓜多尔
ECUADOR

秘鲁
PERU

雅普拉河
Japura R.

普图马约河
Putumayo R.

内格罗河
Rio Negro

亚马孙河
Amazon R.

亚孙河

帕拉
Para

马约河
Marañon R.

泰菲
Tefé

玛瑙斯
Manaus

圣塔伦
Santarem

普鲁斯若河
Japurá R.

帕拉河
Purus R.

巴西
BRAZIL

马托格罗索
MATO GROSSO

阿拉圭河
Araguaia R.

托坎廷斯河
Tocantins R.

马丘比丘
Machu Picchu

安第斯山脉
Andes Mountains

太平洋
PACIFIC
OCEAN

玻利维亚
BOLIVIA

库亚巴
Guiba

里约热内卢
Rio de Janeiro

巴拉圭河
Paraguay R.

南回归线
Tropic of Capricorn

巴拉圭
PARAGUAY

0		500 kms
0		300 mls

拉·孔达明，1743—1744

洪堡，1800

洪堡，1801—1802

马蒂乌斯，1819

舒伯格，1831—1838

舒伯格，1839—1841

舒伯格，1843—1844

卡斯德尔诺，1843—1846

华莱士和贝茨，1848

斯普鲁斯，1850—1854

斯普鲁斯，1854—1859

斯普鲁斯，1859—1861

其中一项考察旨在确定地球的精确形状是在两极地区稍鼓，还是像艾萨克·牛顿（Isaac Newton）说的那样，在赤道附近扁平。1735 年，法国人查尔斯 - 玛利·德·拉·孔达明（Charles-Marie de La Condamine）被派往基多测量赤道纬度的准确长度，同样的测量活动也在拉普兰[①]进行。七年来，拉·孔达明一直在进行着调查工作，直到听说拉普兰的测量团队已经证明了牛顿是正确的。拉·孔明达没有直接返回法国，而是决定像两百年前奥雷利亚纳那样，追溯亚马孙河直到大西洋。1743 年，他的考察被誉为"第一次由训练有素的科学家领导的探险活动"。

与此同时，拉·孔达明团队中的一位科学家让·戈丁·奥德纳斯（Jean Godin Odonais）娶了一位秘鲁人伊莎贝拉后，选择留在基多。1749 年，戈丁·奥德纳斯的父亲去世，他沿着拉·孔达明的路线回家，因为路途艰险，他将怀孕的妻子暂时留下。然而，奥德纳斯没能回来接走伊莎贝拉。二十年后，伊莎贝拉被告知，有一艘船在亚马孙河下游等着她。接着，伊莎贝拉在 3 位家人、3 位法国人和 35 个仆人、搬运工的陪同下，沿着丈夫的路线出发了。可是，在亚马孙的高处，搬运工们弃他们而去，接着，一位法国人溺水了，其他的法国人去营救，结果也杳无音信。伊莎贝拉和家人等待了 25 天后，开始步行出发。他们在森林里迷了路，除了伊莎贝拉，其他人都不幸死去。伊莎贝拉一直靠吃树根和昆虫为生，好在当地人救了她。最终，她顺流而下，在圭亚那与丈夫相聚。

18 与 19 世纪之交，世界上最杰出的学者之一亚历山大·冯·洪堡（Alexander von Humboldt）登场了。在五年时间里，他和法国植物学家埃米·波普兰（Aimé Bonpland）探索了大片地区，为现代科学做出了惊人的贡献，包括收集了六千多种以前未知的植物物种，对多条河流进行了水文考察和测绘，开展导电研究，发现了南美洲海岸存在的由南向北的洋流——它现在被命名为"洪堡洋流"。他们登上钦博拉索山，打破了沉寂多年的登山海拔记录。

随后几十年里，其他科学家掌握了更多关于内陆的知识。巴西的

● 上图
查尔斯 - 玛利·德·拉·孔达明半身像。他在亚马孙旅程耗时远超预期，因为花了很多时间开展科学测量和监测。直到 20 世纪，他绘制的亚马孙地图仍在使用。

● 对页图
洪堡著作中的插图展示了他和埃米·波普兰及向导在钦博拉索山前的活动。这座山峰在当时被认为是世界最高峰。他们攀登到了创纪录的 5600 米。

热带雨林吸引了英国收藏家威廉·波切尔（William Burchell），德国博物学家格奥尔格·冯·朗斯多夫（Georg von Langsdorff）则考察了马托格罗索地区。法国人奥古斯特·德·圣－伊莱尔（Auguste de Saint-Hilaire）在巴西游历五年，行程约 11 300 公里。而菲利普·冯·马蒂乌斯（Philipp von Martius）和约翰·冯·斯皮克斯（Johann von Spix）在 1820 年返回巴伐利亚，带回 6500 种植物标本和 3300 种动物标本。十多年来，罗伯特·舒伯格（Robert Schomburgk）在英属圭亚那为英国皇家地理学会进行了大量的调查。与此同时，瑞士博物学家约翰·冯·特舒迪（Johann von Tschudi）在秘鲁中部展开调查，法国卡斯德尔诺伯爵（Count of Castelnau）从里约热内卢率领一支探险队，考察了当时尚未勘探的巴西和巴拉圭大片土地。

但是，没有谁比 1848 年启程的两名英国人更成功。1852 年，亨利·沃尔特·贝茨（Henry Walter Bates）和阿尔弗雷德·罗素·华莱士（Alfred Russel Wallace）结伴而行，两人跋涉了数千公里，直到 1852 年华莱士返程回英格兰。贝茨继续留下收集标本，直至 1859 年，他带着超过 1.4 万种昆虫回到英国，其中 8000 种为新物种。华莱士却不那么走运，回国途中，他的船着火了，虽然无人伤亡，但收集的标本损失殆尽。他毫不气馁，开始了为期八年的马来西亚和印度尼西亚之旅，期间共收集了超过 12.7 万份标本。在这项工作中，华莱士独立得出了与达尔文进化论相似的结论。

● 上 图

亚历山大·冯·洪堡，1856 年拍摄于他的
图书馆。他是科学史上真正的巨人之一。
从南美洲返回后的三十年的大部分时间
里，洪堡根据藏品和观测，写出了涵盖多
学科主题的 35 卷著作。他晚年致力于宇
宙研究，多卷专著试图构建宇宙和人类相
互位置的全景图。

● 下 图

亚历山大·冯·洪堡绘制的奥里诺科河一小
河段的草图。

THE LOST INCA CITIES

失落的印加古城

遭受弗朗西斯科·皮萨罗的残暴对待后，最后一批印加统治者撤退到安第斯山脉的避难所，最终在那里消亡。大约四百年后的1911年，耶鲁大学教授希拉姆·宾厄姆（Hiram Bingham）发起了寻找印加最后的首都维尔卡班巴的探险。在安第斯山高处，宾厄姆看到了自己所认为的维尔卡班巴，他把此地命名为"马丘比丘"。后来，他又发现了另一处壮观的遗址，把它命名为"埃斯皮里图潘帕"。半个世纪后，基恩·萨维（Gene Savoy）证明了埃斯皮里图潘帕才是印加王国最后的首都维尔卡班巴，而非宏伟的马丘比丘。

● 上图
马丘比丘及其梯田仍保持着难以置信的旧貌，似乎要从希拉姆·宾厄姆发现之时的薄雾中蹦出来。

THE HUNT FOR THE CHINCHONA TREE

寻找金鸡纳树

到 19 世纪中期，人们已经获知从金鸡纳树皮中提取的奎宁可以有效防治疟疾。但当时人们只在厄瓜多尔、玻利维亚和秘鲁的山脉中发现过金鸡纳树，因此，这些国家对奎宁的销售进行了垄断。1859 年，印度公司秘密派遣克莱门茨·马克汉姆（Clements Markham）和探险家兼植物学家理查德·斯普鲁斯（Richard Spruce）去收集金鸡纳树的种子和树苗，然后把它们运往印度进行种植。马克汉姆带回的样本并不成功，最终，理查德运送的数千棵幼苗为马德拉斯金鸡纳种植园的建立奠定了基础。

● 下图及对页图

克莱门茨·马克汉姆因寻找金鸡纳树而首次赢得声誉。后来他作为英国皇家地理学会会长，成为英国南极探险事业的主要推动者，其中包括安排罗伯特·法尔肯·斯科特（Robert Falcon Scott）作为探险队队长。

摘录自克莱门茨·马克汉姆在秘鲁寻找金鸡纳树种子和树苗时写的两本笔记中之一。

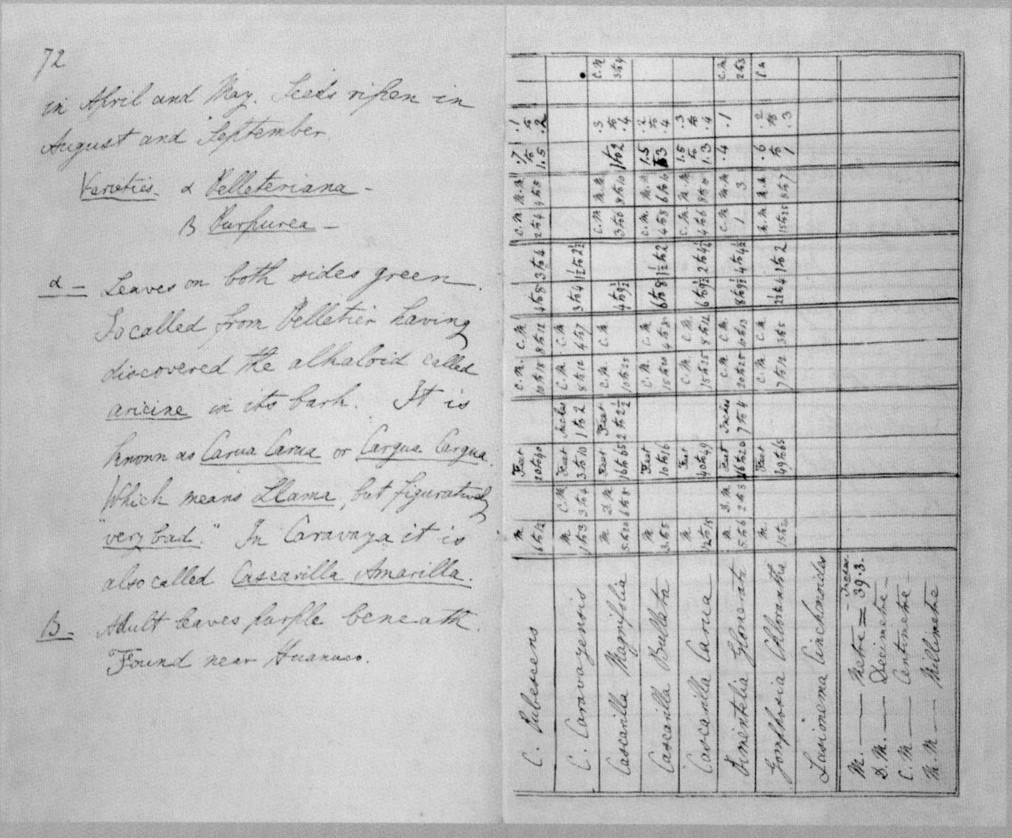
72

in April and May. Seeds ripen in August and September.

Varieties α Pelleteriana -

β Purpurea -

α - Leaves on both sides green. So called from Pelletier having discovered the alkaloid called aricine in its bark. It is known as Carua Carua or Cargua Cargua which means Llama, but figuratively "very bad." In Caravaya it is also called Cascarilla Amarilla.

β. Adult leaves purple beneath. Found near Huanuco.

Some Measurements of the Cinchonaceae of Caravaya, from Weddell

Cinchonaceae													
C. Calisaya	α												
	β												
C. ovata	β												
C. micrantha													
C. scrobiculata													
C. stupea…lia													
C. Boliviana													

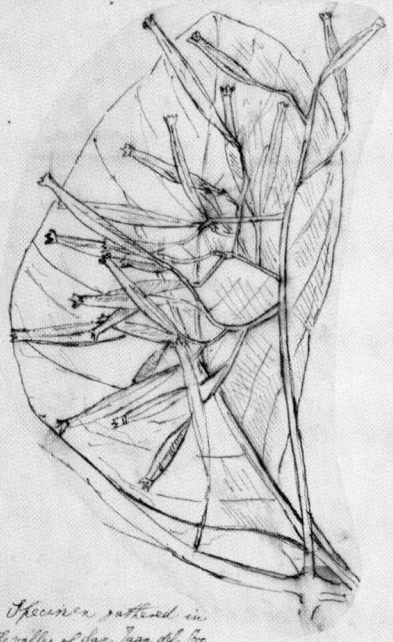

Specimen gathered in
in the valley of San Juan del Oro,
in Caravaya.

Cinchona Caravayensis

Leaves — Polymorphous. Ovate-elliptical
or lanceolate. Above smooth.
Below hairy. Veins purple

Capsule — Thick. Ovate-Lanceolate.
Hairy.

In the thickets, on the top of hills
between the valleys of Caravaya. Near
San Juan del Oro. I found it bearing
fruit in July.

Its appearance is so striking that
it cannot be confounded with any other
species. Its fruit is larger in proportion

and of a bright color. I have not
studied the flower. It grows at a
greater elevation than the Calisaya,
and can probably bear greater cold
than any other cinchona. It is, as
well as the Josephiane, known as
"Cascarilla de las Lomas."

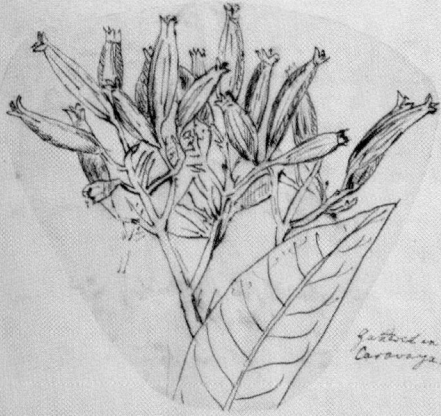

Gathered in
Caravaya.

ASIA

亚洲

Chapter 3

第三章

EUROPEAN EXPLORATION OF SOUTHERN ASIA

—

欧洲人对东南亚的探索

欧洲人频繁进入新大陆、撒哈拉以南的非洲和北极地区，他们深信自己比当地的原住民更优越，所以有必要探索这些蛮荒之地，好让原住民接触欧洲文明。但中国、印度和其他亚洲国家古老而伟大的文明，至少是与西方国家旗鼓相当的，这样就产生了一个问题：文明高度发达的地区是否可以被"探索"？事实上，首先访问这些地区的不是传统意义上的探险家，而是商人和传教士。

Europeans frequently entered the New World, sub-Saharan Africa and the Arctic with beliefs in both their superiority to native peoples and the need to explore such "benighted" areas to expose them to European civilization. However, the cultures of China, India and other Asian lands were ancient, magnificent and clearly at least the equal of those Western countries, raising the question of whether such highly civilized areas could be "explored" at all. In fact, the Europeans who first visited those areas were not explorers in the regular sense, but rather merchants or missionaries.

阿尔汉格尔斯克
Arkhangel'sk

德维纳河
Dvina R.

莫斯科
Moscow

喀山
Kazan

伏尔加河
Volga R.

阿斯特拉罕
Astrakhan

里海
Caspian
Sea

布哈拉
Bukhara

莎车
Shache

酒泉
Jiuquan

中国
CHINA

阿勒波
Aleppo

加兹温
Qazvin

阿富汗
AFGHANISTAN

喀布尔
Kabul

巴格达
Baghdad

拉合尔
Lahore

德里
Deli

尼泊尔
NEPAL

恒河
Ganges R.

霍梅尼
Bandar Khomeini

阿拉伯半岛
ARABIA

阿格拉
Agra

第乌
Diu

加尔各答
Calcutta

清迈
Chieng Mai

孟买
Bombay

印度
INDIA

果阿
Goa

马六甲
Malacca

詹金森, 1557—1560

詹金森, 1561—1564

纽伯瑞, 1583—1584

费奇的回程, 1584—1591

德·戈斯, 1602—1607

尽管在13世纪中叶，意大利传教士若望·柏郎嘉宾（Giovanni del Pian da Carpini）和他的法国同伴威廉·卢布鲁克（William Rubruck）已经远赴亚洲，进入蒙古帝国的领地，但直到《马可·波罗游记》面世，中国的各种奇迹才展现给欧洲人。

一个半世纪后，另一位威尼斯人尼克罗·德·孔蒂（Nicolò dei Conti）在美索不达米亚、波斯、印度和东南亚旅行了二十五年。面对死亡威胁，他皈依了伊斯兰教。后来，他向教皇尤金尼四世（Pope Eugenius Ⅳ）坦承自己曾暂时放弃过基督教信仰。教皇要求孔蒂记录下精彩的旅程，如此就可以宽恕他。这促成另一本经典游记的诞生。

英国人安东尼·詹金森（Anthony Jenkinson）领导了两次非常迂回的穿越亚洲之旅。1557年5月，詹金森作为莫斯科威公司的特使，从格雷夫森德出发，沿着理查德·钱斯勒（Richard Chancellor）开创的路前进，这是一条需要绕过斯堪的纳维亚、充满危险的海上航线。穿过阿尔汉格尔斯克后，他向南前往莫斯科。为与中国开展贸易，他沿伏尔加河南下，越过里海，继续向东，并于1558年12月抵达布哈拉。但是，此时中国已经与布哈拉中断了贸易，詹金森只好返回英国。1561年，他又一次出发，沿着同样的路线来到里海，接着驶往里海南端，上岸后进入波斯。但波斯国王不想让基督徒商人进入他的领地，詹金森被迫再走了一条漫长而缓慢的路线回国。

1583年，英国黎凡特公司希望在莫斯科威公司还没有开展贸易经

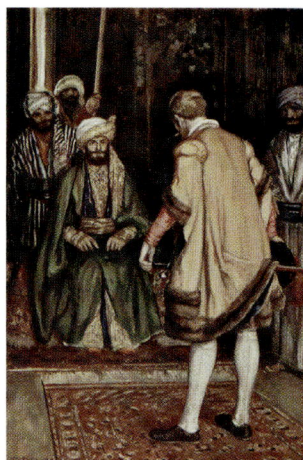

营的地方取得贸易权。于是，该公司派遣商人约翰·纽伯瑞（John Newbery）和拉尔夫·费奇（Ralph Fitch）开辟一条通往印度（甚至更远地区）的陆路。葡萄牙统治者把他们视为洪水猛兽，在葡萄牙的贸易站霍尔木兹将两人逮捕，并送往果阿受审。不过，他们逃进位于阿格拉的莫卧儿皇帝阿克巴（Akbar）的宫廷。从阿格拉分开后，纽伯瑞计划自陆路回到伦敦，但他在途中消失，从此下落不明；而视死如归的费奇沿着恒河顺流而下，考察了喜马拉雅山脉、孟加拉、缅甸、暹罗和马六甲，终于在八年后的 1591 年重返英格兰。

在 17 世纪，葡萄牙、荷兰和英国的商业活动主要集中在印度和印度尼西亚，亚洲内陆则活跃着一批耶稣会传教士，其中最早到达的是利玛窦（Matteo Ricci），他的传教活动从广州一直扩展到北京。与利玛窦同时代的，还有来自亚速尔群岛的本尼迪克特·德·戈斯（Benedict de Goes）。1602—1607 年，德·戈斯进行了一场伟大的中亚跨越之旅：他从阿格拉出发，访问了拉合尔和布哈拉，翻过帕米尔高原，沿着丝绸之路穿越塔克拉玛干沙漠和戈壁沙漠，成为自 14 世纪以来第一个从陆路进入中国的欧洲人。他于 1607 年春天在苏州去世。

接着，传教士又把目光瞄准了神秘的中国西藏。17 世纪 20 年代，安东尼奥·安德拉德（Antonio Andrade）从阿格拉出发，翻过喜马拉雅山到达西藏西部的古格王国遗址（Tsaparang）。同期，另外两位传教士斯特凡·卡色拉（Estevão Cacella）和约翰·卡布拉尔（João Cabralo）从不丹出发，到达西藏圣城日喀则。传教士们在这两个地方设立了定居点，但持续时期较短。1661—1662 年，伟大的传教士神父约翰·格鲁伯（Johann Grueber）和阿尔伯特·奥维尔（Albert Orville）离开北京，穿越中国，成为第一批抵达拉萨的欧洲人。

● 上 图

17 世纪的布达拉宫版画。约翰·格鲁伯和阿尔伯特·奥维尔作为第一批到达此地的欧洲人，应该不会错过这座宏伟的建筑。

● 左 图

意大利耶稣会士利玛窦于 1582 年前往中国。他一路北行，在南昌和南京建立教堂，并在 1600 年左右奇迹般地获准在北京定居。

● 次 页 图

这是一幅关于亚洲大陆最早的印刷版地图，主要基于葡萄牙航海家的地理发现。它由塞巴斯蒂安·蒙斯特（Sebastian Munster）于 1540 年左右绘制，并出现在他的著作《宇宙论》（Cosmographia）中。这是德国人第一次描述他们认识的世界。据了解，"印度"展示了地跨里海、波斯湾到太平洋的亚洲。大陆轮廓和爪哇、婆罗洲、马鲁卡，以及其他几个有名字注记的岛屿都相当完善，但地图中没有包括日本和韩国。

UNVEILING THE MEKONG

揭开湄公河的面纱

1863 年，法国政府宣布柬埔寨为其保护国。三年后，法国进行了一次确定湄公河能否通航的考察，进而开辟一条通往中国的贸易路线。法国驻柬埔寨王国代表欧内斯特 - 马克 - 刘易斯·都达特·德·拉格雷（Ernest-Marc-Louis Doudart de Lagrée）负责此次探险活动。在首次对古吴哥窟遗址进行全面考察后，探险队登上了湄公河，并最终发现了水量充沛的孔恩瀑布。拉格雷于 1868 年去世，但是探险活动仍在继续，考察队进入中国云南省，共计测绘了覆盖 6500 公里沿线地区的地图。

● 上图
拉格雷目睹了湄公河沿途的习俗和竞技比赛，如龙舟赛就被写入他离世后才出版的书里。

BOTHNIA

RVSSIA ALBA

Dituidna fl.

MOSCOVIA

Colmogora
regio

Alani Scythæ

Rha fl.

Tapuri

Auzac
regio

Asp4 sü montes

Massagetæ

Astora

Iaxartes

Saccæ

Auzacia

Mare Caspiū

Sogdiana

Bilthe

Cas

Oxus fl.

Imaus mons

MEDIA

Hyrcania

Bactri
ana

Imodus mons

Emodij

Tigris

PERSIS

PARTHIA

Aria

Arachosta

INDIA
citra Gãgem

Ganges

Dragiana

Indus fl.

Dragiana

Cambaia

Narsingæ
regnum

R

Sinus Persicus

Carmania

Goa

ARABIA

Ormus

Sinu Guzerat

Canonor

Sinus Gangeticus

Aden

Calicut

Mare Rubrum

Aethiopiæ
pars

Christiana

Zaylon

TAPR
BAN
Si

Mare
Prassodum

Madagascar

Zanzibar

us Hyperboreus

Balor regio

TANGVT

INDIA
superior

Nubium lacus

Oechardes fl.

CATHAY

Quinsai

SERICA
regio

MANGI

Isfedon

Mons Ottorocoras

NDIA
Gāgem

Sinarū regio

Cyamba

Marcotta

Rhanda

Ambastæ

Archipelagus
7448 insularū

Chientij

Sindi

Regio aurea

Puloan

Malaqua

Porne

Giloló
vel
Siloi

Iaua minor

Moluca

Insulæ pdonū

Iaua maior

Tarenata

Timos

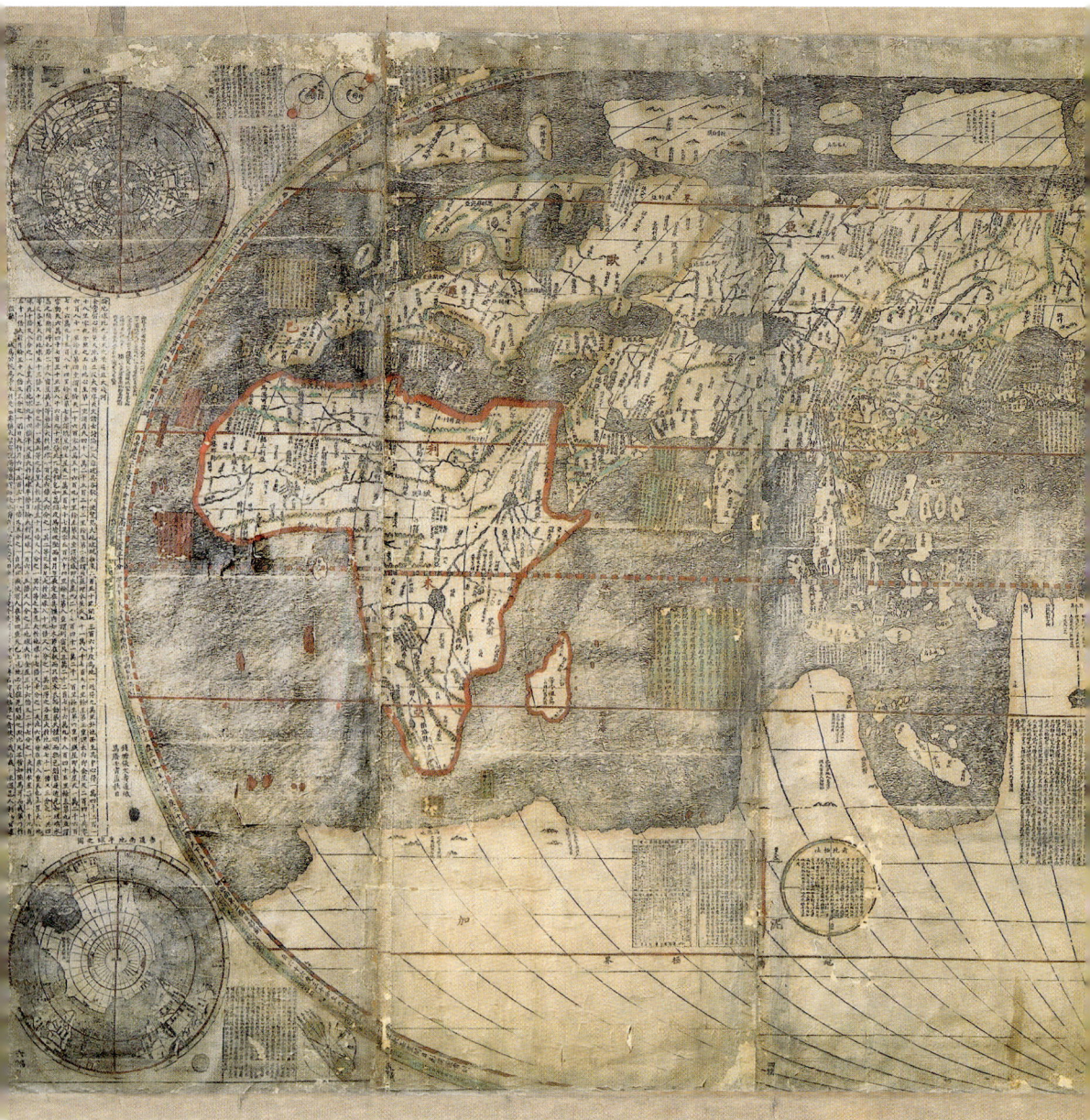

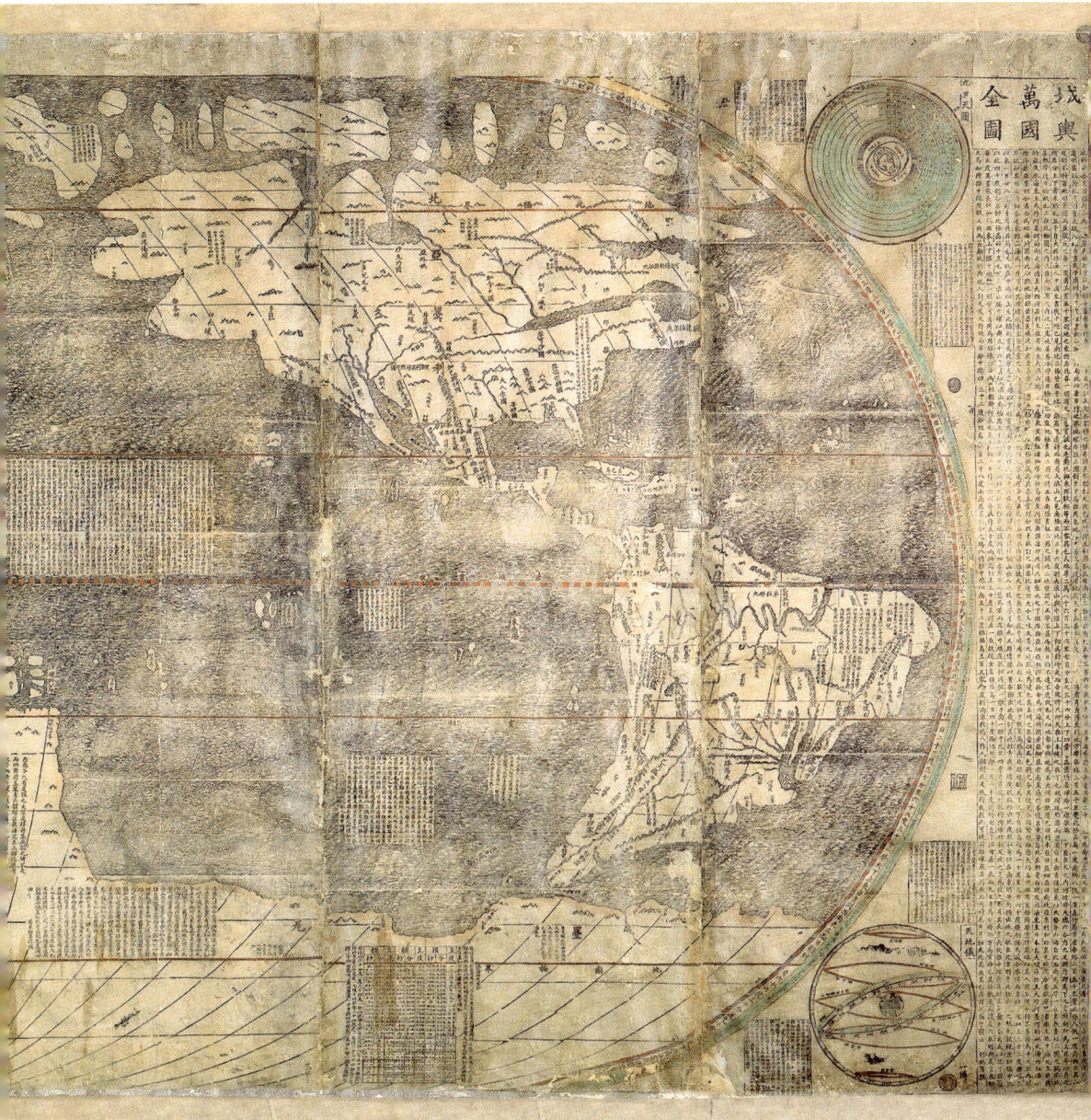

● 上图

1602年，这幅耶稣会作品——世界地图《坤舆万国全图》在中国印刷。请注意，陛像许多欧洲地图（如亚伯拉罕·奥特柳斯1570年制作的著名地图）一样，这幅地图也展示了巨大的南极大陆。这片大陆虽然在当时未知，但理论上是存在的。

SIBERIA

—

西伯利亚

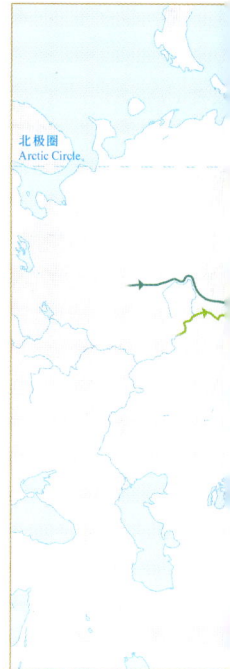

在地理发现史上，西伯利亚的探索方式是独一无二的——不是从内陆的海岸线开始，而是从内陆逐渐到外围。这是因为西伯利亚的海岸地区在一年中的大部分时间里被冰雪覆盖，而冰冻的西伯利亚平原和森林被可通航的河流分割开，令探险家和征服者们得以一路踏浪前行。虽然这里有北半球最恶劣的气候，而且面积广袤——1400万平方公里——约为美国领土的1.5倍，但人们还是完成了这个地区的探索。

Uniquely in the history of geographical discovery, Siberia was explored not from its coastlines inland, but from the interior to the periphery. This was because, whereas most of the coasts are ice-bound much of the year, the frozen Siberian plains and forests are dissected by navigable rivers that allowed explorers or conquerors to advance across the region. This happened despite the worst climate in the Northern Hemisphere and its seemingly endless size: 14 million km2 (5.3 million square miles) – roughly one and a half times the United States.

北极海
CHUKCHI SEA

阿拉斯加州
ALASKA

俄罗斯
RUSSIA

勒拿河
Lena R.

雅库茨克
Yakutsk

阿尔丹河
Aldan R.

鄂霍次克
Okhotsk

科雷马河
Kolyma R.

阿纳德尔河
Anadyr R.

德兹涅夫角
East Cape

美国
U.S.A.

阿纳德尔
Anadyr

白令海峡
BERING STRAIT

白令海
BERING SEA

叶尼塞河
Yenisei R.

鄂霍次克海
SEA OF OKHOTSK

堪察加半岛
Kamchatka

白令岛
Bering Island

贝加尔湖
Lake Baykal

萨哈林岛
(库页岛)
Sakhalin

阿穆尔河
Amur R.

哈巴罗夫斯克 (伯力)
Khabarov'sk

千岛群岛
Kuril Islands

北太平洋
NORTH
PACIFIC OCEAN

北海道
Hokkaido

中国
CHINA

日本
JAPAN

| 0 | | 2000 kms |
| 0 | | 1000 mls |

叶尔马克，1581—1582
波亚尔科尔，1643—1646
德日涅夫，1648—1649
哈巴罗夫，1649—1651
阿特拉索夫，1697—1699
白令，1725—1730
斯潘诺格，1738—1739

● 上　图

V. I. 苏里科夫 (V. I. Surikov) 的油画《叶尔马克征服西伯利亚》(*The Conquest of Siberia by Yermak*) 绘于 1895 年，它生动地描绘了三百多年前叶尔马克率领的哥萨克人与西伯利亚鞑靼人在额尔齐斯河上战斗的场景。

● 对 页 图

西伯利亚冰冻的海岸线沿着许多海域往北延伸数千英里。这些通往北部的海上通道过去被称为"东北航道"，而今天被称为"北海航线"。

欧洲人对西伯利亚的入侵始于 1581 年。实力强大的斯特罗加诺夫家族（Stroganov）从伊凡四世（Ivan Ⅳ）那里获得了在乌拉尔山脉以东登陆的权利，控制着乌拉尔山脉以西一个庞大的商业帝国。他们在哥萨克人叶尔马克·季莫费耶维奇（Yermak Timofeyevich）的领导下发起一场战争，枪口对准由库彻姆（Kuchum）统治的西伯利亚鞑靼汗国（Siberian Tatar khanate）。凭借在枪械装备上的明显优势，叶尔马克很快赢得了一系列战役，并在如今托博尔斯克附近的额尔齐斯河和鄂毕河交汇处占领了库彻姆的首都。此后，库彻姆以游击战方式顽强抵抗了十五年。尽管叶尔马克在 1585 年被杀，但是俄罗斯人有组织地向西伯利亚扩张的形势已不可逆转。

俄罗斯人沿着西伯利亚东部和北部的河流系统快速推进，建立了军事哨所和贸易点，包括托博尔斯克、托米河沿岸的托姆斯克和叶尼塞河上的图鲁汉克斯。在 17 世纪 20 年代，他们推进到广阔的勒拿河畔。1632 年，彼得·贝克托夫（Petr Beketov）在此建立雅库茨克，使之成为向更远处探险的根据地。1643—1645 年，瓦西里·波亚尔科夫（Vasiliy Poyarkov）以横征暴敛、大肆杀戮等征服手段，南下阿穆尔河，并沿河到达鄂霍次克海。几年之内，叶罗费·哈巴罗夫（Yerofey Khabarov）又两次以同样暴虐的手段前往阿穆尔河,因而与对该地区拥有主权的清帝国产生小规模冲突。

在更遥远的西伯利亚北部，伊凡·雷布罗夫（Ivan Rebrov）在 1638 年到达英迪吉卡河（Indigirka），米哈伊尔·施塔特辛（Mikhail Stadukhin）于 1643 年发现了西伯利亚最东端的大河——科雷马河。1648—1649 年，西蒙·德日涅夫（Semen Dezhnev）从这条大河出发，率领七艘船沿着北极海岸航行。这些船只最终大都遇难或失踪，但最后一艘船首次穿过了白令海峡，而且还发现了亚洲最东端，可惜当时没人意识到这一发现的重要性。八十年后，为俄罗斯海军服务的丹麦人维图斯·白令（Vitus Bering）再次发现白令海峡时，德日涅夫早已被人遗忘。

1725 年，沙皇彼得大帝派白令去考察亚洲是否与北美大陆相连。这不是一项简单的任务，首先白令的队伍必须穿越西伯利亚，然后修建一艘能带他们穿过鄂霍次克海到达堪察加半岛的船，弗拉基米尔·阿特拉索夫（Vladimir

Atlasov）曾在 17 世纪 90 年代以坚韧不拔的精神征服过这里。穿过半岛后，还需要再修建两艘船在两片大陆之间向北航行。白令在五年之内完成了这些任务，但当他回来后，却遭到质疑，因为当时海上的大雾让白令看不清对面的美洲海岸。为了回应这些质疑，白令的第二次航行势在必行。

这就是著名的"大北极探险"，它旨在确定亚洲和美洲之间的地理联系。1733 年，白令的探险队从圣彼得堡出发，但是鄂霍次克还没有建造新的港口设施，所以白令的两艘船彼得号（Sv Petr）和帕维尔号（Sv Pavel）于 1740 年才最终下水，直到 1741 年，他们才从堪察加半岛的新港口彼得罗帕夫洛夫斯克起锚。此后不久，这两艘船就分开了，彼得号到达阿拉斯加海岸，船长阿列克谢·奇里科夫（Alexei Chirikov）派了两艘小船上岸取水，但这两艘船再未回来。因为缺少多余的小船，奇里科夫只能返航回到母港。同时，白令也到达了阿拉斯加。令同行的科学家格奥尔格·斯特勒（Georg Steller）极度郁闷的是，在阿拉斯加，他只被允许开展一天的科学研究，然后就返航。在返航途中，船在后来被命名为白令岛的地方失事。在这个恐怖的冬天，包括白令在内的 33 人死于严寒或败血症。来年春天，其他幸存者建造了一艘新船，返回彼得罗帕夫洛夫斯克。

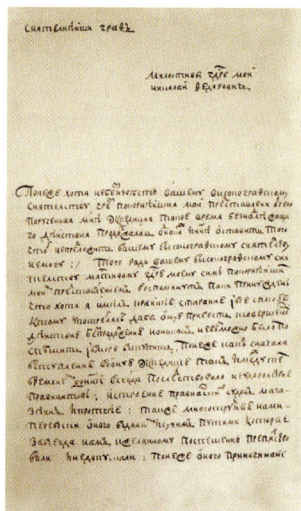

THE GREAT NORTHERN EXPEDITION

大北极探险

白令的探险队只是去往大北极的七支探险队之一。有五支探险队奉命对白令海峡以北的西伯利亚海岸进行地理和科学调查：阿尔汉格尔斯克至鄂毕河，鄂毕河至叶尼塞河，叶尼塞河至泰梅尔半岛，泰梅尔半岛至勒拿河，勒拿河至阿纳德尔河。虽然白令拥有名义上的全面指挥权，但他没有实权。这五支队伍在调查覆盖北极海岸地区时，分别在制图学、水文学、生物地理学和人种学方面取得了不同程度的成绩。

● 上图
千岛群岛是鄂霍次克海的一条地势险峻的岛链。1738 年，马丁·斯潘伯格 (Martin Spanberg) 在前往日本之前对北部岛屿进行了考察，但他的日志和图表记录得非常糟糕。为了制作更好的地图，俄罗斯海军部命令他再次航行。1742 年 5 月至 6 月，他带着四艘船向南航行，尽管大雾迷航，他仍然在千岛群岛拓展了自己的发现。

SOUTH TO JAPAN

前往日本

大北极探险中的一个分队——也是白令探险队的南部分队，船长马丁·斯潘伯格奉命去堪察加半岛和千岛群岛之间考察，并且要赶在白令之前，在鄂霍次克负责提前建造好白令需要的三艘船。随后，他带领自己的小舰队前往千岛群岛，随后，其中的两艘船继续前往日本，抵达本州岛。

ARABIA AND THE MIDDLE EAST

—

阿拉伯和中东

虽然阿拉伯半岛和波斯湾地区比美洲、远东或非洲大部分地区更接近南欧，但由于缺乏贸易交流机会、恶劣的地形条件和许多穆斯林对基督徒怀有敌意，直到 19 世纪，欧洲人才开始对其进行考察。最终，大多数欧洲探险家接受了阿拉伯人的习俗、服装、语言和宗教，他们甚至伪装成伊斯兰朝圣者，潜入该地区探险。

Although Arabia is far closer to southern Europe than are the Americas, the Orient, or much of Africa, uropean exploration of it, or of the Persian Gulf region, until the nineteenth century. This was because of the lack of trade opportunities, the hostile terrain and the even greater hostility of many Moslems to Christians. Eventually, most European explorers adopted Arab customs, clothing, language and religion in order to function, or, if they could, went disguised as Islamic pilgrims.

阿尔汉格尔斯克
Arkhangel'sk

莫斯科
Moscow

喀山
Kazan

伏尔加河
Volga R.

威尼斯
Venice

黑海
Black Sea

里海
Caspian Sea

北回归线
Tropic of Cancer

孟加拉国
BANGLADESH

缅甸
MYANMAR

孟买
Bombay

印度
INDIA

孟加拉湾
BAY OF BENGAL

阿拉伯海
Arabian Sea

果阿 Goa

坎纳诺尔 Cannanore
卡利卡特 Calicut
科钦 Cochin

科伦坡
Colombo

苏门答腊岛
Sumatra

马来西亚
MALAYSIA

赤道
Equator

婆罗洲
Borneo

西里伯斯岛
Celebes

见下方地图

印度尼西亚
INDONESIA

爪哇岛 Java

印度洋
INDIAN OCEAN

0 ___ 2000 kms
0 ___ 1000 mls

阿勒波
Aleppo

加兹温
Qazvin

亚历山大
Alexandria

大马士革
Damascus

巴格达
Baghdad

库姆
Qom

伊斯法罕
Esfahan

赫拉特
Herat

开罗
Cairo

佩特拉
Petra

哈伊勒
Ha'il

巴士拉
Basra

科威特城
Kuwait City

设拉子
Shiraz

霍梅尼
Bandar Khomeini

阿巴辛旺
Aswan

伊巴
Khaibar

麦地那
Medina

利雅得
Riyadh

盖提夫
Al Qatif

阿布辛贝
Abu Simbel

吉达
Jedda

胡富夫
Al Hufuf

萨瓦金
Suakin

麦加
Mecca

阿拉伯海
Arabian Sea

萨那
San'a

塞拉莱
Salalah

穆哈
Al Mukha

亚丁
Aden

0 ___ 1000 kms
0 ___ 500 mls

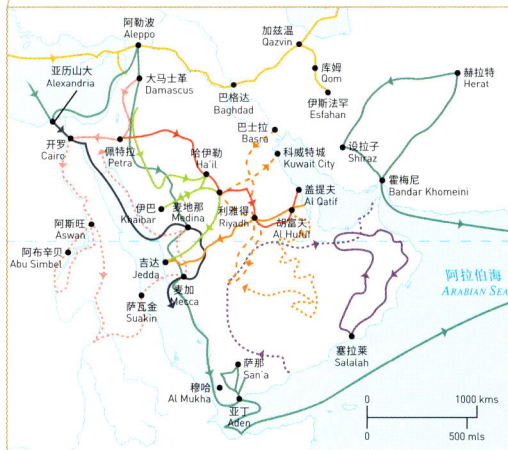

▸—▸	达·瓦西玛，1502—1508
▸—▸	安东尼·谢利，1598—1601
▸—▸	伯克哈特，1812
▸‥‥▸	伯克哈特，1813—1815
▸—▸	伯顿，1853—1854
◂—▸	帕尔格雷夫，1862—1863
▸—▸	道蒂，1876—1878
▸—▸	菲尔比，1917
▸- -▸	菲尔比，1918
▸‥‥▸	菲尔比，1932
▸—▸	塞西格，1946—1947
▸‥‥▸	塞西格，1947—1948

ARABIA

RUB' AL KHALI

by

H. St. J. B. PHILBY, C.I.E.
1932

Scale 1:2,000,000

Statute Miles

10 5 0   10   20   30   40   50

Reference

Mr Philby's route 1932
               1917 & 1918
Sand desert
Sand dune ranges
21-1-32   Camps

RIYADH

Tropic of Cancer

Nafud Qunaifida

Nafud Qunaifida

Al Mauje

Hadba Qidha

Hadba Qidha

NAFUD DAHI

BAHR AL FARISAN

DAHANA

UMM AL SALAH

JAFURA

Ramla Maqainama
(Bare sand dunes)

Arq al Ghanam

'Arq Abu Abdad
'Arq al Rola
'Urug al Khalfa
Marbakh Abu Laila

RALA
(Gravel plain)

Hadhat
al Hawaya

WADI DAWASIR

JABAL UWAIQ

Jabal Al Jilay

Al Mundafan

BANI

Al Dhuhur
(4 dune ranges)

Kareh al Bair
(Broken dune ranges)

Al Jilida
(Gravel plain)

Hadhat

al

Hawaya

QAAMIYA

JABRIN

Bare desert of rock, gravel & sand

Wide alternating strips of sand and
steppe with granite fragments, good
pasturage in favourable seasons

Sandy downs with
Ghadha bushes

Rolling valleys of sand
between dune ranges

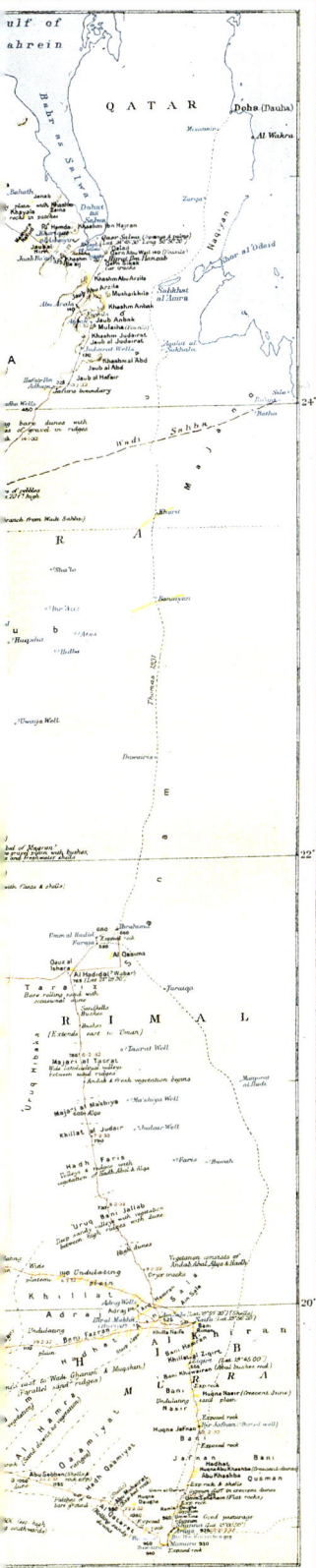

Doha (Dauha)

Al Wakra

● 左图

哈利·圣约翰·菲尔比（Harry St John Philby）在 1917 年加入英国外交部门，随即被派往阿拉伯。多年来，他开展了多次沙漠之旅。他是第一个访问内贾德地区南部省份的欧洲人。在驼背上，他测绘了现在沙特与也门的边界处的鲁卜哈利沙漠，以及 1933 年这张地图的右下角的"空白区"，那里白天气温常常高达 52 ℃。因不满英国的中东外交政策，他在 1939 年辞去外交工作，皈依伊斯兰教，并改名为哈吉·阿卜杜拉（Hajj Abdullah）。

罗多维科·达·瓦西玛（Lodovico di Varthema）是第一批进入阿拉伯半岛的欧洲人之一。1502 年，他游历了开罗、贝鲁特、阿勒波、大马士革等地，在大马士革加入马穆鲁克卫成部队后，随同一支朝圣队伍前往麦地那和麦加，成为第一个记述这些圣城的欧洲人。达·瓦西玛在亚丁以基督教间谍身份被捕，但他被驱逐到波斯和阿富汗，然后继续在印度和更远的"东方"进行着史诗般的旅行，最终于 1508 年返回欧洲。

一个世纪后，一对英国兄弟安东尼·谢利（Anthony Sherley）和罗伯特·谢利（Robert Sherley）满怀希望前往波斯，一是促成英国和波斯的贸易交流，二是结成政治联盟，不过两个目标都没能实现。但谢利兄弟是天生的冒险家，他们得以加入阿巴斯国王的麾下。1600 年，安东尼横渡里海，沿着伏尔加河来到莫斯科，然后顺着莫斯科威公司的商路，通过阿尔汉格尔斯克返回欧洲；罗伯特留在波斯，最终被任命为国王的特使。

1761—1767 年，受丹麦国王弗雷德里克五世（Frederick V）的派遣，德国测量员卡斯滕·尼布尔（Carsten Neibuhr）作为探险队的一员前往埃及、阿拉伯、印度和中东地区探险。在这次探险活动的最后三年里，他是队中唯一的幸存者。直到 19 世纪初，大量欧洲人才进入该地区。西班牙人多明戈·巴迪亚·利布利奇（Domingo Badiay Leblich）和德国科学家乌尔里希·贾斯珀·西岑（Ulrich Jasper Seetzen）各自混迹于阿拉伯地区数年后，乔装进入麦加。与他们同时代、最伟大的旅行家当属瑞士人约翰·伯克哈特（Johann Burckhardt）。1809—1818 年，他游历了大马士革和阿勒波，在前往开罗的途中，他访问了佩特拉，成为近代第一个到此一游的欧洲人。游历了埃及和努比亚后，伯克哈特也进入麦加，在那里待了三个月，之后还游历了阿拉法特山、麦地那和西奈。1817 年他因痢疾死于开罗。

紧随伯克哈特之后进入阿拉伯地区的，是几位具有军事背景的探险家。1819 年，乔治·萨德勒（George Sadleir）上尉被派去接洽易卜拉辛·帕夏（Ibrahim Pasha），后者刚刚从阿拉伯的一次成功军事行动中全身而退，英国人希望与之携手，共同清理波斯湾的海盗。到达波斯湾后，萨德勒听说易卜拉辛已经前往麦加，于是他一路追随，成为首个穿越阿拉伯半岛的欧洲人。十年后，东印度公司的詹姆斯·怀尔斯迪德（James Wellstead）在阿曼、亚丁和也门开展广

● 上图

1806 年，约翰·伯克哈特开始为非洲协会效力，谋划从开罗出发穿越撒哈拉沙漠去往廷巴克图的探险。他的提议被采纳后，便有了伯克哈特在亚洲和非洲的八年探险。然而，1817 年，在搭载穿越撒哈拉沙漠的大篷车到来前，伯克哈特不幸去世。

● 中图

威廉·吉福德·帕尔格雷夫伪装成叙利亚医生，成为第二个考察阿拉伯中心——内贾德北部地区的欧洲人。

● 下图

查尔斯·蒙塔古·道迪坚持在其阿拉伯沙漠旅行中形成的晦涩文风，好在经过多次退稿，最终出版并成为经典。

● 上图
万贝里（Armin Vambery）是一位出色的匈牙利学者和语言学家，他在 19 世纪 60 年代伪装成逊尼派托钵僧，曾在波斯、亚美尼亚和土耳其斯坦旅行。也有人认为他是英国特工。

● 下图
麦加圣城的主要广场正中是一座黑色立方体建筑——克尔白天房。

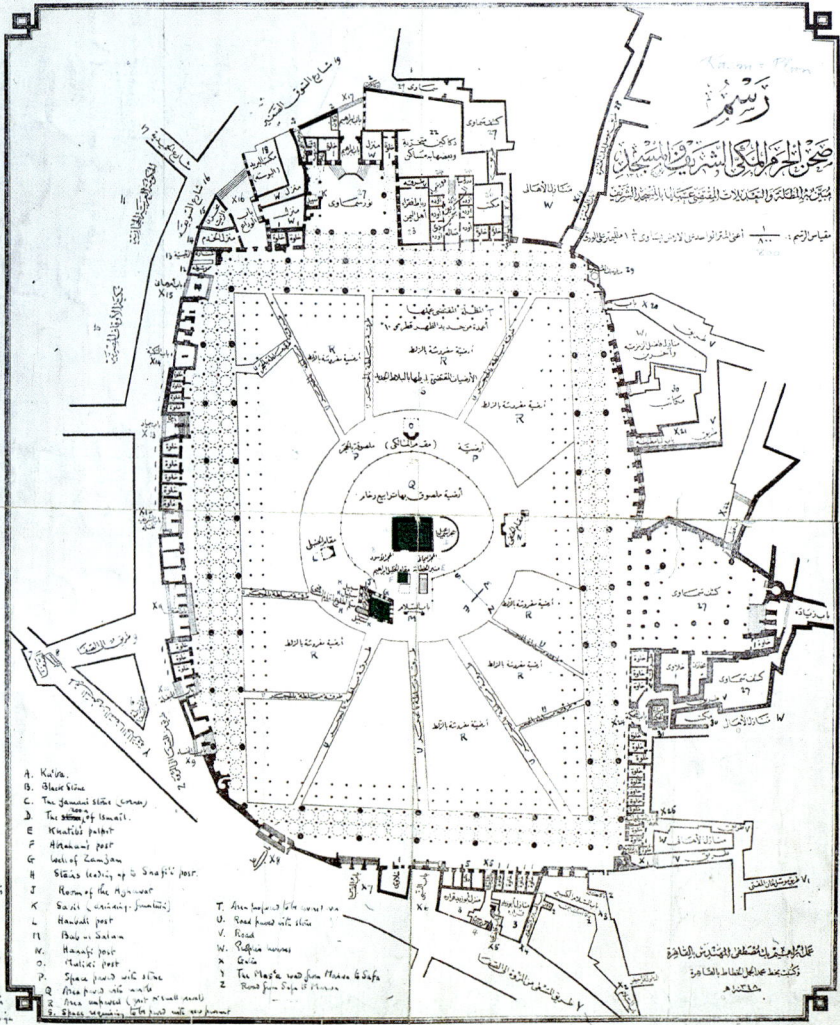

泛调查。1853 年，理查德·伯顿（Richard Burton）伪装成穆斯林潜入麦加和麦地那。

和伯顿一样，其后继者也对阿拉伯地区着迷。间谍威廉·吉福德·帕尔格雷夫（William Gifford Palgrave）毕业于牛津大学，他同时为教皇和法国的路易斯·拿破仑（Louis Napoleon，即拿破仑三世）效力。他在 1862—1863 年第一次横跨阿拉伯半岛，是首个进入利雅得的欧洲人。查尔斯·蒙塔古·道迪（Charles Montagu Doughty）花了两年时间（1876—1878 年）在阿拉伯半岛游荡，他的著作《阿拉伯沙漠游记》（*Travels in Arabia Deserta*）是旅行游记的经典之作。威尔弗雷德·布朗特（Wilfred Blunt）和妻子安妮·布朗特（Anne Blunt）在旅行结束后成为阿拉伯事业活动家，他们的工作包括寻找阿拉伯良种马以育种。

第一次世界大战之后，哈里·圣约翰·菲尔比——双重间谍金·菲尔比（Kim Philby）的父亲——踏上了开拓性的"骆驼之旅"。他志在成为第一个穿越荒凉的鲁卜哈利的人。这片空旷之地是地球上最大的连续沙漠，也是世界上最后一片未开发的土地。令菲尔比沮丧的是，这个荣誉已经在 1931 年被马斯喀特苏丹（Sultan of Muscat）的政府官员伯特伦·托马斯（Bertram Thomas）抢去。第二年，菲尔比对此地进行了大规模探索。但直到 20 世纪 40 年代，威尔弗雷德·塞西格（Wilfrid Thesiger）两度穿越了这片空白区域时，才有了彻底的考察。

PETRA

佩特拉

1812 年 8 月，约翰·伯克哈特在穿越约旦南部时，进入了一个狭窄的峡谷，并有了重大发现，这被后来的诗人威廉·约翰·伯根（William John Burgon）描述为"一座玫瑰红的城市，它的历史只有时间的一半"。伯克哈特通过雕刻在悬崖上的壮观寺庙和住所，认出这是佩特拉遗址。从公元前 4 世纪开始，佩特拉就是纳巴泰人的首都，直到公元 106 年被罗马皇帝图拉真吞并之前，佩特拉一直都是伟大的贸易中心。一千五百多年来，伯克哈特是第一个看到佩特拉的欧洲人。

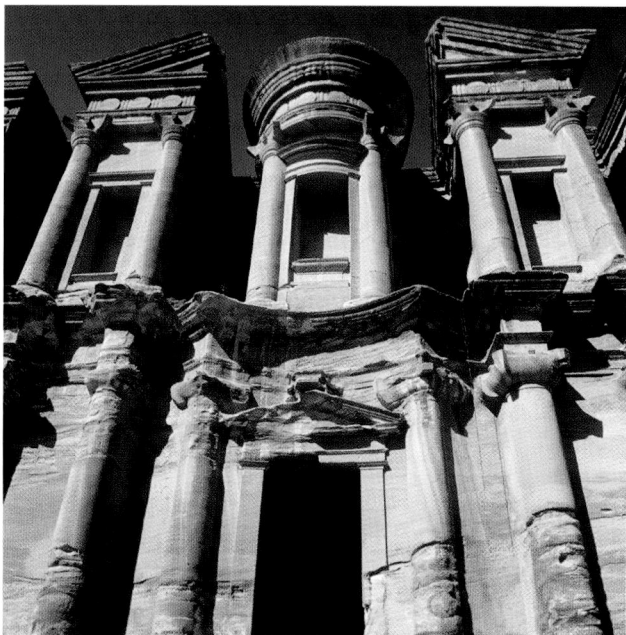

●上图
虽然如今前往佩特拉参观的旅行路线有很多，但是在约翰·伯克哈特到达那里时，古老的贸易中心就已从西方的所有传说中消失了。

RICHARD BURTON IN DISGUISE

乔装后的理查德·伯顿

服役于印度陆军的英国中尉理查德·弗朗西斯·伯顿（Richard Francis Burton）被伯克哈特的成就吸引。伯顿拥有杰出的语言天赋，大约掌握了40种语言和方言，谙熟伊斯兰文化，一番乔装打扮之后，游历了麦地那和麦加。1853年4月，他在苏伊士登上一艘朝圣船，进入麦地那。然后，他通过一条欧洲人尚不知晓的内陆路线前往麦加。回国后，伯顿根据自己的亲身经历创作了两卷本的游记《走向圣城》。他的冒险行为和著作令他在西方声名鹊起。

● 上图
乔装成穆斯林的理查德·伯顿。

AFRICA

非洲

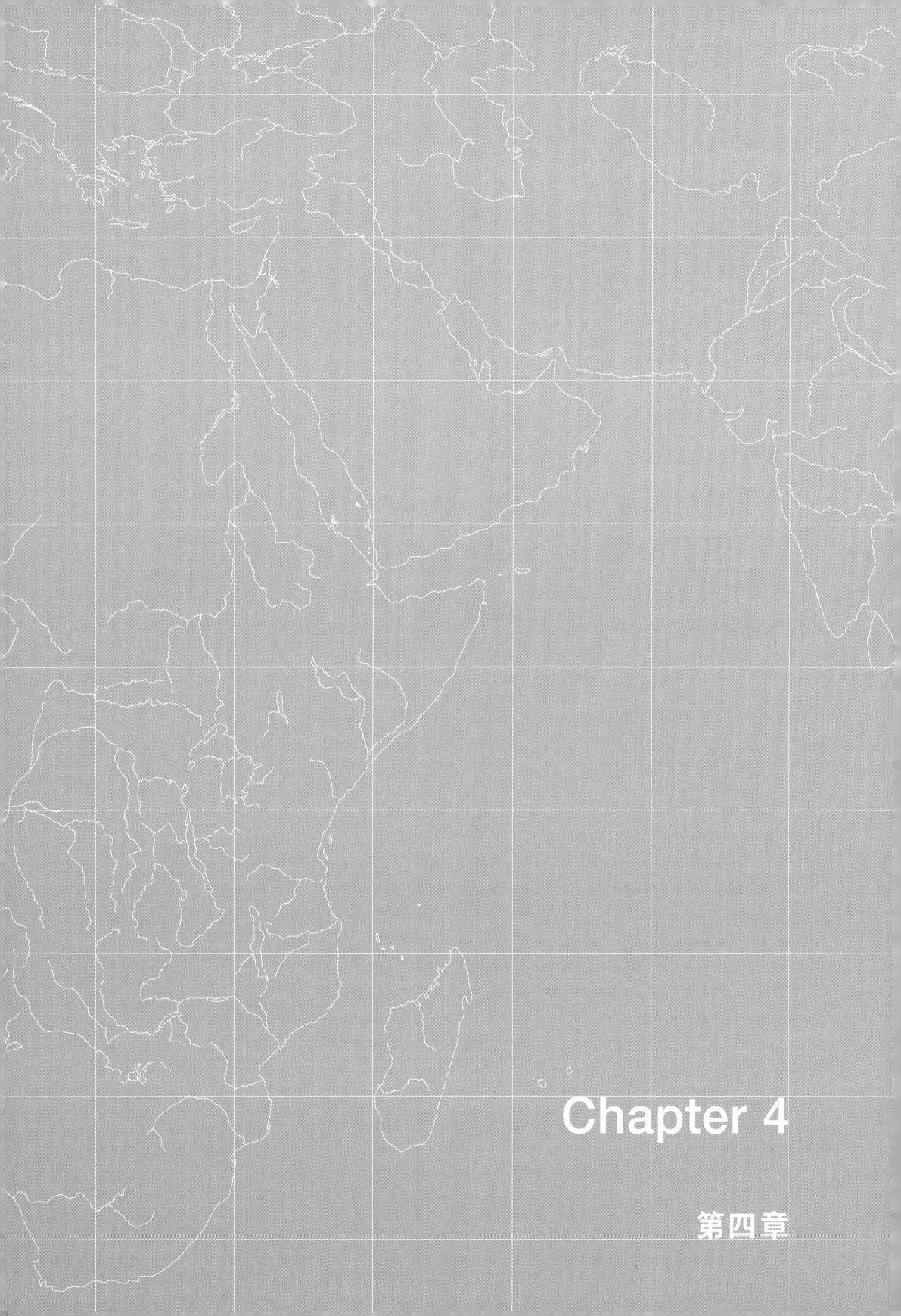

Chapter 4

第四章

NORTH AFRICA
AND THE SAHARA

—

北非和撒哈拉

几个世纪以来，以葡萄牙人与荷兰人为代表的欧洲人航行在非洲海岸，他们从事着合法贸易和奴隶贸易。但是这片大陆的内部对他们而言，仍然是个谜。1788 年，当促进非洲内陆部分发现协会[①]在伦敦成立后，这种局面开始发生变化。该协会迅速派出两名探险者前往尼日尔河勘探。此时，人们对于这条河的源头、流向或最终目的地知之甚少。其中一位探险者约翰·莱德亚德于 1789 年 1 月在开罗去世，这应该是他开始考察的地方。另一位探险者西蒙·卢卡斯本要向南穿过撒哈拉中部，但在被告知前方有危险后返回了。不过，一个穿越撒哈拉沙漠进行探险的模式已经建立。

① 促进非洲内陆部分发现协会：简称"非洲协会"，它的简称更加知名和常见。

For centuries, Europeans – mostly Portuguese and Dutch – sailed the coasts of Africa, engaging in both legitimate commerce and the slave trade. But the interior of the continent remained a mystery. That began to change after 1788 when the Association for Promoting the Discovery of the Interior Parts of Africa was founded in London. Almost immediately, the Association sent out two explorers to reach the Niger River, about which little was known regarding its source, direction of flow, or ultimate destination. One, John Ledyard, died in Cairo in January 1789, which at the time did not seem an unreasonable place to start one's investigations. The other, Simon Lucas, was to cross south through the central Sahara, but he turned back after being warned of the dangers ahead. However, a pattern had been established for exploration via the Sahara.

120 / 121

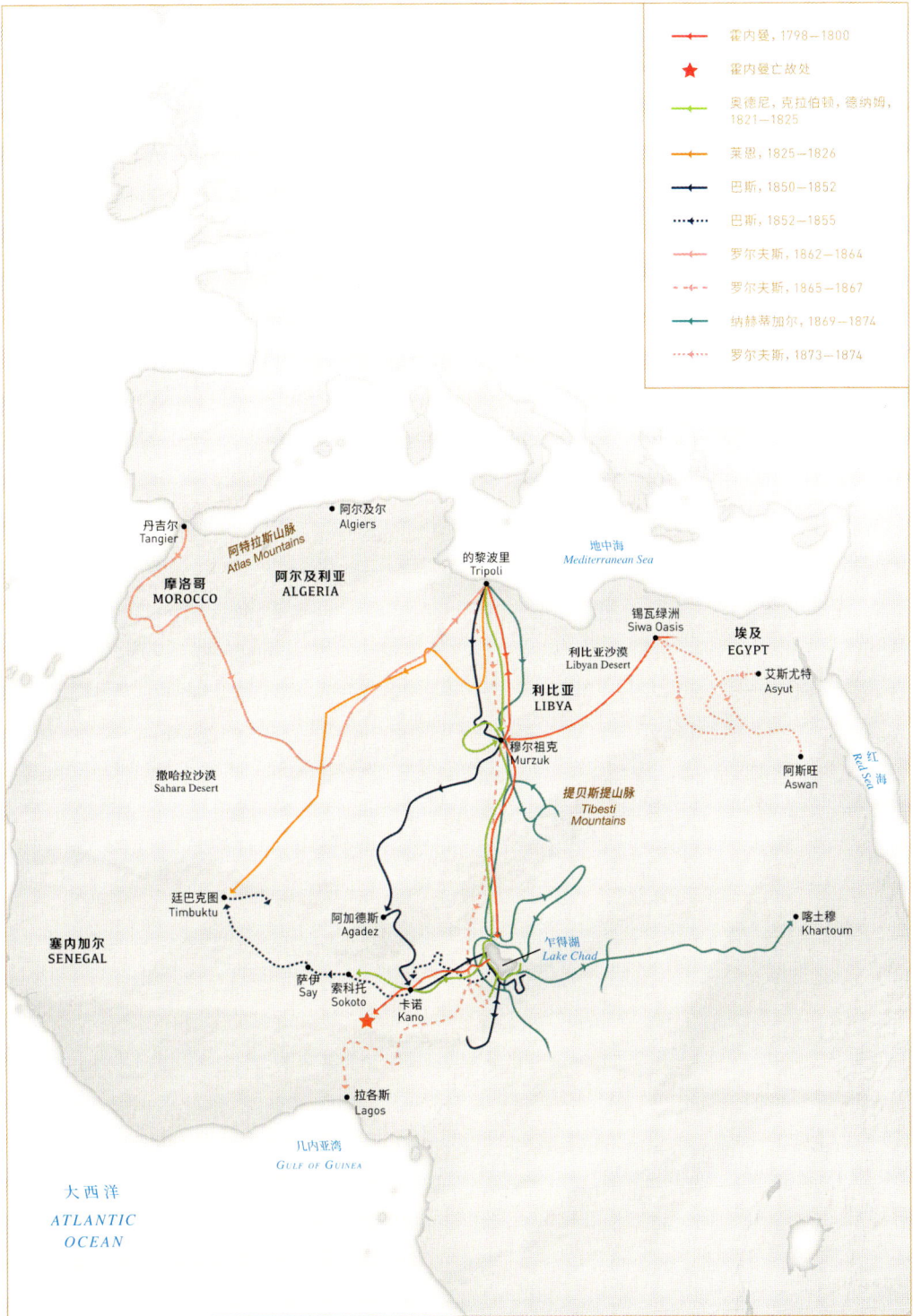

霍内曼，1798—1800	
★	霍内曼亡故处
	奥德尼，克拉伯顿，德纳姆，1821—1825
	莱恩，1825—1826
	巴斯，1850—1852
	巴斯，1852—1855
	罗尔夫斯，1862—1864
	罗尔夫斯，1865—1867
	纳赫蒂加尔，1869—1874
	罗尔夫斯，1873—1874

丹吉尔
Tangier

阿尔及尔
Algiers

阿特拉斯山脉
Atlas Mountains

的黎波里
Tripoli

地中海
Mediterranean Sea

锡瓦绿洲
Siwa Oasis

埃及
EGYPT

艾斯尤特
Asyut

摩洛哥
MOROCCO

阿尔及利亚
ALGERIA

利比亚沙漠
Libyan Desert

利比亚
LIBYA

撒哈拉沙漠
Sahara Desert

穆尔祖克
Murzuk

提贝斯提山脉
Tibesti Mountains

阿斯旺
Aswan

红海
Red Sea

廷巴克图
Timbuktu

阿加德斯
Agadez

乍得湖
Lake Chad

喀土穆
Khartoum

塞内加尔
SENEGAL

萨伊
Say

索科托
Sokoto

卡诺
Kano

拉各斯
Lagos

几内亚湾
GULF OF GUINEA

大西洋
ATLANTIC OCEAN

[1]
译者注：指 1803—1815 年欧洲爆发的各
场战争。

● 对页图
利比亚沙尘暴中的乔治·弗朗西斯·里昂。
每个在撒哈拉沙漠和阿拉伯半岛的游客
都必须学会躲避这种破坏性风暴的方法
以求自保。

● 上图
站在曾经神秘的廷巴克图的一处屋顶上
远眺。这与 19 世纪 50 年代海因里希·巴斯
（Heinrich Barth）从他的住所看到的景
象相同。

● 下图
这幅由约翰·奥弗顿（John Overton）绘
制的非洲大陆地图是其世界地图集的一
部分。图廓绘有服饰、城镇景观和当地
国王的肖像，由菲利普·霍姆斯（Philip
Holmes）雕刻。

十年后，非洲协会聘请弗里德里希·霍内曼（Friedrich Hornemann）前往尼日尔河。1800 年，他在位于利比亚沙漠深处的穆尔祖克加入一支商队后，失去音讯。二十年后，人们才得知他已抵达尼日尔地区，也许在此地死于痢疾。在拿破仑战争[1] 期间，非洲的探险活动逐渐降温，但此后有所增加，穿越撒哈拉沙漠的路线仍然是切实可行的。

1817 年，英国政府迎接挑战，派遣约瑟夫·里奇（Joseph Ritchie）和乔治·弗朗西斯·里昂（George Francis Lyon）从的黎波里出发，去探索尼日尔河。但是，里奇在穆尔祖克去世，里昂也被迫返回。1821 年，沃尔特·奥德尼（Walter Oudney）、休·克拉伯顿（Hugh Clapperton）和迪克森·德纳姆（Dixon Denham）被派去完成任务。苏格兰皇家海军中尉克拉伯顿和英国陆军中尉德纳姆的"瑜亮情结"使两人关系恶化到只能分开扎营、仅通过信件交流的地步。不过，他们成为第一批到达乍得湖的欧洲人。随后，德纳姆探索了乍得湖附近的区域，克拉伯顿则继续向西，到达索科托。

英国政府对德纳姆和克拉伯顿的探险进展不满意，又在 1825 年派遣亚历山大·莱恩（Alexander Laing）进一步深入非洲内陆，访问神秘之城——廷巴克图。在沙漠深处，莱恩遭到图阿雷格游牧民族的袭击，与死神擦肩而过后，他独自挣扎了 650 公里，到达了一个他认为可以休养的地方。1826 年 8 月，他进入廷巴克图，然而一个月后，他刚刚离开这座城市即被谋杀。

MINA
KING OF ABISSINE
TANGER

A WOMAN OF FEZ

A CONGENSIAN

A MADAGASCAR WOMAN

A GVINEAN

CEVTA
KING OF GVINEA
TSAFFIN
KING OF MAROCO

THE ATLAN

Streits of Gibralter · Part of Spaine

Madera · Porto Santo

The Canaries
Palma · Ferro · Gomera · Tenariffa · Comana · Fortuentura

TLCKE

THE BARBARY

TROPICE of CANCER

OCEAN

Iles of Cabo Verde commonly Helperide and Gorgades

BILEDVLGERID or

NVMIDIA
GARMANTES

LIBYA

GVALATA Reg

GENEHOA
REGION
TOMBVTV reg
Mandinga Mandinole Car, Caragoles
Melli

GVINEA
BENIN

BIAFAR
BIAF

GVANGA
CASENA
Defert of ZANFARA
ZANFAR

Zeozeo

ÆQVATOR or 20 The Æqui noctia Line

I da Nobon

THE

AETHIOPIAN

I de Afcencion

I de S. Helena

new and moft Exact map
of
AFRICA
Defcribed by N. Visfcher and don
into English Enlarged and Corretta according
to I Blaew and Others With the Habits of ye
people ry manner of ye Cheife sittes ye likenau vifion
LONDON by I. White
Printed Colloured and are to be fould John Overton at
here in Little Brittaine neaw the Hospitall
1668

OCEAN

J de Triftan de Cunha I de Gonçalo Alvarez

AMARA KING FO CONGA ALGAR

A MOROCCO

Part of Natolia

PART OF MESOPOTAMIA

PART OF PERSIA

Cusistan

Lar

Chirman

Rhodes

Cyprus

MEDITERRANEAN SEA

SYRIA

ARABIA OF THE DESERT

CHALDEA

Euphrates fl.

Tropicus

THE PERSIAN GULFE

Ormus

Coast of Persia

ÆGYPTUS

ARABIA THE STONIE

C. de Ras Algate

ASIA

ABISSINE WOMAN

NUBIA

THE RED SEA

Theama

Irnin

Zibit

ARABIA THE HAPPY

Herit

Adé

ARABICKE and INDIAN SEA

AZENGENSIAN

Agas people

Tigremahon

Ango te Dubas

Balli

Zocotora givis the best Men

Dobas mount

Magadoxo

Ambian cantius

Brava

MOZAMBIQUE WOMAN

Melinde

Xoa

Mombasa

Pemba

Zanzibar

Nova

Quiloa

Ilhas de Neseoxonhas

Os tres Irmanas

Os Sete Irmanas

Galabe

Mozambique

MADAGASCAR St Lavrences I callid also

THE

TROPICE OF CAPRICORNE

ORIENTAL OCEAN

Philip Holmes fecit

KING OF MADAGASCAR   I. MOZAMBIQUE   KING OF MOZAMBIQUE   CANARIE

随后几年里，大多数对尼日尔河的勘探活动从西部而非北部出发。1850年，一支由詹姆斯·理查森（James Richardson）、阿道夫·奥维格（Adolf Overweg）和海因里希·巴斯组成的探险队穿越撒哈拉沙漠的未知区域到达乍得湖。理查森、奥维格相继去世，只剩下巴斯一个人带队前行，他的探险旅程超过了16 000公里。顺着尼日尔河到达廷巴克图之前，他考察了乍得湖和贝努埃河上游。他共出版了5卷出色的考察著作，为非洲探险中的科学考察制定了新标准。

法国宣称对北非大部分地区拥有主权后，加强了在该地的勘探工作。1859年，19岁的亨利·杜维里耶（Henri Duveyrier）经历了他在南撒哈拉大沙漠的第一次探险。在那里，他首次撰写了图阿雷格人的人种志。此后不久，在法国军队服役的德国人格哈德·罗尔夫斯（Gerhard Rohlfs）博士调查了阿特拉斯山脉南部地区，并试图穿越撒哈拉沙漠，但没有成功。1865年他再次尝试，到达了乍得湖，然后沿贝努埃河直至尼日尔河，又顺流而下来到几内亚湾。随后，他与德国自然历史学家格奥尔格·施温福斯（Georg Schweinfurth）一起考察了利比亚和埃及的沙漠。

第三个进入北非的德国探险家是古斯塔夫·纳赫蒂加尔（Gustav Nachtigal）。1869年，他被普鲁士的威廉一世（Wilhelm I）任命为负责人，带领一支探险队在博努苏丹考察。南下考察途中，他成为第一个考察提贝斯提山脉的欧洲人。完成任务后，他耗时五年考察了乍得湖以南地区，沿着乌勒河进行探险，并穿过以前没有到过的达尔富尔和卡尔多凡。

● 对页图
这是一次非凡探险的报告卷首插图。这次探险最初由詹姆斯·理查森领导，而报告由著名的"坐在扶手椅里冥想"的地理学家奥古斯特·彼得曼（August Petermann）撰写。图中从左上方开始，沿顺时针方向的四个人依次为：理查森、阿道夫·奥维格、爱德华·沃格尔（Eduard Vogel）和海因里希·巴斯。

● 右侧上图
古斯塔夫·纳赫蒂加尔是一位医生，他去往北非治疗当地爆发的肺部疾病。探险完成后，他当选为柏林地理学会的主席。

● 右侧下图
亨利·杜维里耶在图阿雷格的领地上进行非凡的探险之后，成为巴黎地理学会有影响力的官员。

BURCKHARDT IN AFRICA

伯克哈特在非洲

著名的瑞士旅行家约翰·伯克哈特因为发现了被毁的纳巴泰古城——佩特拉而闻名。其实，在他长达八年（1809—1707）令人惊叹的旅行中，也曾徒步进入北非。1812年，伯克哈特到达开罗，然后沿尼罗河进入上埃及和努比亚。返回阿斯旺后，他发现了部分被掩埋、鲜为人知的阿布辛贝神庙。随后，伯克哈特穿过沙漠到达苏丹，沿着宽阔的弧形地带向东抵达萨尔金。在这里，他乘坐一艘敞篷船穿过红海，到达吉达。

● 左图
在阿斯旺大坝淹没该地区之前，整座阿布辛贝神庙都被搬到更高的地方。

SIR GEORGE GOLDIE

乔治·戈尔迪爵士

在 19 世纪的最后二十年里，乔治·戈尔迪的政治阴谋和他对尼日尔皇家公司的管理，帮助建立了尼日利亚的政治边界，而他的非洲探险始于北部沙漠。作为一个极其富有、狂热又放荡不羁的年轻人，他放弃了自己的军人使命，逃往开罗，带着一个埃及美女消失在沙漠中。在接下来的几年里，他学习阿拉伯语，到处游历，了解了北非的许多民族。他还阅读了巴斯的作品，这些作品灌输给他一个信念，即可以在撒哈拉以南建立一个帝国。

● 上图
乔治·戈尔迪爵士，原名乔治·达什沃德·戈尔迪·陶布曼 (George Dashwood Goldie Taubman)，出身于马恩岛一个强大而历史悠久的家族。

THE WHITE
MAN'S GRAVE

—

白人的坟墓

对探险者而言，世界上没有几个地方能像西非那般难以探索。这里的地形很可怕：不仅有浓密的丛林、沼泽，还有难以航行的水道；许多土著对外来者充满敌意，野生动物更是带来持续不断的威胁；但最糟糕的莫过于热带疾病：疟疾、黑水热、斑疹伤寒、几内亚蠕虫、痢疾和锥虫病，其中，最后一种疾病对驮畜也是致命的。欧洲人在该地区的死亡率非常高，以致人们把西非称为"白人的坟墓"。

Few places in the world posed more difficulties for explorers than West Africa. Its terrain was ferocious, with dense jungles, swamps and waterways that were difficult to navigate.
Many native peoples were hostile and the wildlife was a constant threat. But worst of all were the tropical diseases: malaria, blackwater fever, typhus, Guinea worm, dysentery and trypanosomiasis, the last also fatal for pack animals. The region had such a high mortality rate for Europeans that it came to be called the "White Man's Grave".

撒哈拉沙漠
Sahara Desert

冈比亚河
Gambia R.

廷巴克图
Timbuktu

杰内
Djenné

尼日尔河
Niger R.

巴马科
Bamako

塞古
Segou

瓦加杜古
Ouagadougou

索科托
Sokoto

卡诺
Kano

尼日尔河
Niger R.

孔
Kong

黑沃尔特河
Black Volta

白沃尔特河
White Volta

科莫埃河
Komoe R.

布萨滩
Bussa Rapids

布萨
Bussa

贝努埃河
Benue R.

大西洋
ATLANTIC
OCEAN

巴达格里
Badagry

尼日尔河
Niger R.

尼日尔三角洲
Niger Delta

0   500 kms

0   300 mls

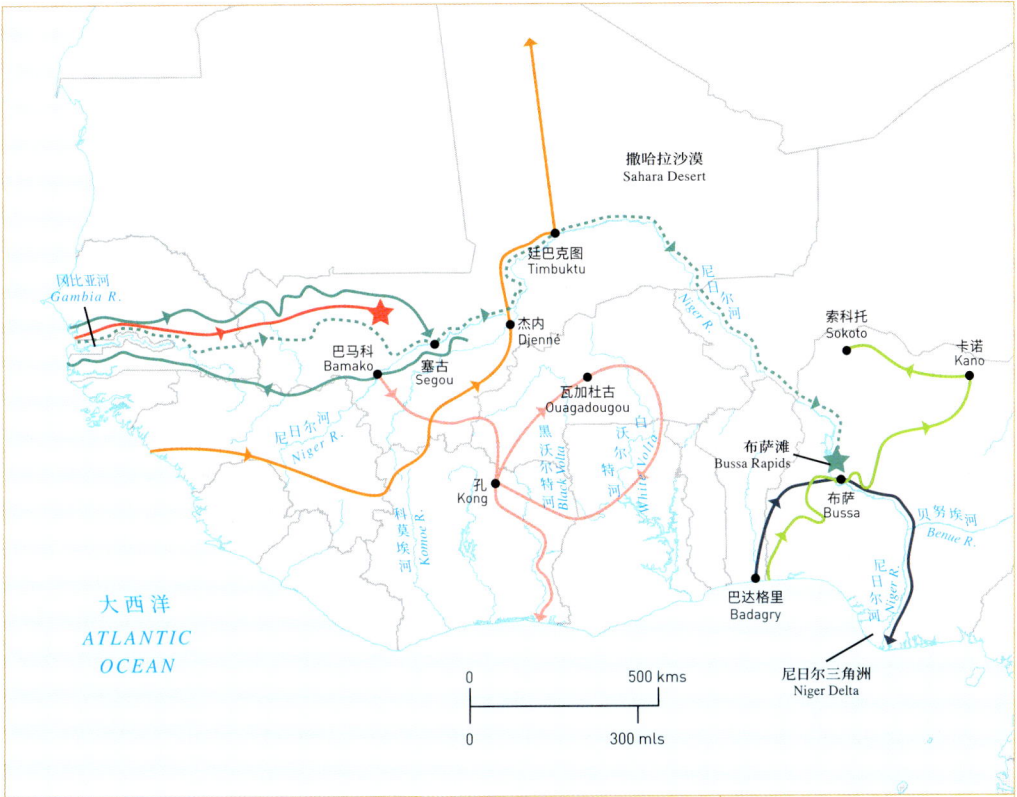

←	霍顿，1790—1791
★	霍顿亡故处
←	帕克，1795—1797
⋯←	帕克，1805—1806
★	帕克亡故处
←	克拉伯顿和兰德，1825—1827
↑	凯利尔，1827—1828
←	兰德兄弟，1830
←	宾格，1887—1889

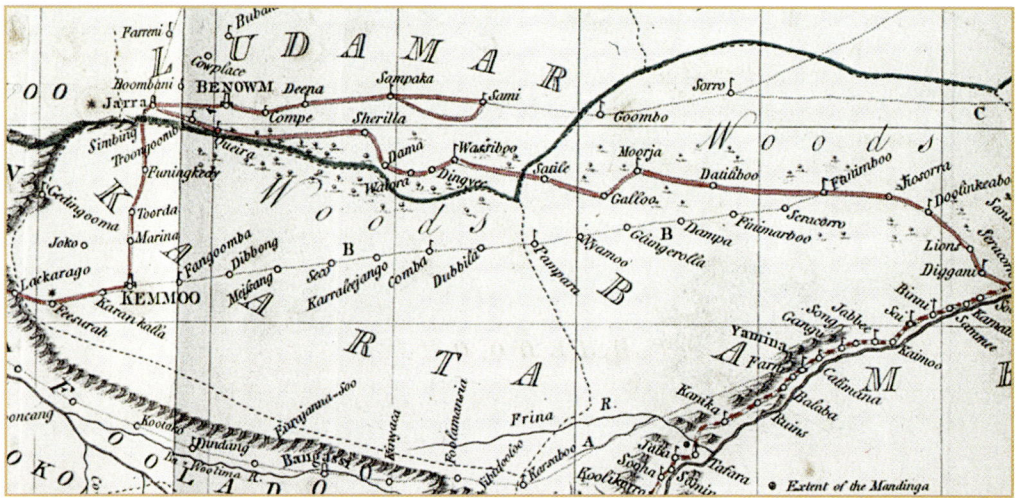

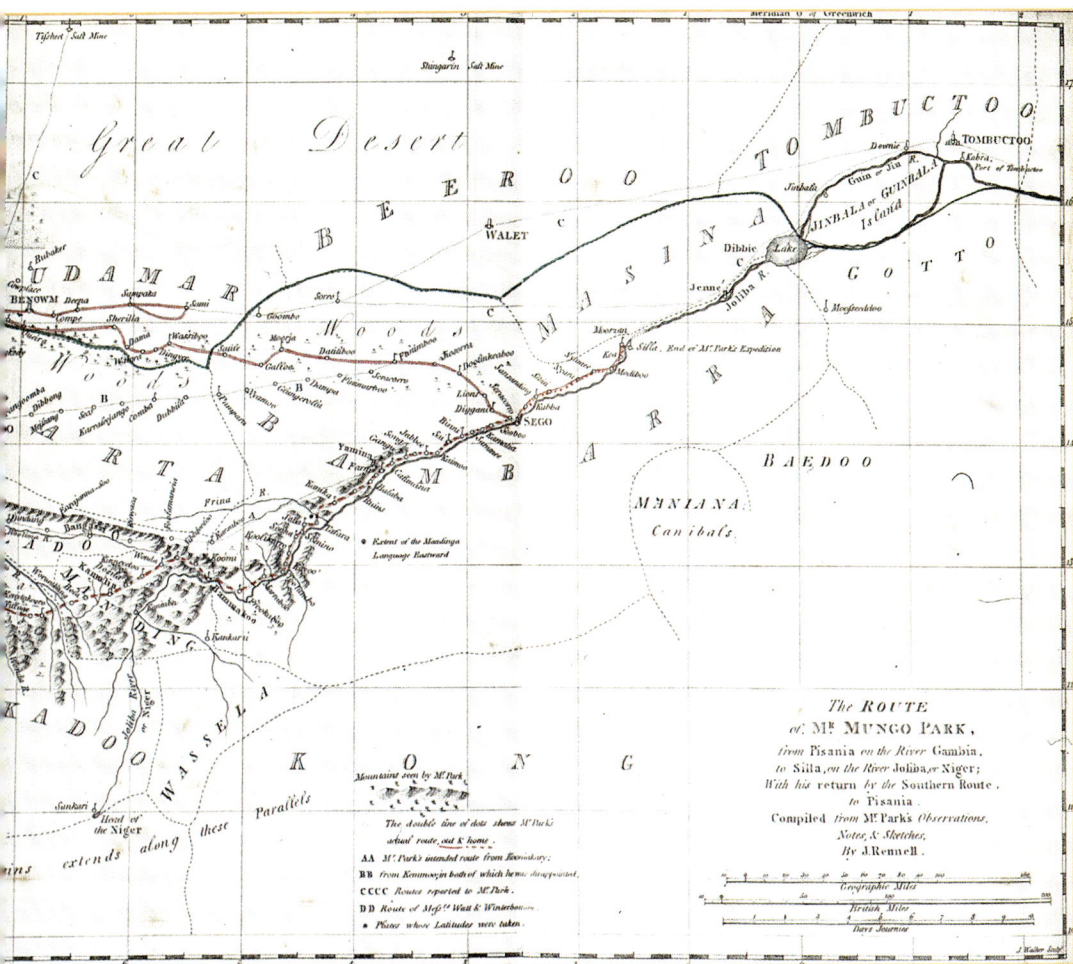

The ROUTE
of M.ʳ MUNGO PARK,
from Pisania on the River Gambia,
to Silla, on the River Joliba, or Niger;
With his return by the Southern Route,
to Pisania.
Compiled from M.ʳ Park's Observations,
Notes, & Sketches,
By J. Rennell.

● 本页图

这幅地图详细介绍了苏格兰探险家芒戈·帕克（Mungo Park）为致力于探索西非的英国组织——非洲协会进行探险选取的路线。他在简报里提到"如果可能的话，沿着尼日尔河确定路线寻求河的起源和终点"。他的旅程开始于 1795 年 6 月，一路历经艰难险阻，以至于人们以为他难逃一死。1797 年 12 月，当他回国时，人们惊喜而又热情地迎接他。这幅地图出现在他的旅程记录《非洲内陆之旅》（Travels into the Interior of Africa）上，这本书一上市就大受欢迎，至今仍不断再版。这幅图也着重显示了卢德玛地区，帕克在这里被摩尔人酋长监禁了四个月后，只带着一匹马和指南针侥幸逃生。

MUNGO PARK-LANDER MEMORIAL.

无论如何，探险家们仍然试图揭开西非的神秘面纱，其中，没有什么比尼日尔河的流向更加不明朗的了。它与乍得湖、尼罗河或刚果河有联系吗？也没有人知道。另外，传说中的廷巴克图城真的满地黄金吗？当非洲协会开始派遣探险队穿越撒哈拉沙漠寻找答案时，也派遣了人员到达撒哈拉以南西海岸。第一个到达那里探险的是丹尼尔·霍顿（Daniel Houghton），他于 1790 年离开冈比亚，随后在途中遇害。

注1
布萨急流：尼日尔河上的急流，位于尼日利亚耶尔瓦以南的索科托河与尼日尔河交汇处下方。尼日尔河切割古老的基底岩石露头，形成了绵延 80 公里至本巴的急流。在凯尔基（Kainji）大坝修建之前，布萨急流是河流航行的巨大障碍。

五年后，非洲协会委托苏格兰医生芒戈·帕克沿着霍顿的路线，确定尼日尔河的流向。帕克从冈比亚出发后，途中被抢劫了好几次，还曾被一个当地统治者监禁。但他最终逃了出来，并到达尼日尔河，确定了这条河流向东方。尽管困难重重，帕克还是艰难地回到海岸。1805 年，英国政府开始自主进行西非探险，并委托帕克负责。当帕克的队伍到达尼日尔河时，所有驮畜和 45 名探险队员中的大多数已经死去。帕克继续沿河而下，经过廷巴克图，向南转向几内亚湾。帕克和他的队伍在布萨急流 处消失了——他们要么被敌对的土著杀害，要么就是淹死了。

● 对页图
W. L. 海尔（W. L. Haile）的画作。这座纪念碑为揭开尼日尔河神秘面纱的英雄——芒戈·帕克和兰德兄弟而建。

● 右侧上图
首次探险回国并出版畅销书《非洲内陆之旅》后，芒戈·帕克在苏格兰定居和行医，直到后来他抓住机会再次回到非洲。

● 右侧下图
来自康沃尔郡特鲁罗的理查德·兰德首先以男仆的身份来到非洲开普教，最终靠自己的奋斗成为著名的探险家。

1825 年，早些时候曾试图穿越撒哈拉到达尼日尔河的休·克拉伯顿和他的男仆理查德·兰德（Richard Lander）一起从贝宁海岸出发，他们在布萨附近渡过尼日尔河继续往索科托进发，但在这里，克拉伯顿于 1827 年 4 月不幸死于痢疾。兰德成功返回英国，并促使英国政府在 1830 年允许他和兄弟约翰领导另一次探险。兰德兄弟从拉各斯附近的巴达格里向内陆进发，从陆路前往布萨，然后驾船沿着尼日尔河而下返回。他们经过尼日尔河与贝努埃河的交汇处时，被海盗俘虏，但最终获救，并于 1831 年初穿越尼日尔河三角洲，完成了他们的航行。

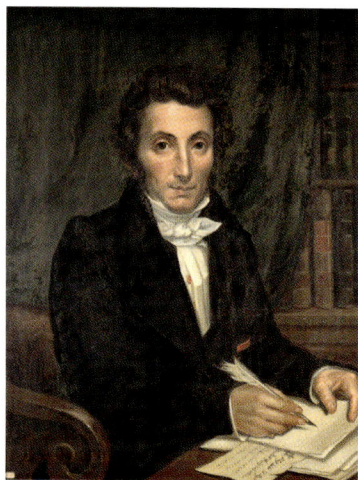

与此同时，一个法国人找到了廷巴克图。勒内－奥古斯特·凯利尔（René-August Caillié）17岁时，曾想加入一支在塞内加尔探险的英国探险队，但遭到拒绝。十年后，即1827年，他伪装成穆斯林踏上了前往廷巴克图的旅程。在到达这个小城后，他发现这里没有人们想象中的魅力和财富，而且不久他获悉18个月前亚历山大·莱恩在这里被谋杀。两周后，凯利尔加入一支前往摩洛哥的商队，穿过撒哈拉后，回到法国。

此时，尼日尔河成了一个贸易中心而非探险中心，相互竞争的公司沿着这条河及其主要支流建立了商业基地。在此期间，威廉·拜基（William Baikie）博士发挥了重要作用，他在尼日尔河和贝努埃河交汇的地方负责维护一个英国电台。在七年（1857—1864）时间里，拜基见证了奎宁防治疟疾的功效，使用这种药物后，他和自己的手下几乎无人再患疟疾。

法国人路易斯－古斯塔夫·宾格（Louis-Gustave Binger）在借助尼日尔河这条巨大的纽带打开国家大门时，做出了比其他探险家更多的努力。1887—1890年，他调查了尼日尔河谷地和黑沃尔特河之间的地区。此后，宾格确定了英国人治下黄金海岸和法国人治下象牙海岸的界线。

● 上 图

勒内－奥古斯特·凯利尔是第一个到达廷巴克图的欧洲人，并且有幸能够活着讲述这个故事。但他三十多岁就去世了，这可能是因为在非洲感染了疾病。

● 对 页 图

沿尼日尔河分布的黄色沙丘。尼日尔河是世界上最伟大的河流之一，其面积广袤的流域被众多土著占据。

MARY KINGSLEY

玛丽·金斯利

玛丽·金斯利是女性旅行者的代表人物之一。在父母相继去世后不久，她就决定追随自己的科研兴趣。1893—1895年，她两次前往西非考察当地的自然历史和土著民族，包括他们的风俗、宗教和法律。拒绝"穿着在家里会感到羞耻的衣物在非洲旅行"，她身着长裙、高领上衣，带着一把伞艰难跋涉。公认的专业水平使她经常接受殖民地行政当局的咨询。

1862 — 1900.

Mary Kingsley.

CAMBRIDGE.

● 右图
著名的玛丽·金斯利肖像。在布尔战争期间，作为护士的她在工作中不幸感染肠道热去世，年仅38岁。

DU CHAILLU AND THE GORILLA

杜·开鲁和大猩猩

目前无法确定保罗·杜·开鲁（Paul Du Chaillu）早年的生活情况如何，但可以肯定的是，他随父亲住在加蓬，而其父是一家法国公司在当地的代表。在纽约待了几年之后，1855 年杜·开鲁受命报道加蓬的地理、自然历史和人种情况。在这次探险中，他成为第一个在野外观察大猩猩的白人。在随后的另一次探险中，他写的关于俾格米人（侏儒族）的报告一度遭到质疑，好在后来其内容被其他探险者证实。后来，杜·开鲁对拉普兰德产生了兴趣，成为研究北欧历史和文化的专家。

SOUTHERN AFRICA: A DIFFERENT PATTERN

—

南非：不同的模式

南非的探索发现过程与非洲大陆其他地区截然不同。最早进入南非的不是探险家，而是牧民、博物学家和传教士。1652 年，荷兰东印度公司在桌湾附近建立了一个定居点，为过往船只提供补给。在接下来的一百五十年里，这个定居点不断发展壮大，布尔人（即侨居的荷兰人、德国人或法国胡格诺派后裔的定居者）要么赶走本地居民，要么奴役他们，以这种方式缓慢地向内陆迁徙。

The unveiling of Southern Africa followed a different process to that of the rest of the continent. Rather than being opened up by explorers, most of it was first penetrated by pastoralists, naturalists, or missionaries. In 1652, the Dutch East India Company established a settlement by Table Bay to serve as a victualling station for its ships. In the following 150 years, the colony grew, and the Boers – settlers of Dutch, German, or French Huguenot descent – moved slowly inland, either pushing out or enslaving the native populations.

津巴布韦
ZIMBABWE

奥卡万戈沼泽
Okavango Swamp

奥奇瓦龙戈
Otjiwarongo

温特和克
Windhoek

沃尔维斯湾
Walvis Bay

大津巴布韦
Great Zimbabwe

林波波河
Limpopo R.

南回归线
Tropic of Capricorn

喀拉哈里沙漠
Kalahari Desert

纳米比亚
NAMIBIA

博茨瓦纳
BOTSWANA

德兰士瓦
TRANSVAAL

斯威士兰
ESWATINI

库鲁曼
Kuruman

瓦尔河 Vaal R.

奥兰治自由邦
ORANGE
FREE STATE

纳塔尔
NATAL

大西洋
ATLANTIC
OCEAN

奥兰治河
Orange R.

南非
SOUTH
AFRICA

莱索托
LESOTHO

印度洋
INDIAN
OCEAN

开普敦
Cape Town

| 0 | | 500 kms |
| 0 | | 300 mls |

波切尔, 1811—1815

坎贝尔, 1813—1814

大迁徙

莫法特, 1817—1819

莫法特, 1820

莫法特, 1854—1861

高尔顿和安德森, 1850—1852

安德森, 1853—1854

安德森, 1857—1858

18 世纪后期，一群从事新行业的欧洲人到达南非：他们想寻找岩石、动物和昆虫的新标本，并对其进行分类。早在 18 世纪 70 年代，瑞典博物学家卡尔·通伯格（Carl Thunberg）、安德斯·斯帕尔曼（Anders Sparrman）和苏格兰收藏家威廉·帕特森（William Paterson）就来到南非，参与其中。他们的联合工作在一定程度上解释了为什么非洲协会的探险活动集中于北非——他们认为南方已经被探索过了。

1795 年，英国从荷兰人手中夺取了开普敦。拿破仑战争之后，为防止法国人占领，英国决定将开普敦殖民地予以保留。在此期间，英国的博物学家和传教士深入南非腹地探索。1811—1815 年，威廉·波切尔（William Burchell）在这一地区四处游走，将 80 种不同种类的哺乳动物、265 种鸟类和大量的植物标本，以及五百多幅杰出的画作带回英国。与此同时，牧师约翰·坎贝尔（John Campbell）进行了两次漫长的探险，深入不为人知的地区，穿越奥兰治河和瓦尔河，到达博茨瓦纳。

在这些旅程中，他不仅努力号召非洲人皈依基督教，还为后人了解该地区的自然历史和地理做出了杰出贡献。

在南非，最伟大的英国传教士是伦敦传教士协会派出的罗伯特·莫法特（Robert Moffat）。1817 年，莫法特向北穿过纳马夸兰，进入现在的纳米比亚，确信在此地无法建立传教站之后，他于第二年回到开普敦，接着又被派往喀拉哈里沙漠的拉塔库传教。几年后，他和妻子搬到库鲁曼，甚至更远的喀拉哈里沙漠。在接下来的四十年里，莫法特踏上了通往博茨瓦纳的旅程，他

● 左 侧 上 图
威廉·波切尔在南部非洲的收获是有史以来令人印象最为深刻的。后来，他在巴西度过四年，但贡献式微。

● 左 侧 下 图
由部长 W. T. 斯特拉特（W. T. Strutt）描绘的约翰·坎贝尔像。后来，传教士遵循的许多政策均基于坎贝尔的经验。

● 对 页 图
约翰·坎贝尔向非洲人布道。然而，他看到"吃晚饭的人数至少是参加礼拜的三倍"。

穿过德兰士瓦到达林波波河,甚至远至今天的津巴布韦。也许他最大的贡献是将《圣经》翻译成茨瓦纳语,但今天他更多地被人们记住源于对年轻传教士大卫·利文斯通的鼓励,后者娶了他女儿玛丽。

下一阶段,新一轮扩张由牧民完成。布尔人不喜欢英国的统治,尤其是英国制定的社会和经济政策,这种不满在 1834 年英国人废除奴隶制时达到顶峰。此后不久,1834—1840 年,大约有 15 000 名开普布尔人进行了一系列内陆迁徙,希望脱离英国,建立自己的共和国。这些地区后来被称为纳塔尔、橙色自由邦和德兰士瓦。布尔人这次大规模的人口迁徙被称为"大迁徙",他们不以探险为目的,但开辟和占领了大片新领土。同时,原先在此地生活的土著部落,不得不迁徙到更北部和更东部的地方。

1850 年,一支探险队为进行地理和科学探索,从纳米比亚的沃尔维斯湾出发。弗朗西斯·高尔顿(Francis Galton)是一位英国绅士探险家,他希望能和助手查尔斯·安德森(Charles Andersson)一起穿越喀拉哈里沙漠,抵达恩加米湖。然而,由于遭遇土著的阻挠,他们只好返回,去往北方,却有幸成为第一批探索达马拉兰、埃托沙盆地和奥帆波兰的欧洲人。在高尔顿回到了英格兰的同时,安德森留在了非洲西南部,1853—1854 年,他终于到达恩加米湖。几年后,他试图进入安哥拉未果,发现了博茨瓦纳的奥卡万戈三角洲。

● 对 页 图

英国人和布尔人之间的紧张关系时常引发摩擦,甚至战争。两次布尔战争分别发生在 1880—1881 年,以及 1899—1902 年。

FRANCIS GALTON IN ENGLAND

弗朗西斯·高尔顿在英国

在历史上，虽然弗朗西斯·高尔顿（1822—1911）在堂兄查尔斯·达尔文的光芒笼罩下显得黯淡失色，但高尔顿是维多利亚时代真正的通才。他一生都对探险感兴趣，并在英国皇家地理学会理事会任职近四十年，同时他的经典著作《旅行的艺术》（The Art of Travel）也再版了无数次。高尔顿以研究人类遗传和智力而闻名，他的创造性工作是建立了自称为"优生学"的学科。他的其他贡献还包括：发现反气旋，开创了指纹系统比较的先河，成功地发明了统计学中的回归分析和相关分析等。

● 上图
在弗朗西斯·高尔顿的无数学术贡献中，最伟大的也许是研究人类的遗传。他的研究创立了许多创新方法，如双胞胎测试、谱系分析和人体测量学。他还因与探险家 H. M. 斯坦利（H. M. Stanley）的激烈争执而被人们铭记。

THE PORTUGUESE IN THE INTERIOR

内陆的葡萄牙人

在英国，大卫·利文斯通被称颂的胜利之一是到达水势凶猛的赞比西河。其实，葡萄牙的商人和奴隶贩子早就探索过莫桑比克或安哥拉的大部分地区，只不过他们的行为鲜为人知。1831—1832 年，何塞·柯瑞亚·蒙泰罗（José Correia Monteiro）沿着赞比西河，向北进入邦韦洛湖和姆韦鲁湖。1846 年，法官坎迪多·德·科斯塔·卡多佐（Candido de Costa Cardoso）对利文斯通随后艰难到达的尼亚萨湖进行了全面调查。此后不久，安东尼奥·达·席尔瓦·波尔图（Antonio da Silva Porto）到达赞比西河附近，也就是利文斯通随后"发现"的地方。

THE SOURCES
OF THE NILE

—

尼罗河的源头

几千年来，人们一直想知道尼罗河从何而来。这条世界上最长的河流绵延长达 6600 多公里，人们穿越沙漠，试图追踪它的脚步，但却被湍急的大瀑布、瘴气，以及由纸莎草和腐烂植物堆积的苏德大沼泽所阻挡，没有人能追溯到源头。所以，一直流传着这样的神话传说：尼罗河诞生在一些内陆湖泊中，或者根据古希腊地理学家托勒密的说法——她诞生于月球上的山脉。

For thousands of years, people had wondered where the Nile began. The world's longest river, stretching more than 6600 kilometres, it had been traced through the deserts, but violent cataracts, malaria and the Sudd – a vast swamp of papyrus reeds and rotting vegetation – had prevented anyone from following it to its source. And so myth and legend persisted: that it was born in a series of inland lakes or, according to the Greek geographer Ptolemy, in the Mountains of the Moon.

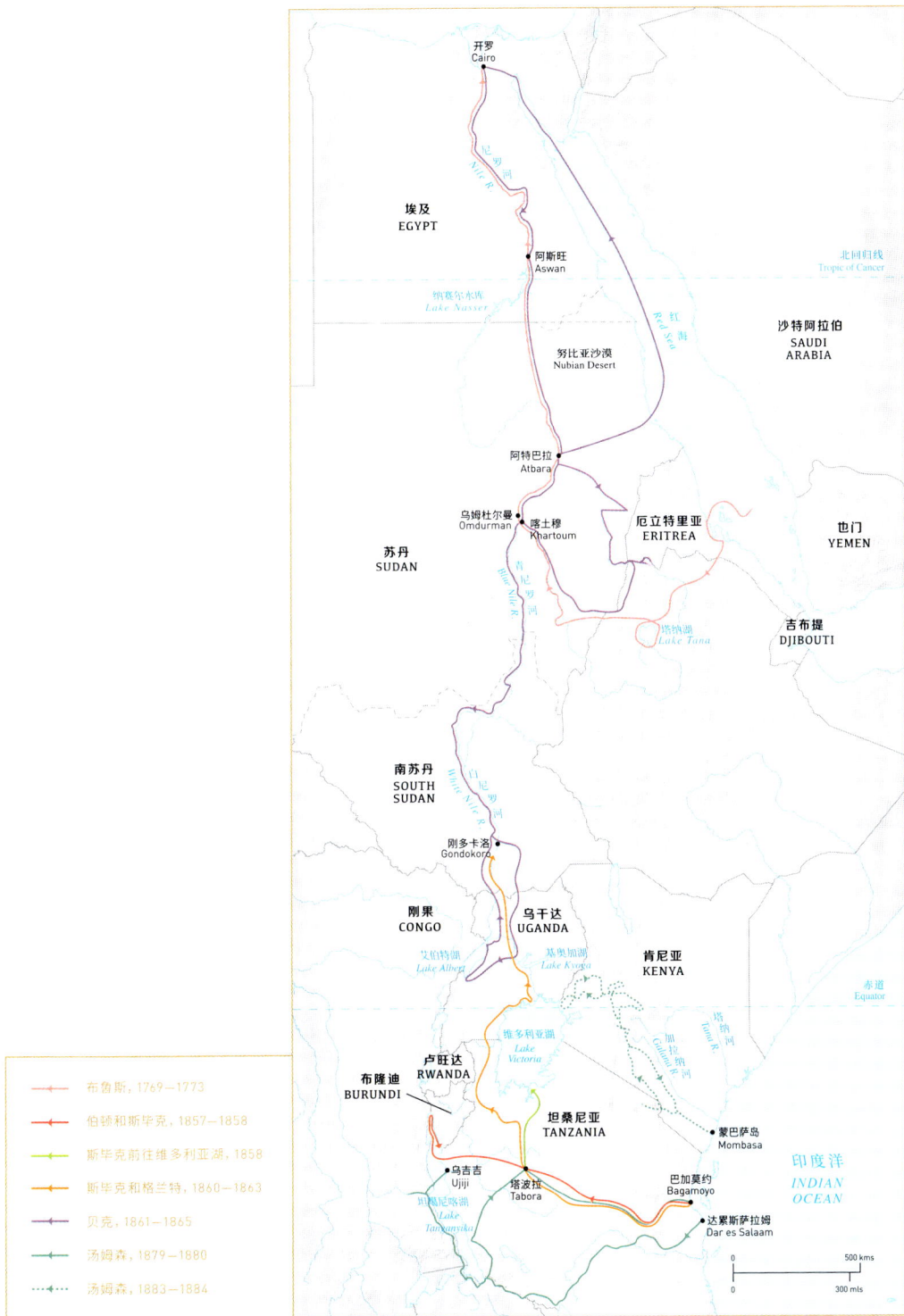

开罗
Cairo

埃及
EGYPT

尼罗河
Nile R.

阿斯旺
Aswan

纳赛尔水库
Lake Nasser

北回归线
Tropic of Cancer

努比亚沙漠
Nubian Desert

红海
Red Sea

沙特阿拉伯
SAUDI ARABIA

阿特巴拉
Atbara

乌姆杜尔曼
Omdurman

喀土穆
Khartoum

厄立特里亚
ERITREA

也门
YEMEN

苏丹
SUDAN

青尼罗河
Blue Nile R.

塔纳湖
Lake Tana

吉布提
DJIBOUTI

南苏丹
SOUTH SUDAN

白尼罗河
White Nile R.

刚多卡洛
Gondokoro

刚果
CONGO

乌干达
UGANDA

肯尼亚
KENYA

艾伯特湖
Lake Albert

基奥加湖
Lake Kyoga

赤道
Equator

塔纳河
Tana R.

加拉纳河
Galana R.

维多利亚湖
Lake Victoria

卢旺达
RWANDA

布隆迪
BURUNDI

坦桑尼亚
TANZANIA

蒙巴萨岛
Mombasa

印度洋
INDIAN OCEAN

乌吉吉
Ujiji

塔波拉
Tabora

巴加莫约
Bagamoyo

坦噶尼喀湖
Lake Tanganyika

达累斯萨拉姆
Dar es Salaam

500 kms

0

300 mls

布鲁斯，1769—1773

伯顿和斯毕克，1857—1858

斯毕克前往维多利亚湖，1858

斯毕克和格兰特，1860—1863

贝克，1861—1865

汤姆森，1879—1880

汤姆森，1883—1884

TANZANIA

This miniature map is the result of a foot
march with compass in hand checked only by
lunars at Karague Forge every where that
at 10 miles apart by Latitude observation.
Compass variation has been regarded and
nothing remains to perfect it but to shift
the Longitudinal lines in comparing to the
other Lunar observations. The sheet must
be regarded for what it is intended, to give
a Comprehensive view of the nature of countries

J. H. Speke Capt.
26th February 1863

NYAMBARA.
BERRI.
LURIA.
BARI.
PANUUARA.
GALLA.
KOSHI.
Faddo.
Paira.
Karow.
Koki.
CANI of Waguinya.
KIDI.
AMACHI.
ILEGA.
CHOPI.
Karuma Falls.
Uyanga.
Paluca.
Luta Nzigé.
Ancient UNYORO Kingdom of Kittara.
USOGA.
UKORI.
UNARA.
Kari
UVUMA.
Ripon
L. Berg.
VICTORIA NYANZA.
Kiswere.
3553 f above Sea level.
MASAI.
UWSA.
KIRA
Uhaya.
Muanza.
RUANDA.
Kangiro.
UZIGE.
Ukaranga
URUNDI
Ukizi.
Nyantwanbo.
UZE.
Usambiro.
RUZEWA.
UGOMA.
USUI
UNANYEMBEZI.
Kazeh
Tabora
UKUNI.
Ugala.
Kwale Nullah.
MGUNDA MKALI DESERT.
M'dabura Nullah.
LAKE TANGANYIKA.
L. Rukwa.
Sokolo
Ukimbu.
UGOGO.
Ugogi.
F.B. 56.
Mt. Phongue.
R. Makande.
Zanzibar.
Bagamoyo.
Msanyera.
M'simbwe Kotzburg
Fipa.
Urori.
R. Ruaha.
USAGARA.
Kidunda.
Kiwiny.
UZARAMO.
DESERT
Uraywa.
Nika.
Nyananga.
Luwemba.
Ulungu

ROYAL GEOGRAPHICAL SOCIETY LONDON

ROYAL GEOGRAPHICAL SOCIETY LONDON

● 对页图

詹姆斯·格兰特（James Grant）绘制的地
图。然而，他和约翰·汉宁·斯毕克（John
Hanning Speke）没有全程追溯尼罗河，所
以斯毕克的理论仍未得到证实。

● 本页图

约翰·汉宁·斯毕克（上）和理查德·弗朗
西斯·伯顿（下）分道扬镳后，成为激烈
的竞争对手。斯毕克去世后，伯顿继续云
游四海并撰写了大量他自己冒险经历的书
籍。然而，他的旅程没能再像早期的麦
加、哈拉尔或坦喝尼喀湖那样受公众
追捧。

1770 年，詹姆斯·布鲁斯（James Bruce）抵达青尼罗河的源头。即使到了 19 世纪中期，人们对尼罗河南部的主要支流——白尼罗河也知之甚少。1848 年，教会传教士协会的约翰·雷伯曼（Johann Rebmann）成为第一个看到乞力马扎罗山的欧洲人。第二年，另一位传教士约翰·克拉普夫（Johann Krapf）发现了肯尼亚山。他们关于赤道上还有白雪皑皑山脉的消息最初受到质疑，但很快开启了非洲探索的新时代。

如前所述，理查德·弗朗西斯·伯顿因其出色的麦加和麦地那之旅而闻名，并于 1854 年以同样危险的方式前往禁城哈拉尔（现在的埃塞俄比亚）。1857 年，他离开桑给巴尔，寻找一个传说中远离内陆的巨大湖泊。他的同伴是一名印度军官约翰·汉宁·斯毕克。这两个人毫无共同点：伯顿有非凡的才智，兼有广博的学识和古怪、放荡不羁的行为；斯毕克是一个痴迷于打猎的猎手。他们向西艰难跋涉了 7 个月，饱受疟疾和其他热带疾病困扰，1858 年 2 月，终于发现了长得惊人的坦噶尼喀湖。不幸的是他们病得太厉害了，无力确定湖泊北端的河流是流入还是流出这个湖泊的。

他们返回海岸，当伯顿在一个阿拉伯贸易中心康复治疗时，斯毕克继续向北做了一次短途旅行。他回来后宣布发现了一个湖泊，名为维多利亚湖，这个湖泊正是尼罗河的源头。于是，一场历史性的争论开始了：斯毕克认为维多利亚湖是尼罗河的诞生地，尽管毫无根据但却准确无误；伯顿则认为尼罗河的源头是坦噶尼喀湖。伯顿康复后回到英国，发现斯毕克已经向英国皇家地理学会提交了他的观点。

令伯顿懊恼的是，英国皇家地理学会更支持斯毕克的结论，并在1860年派遣斯毕克和詹姆斯·格兰特一起再次进入该地区做进一步探索。接下来的三年里，两人有很多新发现，包括发现了尼罗河从维多利亚湖流出时的里彭瀑布。然而，他们还是未能证明斯毕克的结论，因为没有追踪到河流的连续流程。伯顿和斯毕克相互冲突的观点，导致英国皇家地理学会不得不在1864年9月安排了一场辩论会。然而，就在会议前一天，斯毕克丧命于一次枪击事故。

与此同时，塞缪尔·贝克（Samuel Baker）和弗洛伦斯·贝克（Florence Baker）也为解开尼罗河之谜做出了贡献。1861年，这对夫妇为了寻找尼罗河源头来到非洲，从开罗逆流而上；在途中，他们调查了青尼罗河的支流。在斯毕克路线的西边，他们发现了以贝克命名的艾伯特湖。尼罗河自这个湖的北端流入，然后流出。沿着尼罗河上游，他们发现了另一座大瀑布，贝克以英国皇家地理学会主席罗德里克·默奇森（Roderick Murchison）的名字为它命名。随着贝克夫妇的发现，尼罗河上的大部分谜团已经解开。然而，关键部分仍悬而未决，斯毕克还没有证明维多利亚湖究竟是内海还是连续的湖泊群。为了解决这些问题，1866年英国皇家地理学会派遣大卫·利文斯通回到非洲。

尽管利文斯通的探险队和许多其他的探险者一样，也从海岸出发，但当时东非的大部分地区仍不为人熟知。为了改变这种状况，英国皇家地理学会在1878年派遣了一支探险队前往尼亚萨湖和坦噶尼喀湖。在探险队的负责人去世后，20岁的苏格兰人约瑟夫·汤姆森（Joseph Thomson）接替了这个职务。在非洲探险中，汤姆森是性格最温和的人之一，也是最有效率的人之一，他随后开辟了一条穿过马赛人领地到达维多利亚湖的新线路。

● 对页图

没有其他地理问题比尼罗河源头更困扰人类的了。数千年来，它的北部河段和三角洲之间的密切关系众所周知，但它的上游仍然笼罩在神秘之中。即便在今天，也很少有人有过从维多利亚湖到地中海的漫长旅程。

● 上图

在1863年胜利返回伦敦后，斯毕克和格兰特向英国皇家地理学会成员发表讲话。

THE BLUE NILE

青尼罗河

1768 年，苏格兰人詹姆斯·布鲁斯出发去寻找尼罗河的真正源头，他根据耶稣会信徒佩德罗·帕兹（Pedro Paez）的报告，认为尼罗河起源于阿比西尼亚的青尼罗河。1770 年11 月，布鲁斯经历了无数次危险后，到达提西萨（Tisisat）瀑布和塔纳湖（帕兹曾于 1618 年到访），随后又沿着阿拜河抵达青尼罗河的源头。虽然布鲁斯从喀土穆返回时，发现白尼罗河是一条更大的河流，但他一生坚持尼罗河源头是他所认定的青尼罗河。可在英国，他的观点被视作"天方夜谭"，几十年来一直没人相信。

● 左图
自称为阿比西尼亚人的詹姆斯·布鲁斯晚年像。退休后，尽管他书中描写的那些故事惊人却又真实，但不见得每个人都相信，万分苦恼的他隐居于苏格兰的庄园。

FLORENCE BAKER

弗洛伦斯·贝克

塞缪尔·贝克曾宣称,将"我的成功和生命"归功于妻子弗洛伦斯,弗洛伦斯也可以对她的丈夫说同样的话。1859年,巴尔干半岛还处于奥斯曼帝国控制下,当贝克在穿越这里时,在保加利亚的一个土耳其奴隶市场里看到一个娇美动人的18岁匈牙利女孩正被出售,一时冲动买下了她。他们很快结了婚,并动身前往非洲。在那里,弗洛伦斯被证明是她丈夫的理想伴侣。她的魅力、说服力、善良和远见不止一次把他们从危险处境中拯救出来。

● 上 图
弗洛伦斯·贝克与她的丈夫塞缪尔一样命运多舛。有一次,当一位酋长提议与贝克交换妻子时,她以"女神美杜莎般和蔼可亲的面容"打断了这个话题。

● 中 图
塞缪尔·贝克身着弗洛伦斯制作的狩猎服。贝克后来成为赤道省(现属于南苏丹)总督,在那里,他试图铲除奴隶贸易。

● 下 图
纵观塞缪尔·贝克的一生,他是一名狂热的猎人。这是他用过的一把猎枪,一枪能放倒一头大象。

● 对 页 图

约翰·汉宁·斯毕克是十分痴迷于打猎。此外，正如这些栩栩如生的素描画作展示的，他也是一位才华横溢的野生动物艺术家。

● 次 页 图

英国探险家塞缪尔·贝克于 1861 年 3 月出发，由后来成为他妻子的女子弗洛伦斯陪同，进行首次中非探险。按他自己的话说，这次旅行"发现尼罗河的源头，希望能够在于维多利亚湖的某个地方一道与斯毕克和格兰特进行东非探险"。他花了一年时间在苏丹和阿比西尼亚边境探索阿特巴拉河和其他尼罗河支流，证明了尼罗河沉积物来自阿比西尼亚。他确实在 1863 年早些时候见过斯毕克和格兰特，并且根据他们提供的信息，成为 1864 年第一个发现阿尔伯特湖的欧洲人。他的书《阿比西尼亚的尼罗河支流》(*The Nile Tributaries of Abyssinia*) 颇受欢迎。

Kobus one of Uganda , a sausage having animal, soft woolly rather grey coat, but belly tinged with black , has a hump like Sing Sing but with white in jaw instead of throat and no horns . Front of legs is all four coloured, below knee black, leaving white marks above all the hock horns . Feet thin and dark tipped . Hinder part of horns white .

WHITE RHINOCEROS.   *R. simus*   S. Africa

B. cornus

Horn: 7. In horn tip to base
7 . 3 base horn to point nose
1 . 8 tip ear to point nose
1 . 4 circumference head behind horn
0 . 3½   base horn

Male: 5 . 6
1 . 9 .
1 . 7 .
9½

Both old and slightly grey on the forehead between the horns. legs slim like Black Buck .

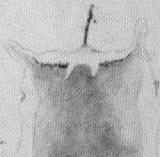

also , Indian Black Buck with habits like it —
Shot Ugogo
J. H. S.

AFRICAN RHINOCEROS.
Not male & female as Ugogo—
how often seen seen

B. bicornis
of S. Africa
like this is
B. cucullatus
of N. Africa

Shot in Uganda R. Keedsi, Male Bicornis,
length of front horn 2 . 0 circumference base 2 . 0
of rear do 1 . 0 . do do 1 . 1½
length head from base of horn to tip hind 2 . 5
circumference head before ears 5 . 9½
2 . 10 . 0 .

DEFASSA. Rüppell.
SING SING.   Female.
Kobus Sing Sing.
Gambia .

Cuviers Gazelle
GAZELLA CUVIERII.
Algadom.

D.r SOEMMERRING
ANTELOPE
Ant. Soemmerring
Abyssinia .

ARIEL
Gazella Cora.
Shores of the Red Sea.

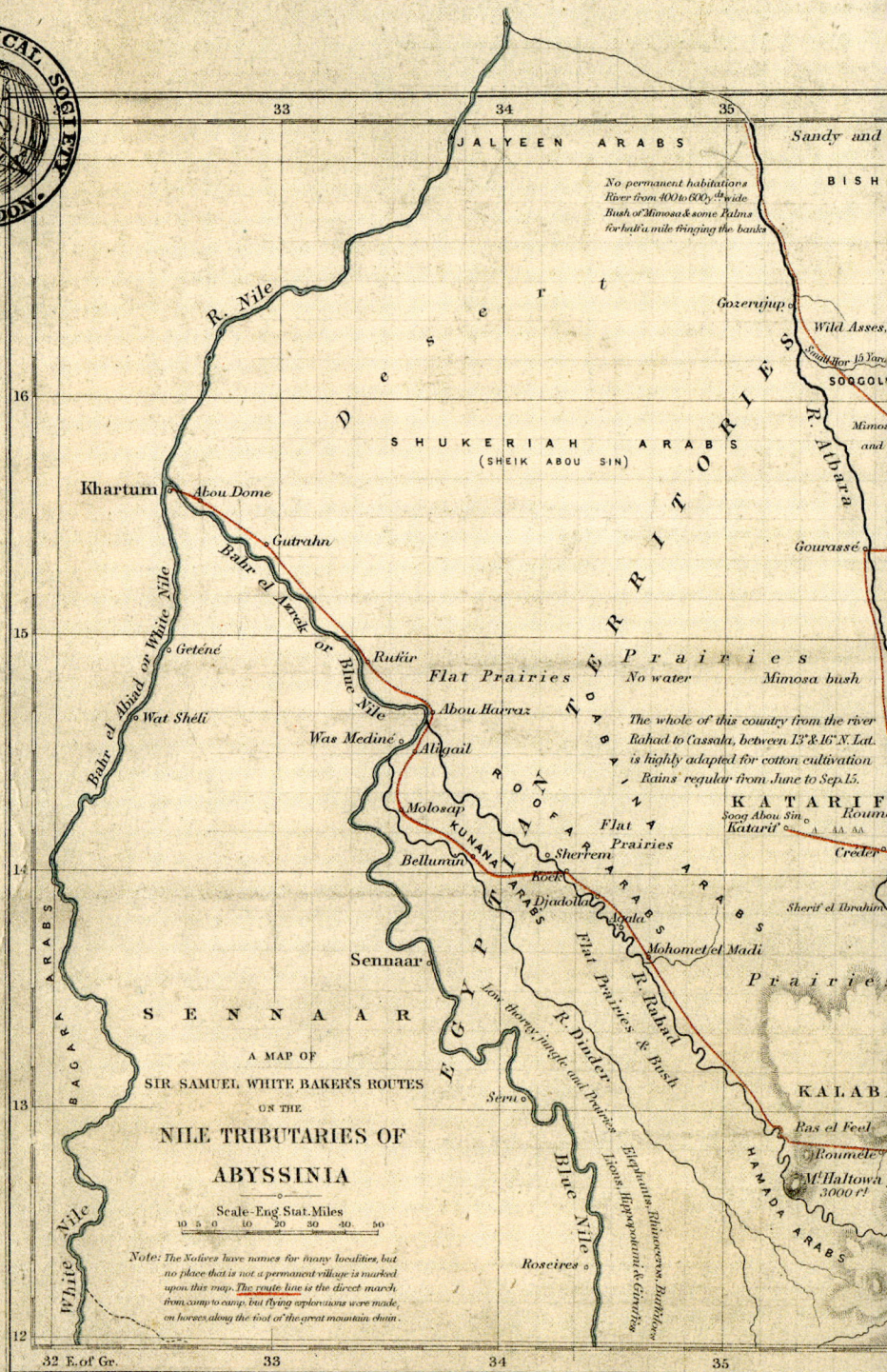

37   38   39   40

17

RED

SEA

16

HABAB

*These torrents are not permanent,
they are merely the transitory effects of
sudden tempests that vanish in a few days*

ARABS

(Antelopes)

NDOWA ARABS
(SHEIK MOOSA)

*Gash loses itself in the
the desert in subterranean
& has no outlet. Water is
by wells 45 ft deep, in the
Goorogoo & Gasala,
the absorbed waters of*

Keren

BOGOS

Massowah

KA

2,500 ft a bare
mass of granite
HALLONGA ARABS

BAREA

HAMASYEN

mosa bush

R. Gash or Mareb

6.53 ft

Cutta

15

hinoceros, Giraffes, Lions, Buffaloes & Antelopes
itude south between the Atbara, Settite & Gash

ring the rains

BASÉ or BAREA TRIBES

RAN ARABS
(SHEIK OWATT)

Krocrok

Mt Allotakoory
7000 ft

Mahatepes

TIGRE

Adowa

9,518

E

Uninhabited

Spring

R. Royan

14

R.Shahalla

Mai Gabba

WOLKAIT

airies & Mimosa
potami all the large
& other animals as on
th of the river Settite

MEK NIMR'S
TERRITORY

Metemma

Mt Boarkatan
5000 ft

R. Settite or Takazze

Ghabta
8250

WALDARBA

R. Ancarep

am

R. Salam

Mt Hamberrit

13,500

Uninhabited

Ras Dedjen
14,200 ft

13

ARMATJOHO

Park-like country
well watered
Nahoot Mt

Mt Ibarrea
6000 ft

SEMYEN

Sokota

Metemna

R. Atbara

WOGGERA

WAAG

L. Ashangi

n May

Wekhni

RIS

Amba Zar

Rattoha

Gondar
Chelga

DEMBEA

BELLESA

LASTA

DAGOSSA

Lake
Tsana

ARA

37   38   39   40

12

1 inch = 45 miles (Geo)

DAVID
LIVINGSTON

—

大卫·利文斯通

大卫·利文斯通是维多利亚时代自学成才的楷模。他出身于格拉斯哥南部布兰太尔一个贫穷的磨坊工人家庭。从 10 岁起，他就在磨坊工作，每天工作 13 小时，每周工作 6 天，但他每晚坚持上学。十年里，他自学了拉丁文、自然史和神学。21 岁时，利文斯通决定成为一名医学传教士，于是攒钱去上医学院，随后申请到伦敦传教士协会的培训机会。1840 年 11 月，他获得了博士学位，并被任命为牧师，随后前往南非。

David Livingstone was the supreme Victorian example of self-improvement. The son of a poor mill-worker in Blantyre, south of Glasgow, at the age of 10 he started working in a mill himself – 13 hours a day, six days a week. Nevertheless, he attended school each night, and during the next decade taught himself Latin, natural history and theology. At 21, Livingstone decided to be a medical missionary, so he saved to attend medical school and thereafter applied to receive training from the London Missionary Society. In November 1840, he received his certification as a doctor and was ordained a minister, following which he left for southern Africa.

刚果
CONGO

加蓬
GABON

乌干达
UGANDA

肯尼亚
KENYA

赤道
Equator

阿鲁维米河
Aruwimi R.

卢阿拉布河
Lualaba R.

东非大裂谷
Rift Valley

维多利亚湖
Lake Victoria

卢旺达 RWANDA

布隆迪 BURUNDI

桑给巴尔
Zanzibar

刚果河
Congo/Zaire R.

博马
Boma

刚果民主共和国
D.R.CONGO

坦噶尼喀湖
Lake Tanganyika

乌吉吉
Ujiji

塔波拉
Tabora

巴加莫约
Bagamoyo

罗安达
Luanda

姆韦鲁湖
Lake Mweru

坦桑尼亚
TANZANIA

姆特瓦拉
Mtwara

本格拉
Benguela

安哥拉
ANGOLA

邦韦洛湖
Lake Bangweulu

尼亚萨湖
Lake Nyasa

莫桑比克
MOZAMBIQUE

赞比亚
ZAMBIA

马拉维
MALAWI

塞谢凯
Sesheke

卡里巴水库
Lake Kariba

太特
Tete

克利马内
Quelimane

淋扬地
Linyanti

纳米比亚
NAMIBIA

恩加米湖
Lake Ngami

维多利亚瀑布
Victoria Falls

津巴布韦
ZIMBABWE

大津巴布韦
Great Zimbabwe

林波波河
Limpopo R.

南回归线
Tropic of Capricorn

喀拉哈里沙漠
Kalahari Desert

博茨瓦纳
BOTSWANA

斯威士兰
ESWATINI

大西洋
ATLANTIC
OCEAN

奥兰治河
Orange R.

印度洋
INDIAN
OCEAN

库鲁曼
Kuruman

莱索托
LESOTHO

南非
SOUTH
AFRICA

开普敦
Cape Town

| 0 | 500 kms |
| 0 | 300 mls |

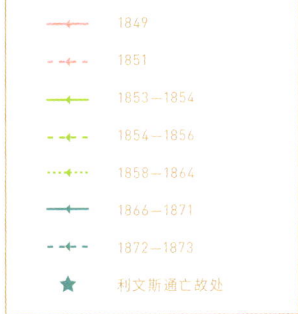

1849
1851
1853—1854
1854—1856
1858—1864
1866—1871
1872—1873
利文斯通亡故处

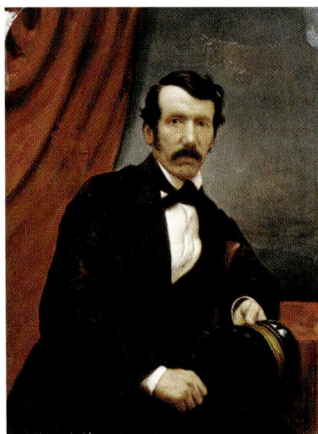

在南非，利文斯通娶了著名传教士、探险家罗伯特·莫法特（Robert Moffatt）的女儿玛丽。但利文斯通没能使当地人皈依基督教。1849年，他同一位富有的旅行者威廉·科顿·奥斯韦尔（William Cotton Oswell）北上之时，重新审视了自己的传教士角色。二人穿过喀拉哈里沙漠来到恩加米湖，此地以前还没有欧洲人涉足。1851年，他们听说湖的另一边有一条大河，于是又继续向北，到达赞比西河的河岸，发现葡萄牙的奴隶贩子深入内陆的程度远超英国人的猜想。

此时，利文斯通提出了一个理论，认为巨大的赞比西河能够终止黑奴贸易：传教士和商人们可以通过赞比西河将大量英国商品从海岸运往内陆，以交换当地盛产的蜡、棕榈油和象牙，这意味着酋长们将不被怂恿拿奴隶来交换欧洲商品。因此，他决定帮助开辟赞比西河，以推动合法的商业和传教活动发展。带着这个想法，利文斯通在1853—1856年首次穿越非洲，成为有记录以来的第一人。再次到达赞比西河中段后，他沿着该河向西到达安哥拉海岸。他觉得这条山路太难走了，于是就沿着老路来到了东海岸，也因此成为第一个到达莫西－奥图尼亚大瀑布（意为"雷鸣般的烟雾"）的欧洲人。他将其命名为"维多利亚"大瀑布。

● 对页上图

1857 年的利文斯通, 当时他已顺利回国。
他获得了英国皇家地理学会的金质奖章,
还被邀请与维多利亚女王共进午餐。他撰
写的《南非考察和传教旅行》(*Missionary
Travels and Researches in South Africa*)
一书十分畅销。

● 对页下图

利文斯通和亨利·莫顿·斯坦利所戴的帽
子是这两位偶像不可或缺的组成部分。
从声名鹊起到死亡, 这顶带有红带子的帽
子经常出现在利文斯通不计其数的肖像
画中。斯坦利早期进行自我宣传时, 也总
是戴着他精心装饰的木髓头盔(俗称探
险者帽)。

● 上图

1858 年, 也就是在发现了恩加米湖的第二
年, 利文斯通和他的家人一起返回。一开
始他们一无所获, 直到第二年, 他和威廉·科
顿·奥斯威尔继续往北走, 到达了波涛汹
涌的赞比西河。

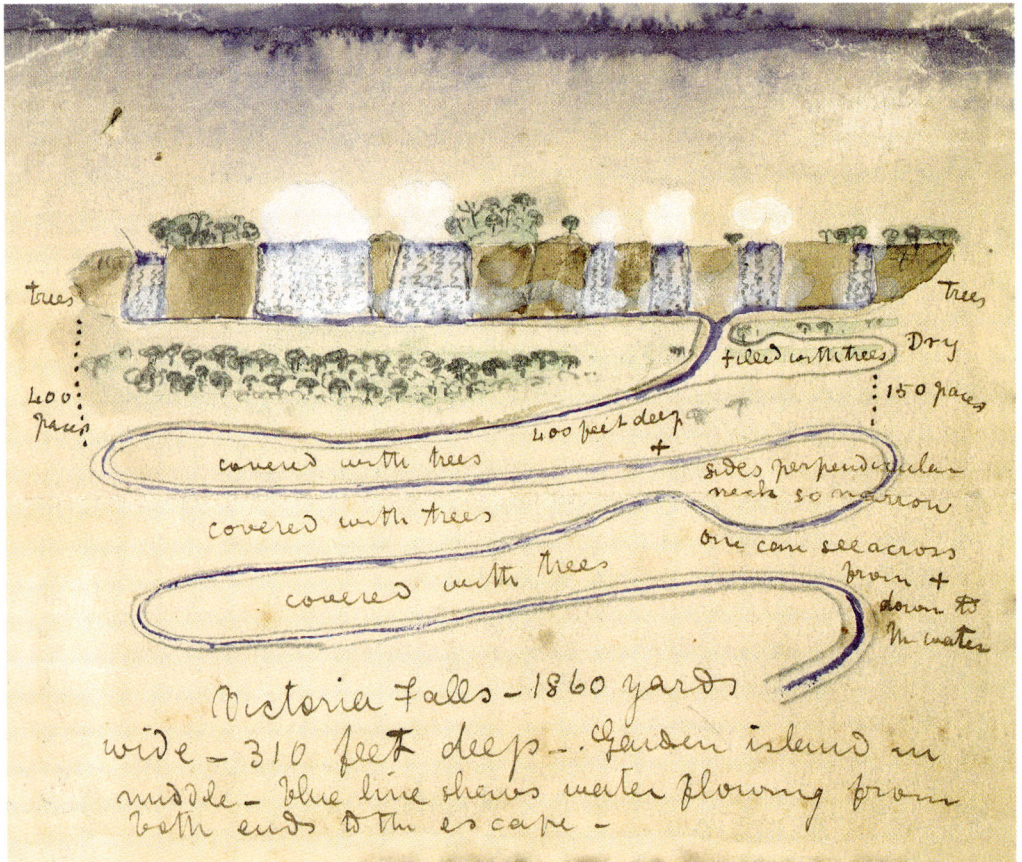

trees

400 paces

covered with trees

covered with trees

covered with trees

400 feet deep +

trees

Dry

filled with trees

150 paces

sides perpendicular
neck so narrow

one can see across
from +
down to
the water

Victoria Falls — 1860 yards
wide — 310 feet deep — Garden island in
middle — blue line shews water flowing from
both ends to the escape —

1856 年，回到英国后，利文斯通成为誉满英伦的民族英雄。英国皇家地理学会的罗德里克·默奇森称赞他的旅行是"我们这个时代影响地理研究的最大胜利"。在英国皇家地理学会的赞助下，利文斯通回到赞比西河，进行全流域航行并建立众多传教点。事实证明，乘船不可能到达维多利亚瀑布。于是，利文斯通改变了他的计划，花了很大精力和时间（1858—1864）进行探索，试图沿着希尔河到达尼亚萨湖，但不幸失败，同时，他建立传教点的努力也以灾难告终。

尽管没能取得成功，但利文斯通仍然是一位备受欢迎的英雄，英国皇家地理学会继续赞助他返回非洲，以期一劳永逸地揭开围绕尼罗河源头的种种谜团，这些谜团在理查德·伯顿和约翰·汉宁·斯毕克相互矛盾的争论中引起了公众的关注。第二年，利文斯通在另一次中非探险中下落不明。他的消失之谜，他的众多支持者，他在传教运动、反对黑奴贸易运动代言人和积极开拓非洲的扩张主义者身份，使得他依然是公众关注的焦点。

在生命的最后一年里，利文斯通因为被亨利·莫顿·斯坦利（Henry Morton Stanley）找到下落而备受关注。他的身体每况愈下，但拒绝返回英国，希望能继续寻找坦噶尼喀湖以南的尼罗河源头，尽管后来我们知道那里离真正的源头还很远。1873 年 5 月 1 日，他在邦韦洛湖附近去世。根据广为流传的报道，那天晚上有人看到他读着《圣经》，然后跪在床边，双手捧脸，仿佛在祈祷。利文斯通去世时的这些标志性举动为他塑造了自己的传奇，并确立了他作为大英帝国英雄无可匹敌的神话地位。

● 对页图
利文斯通创作的维多利亚瀑布水彩素描，附带文字则是其目睹景观的介绍。

● 左图
利文斯通海拔测量仪通过测量水沸腾时的温度来确定海拔高度。维恩·洛维特·卡梅伦（Verney Lovett Cameron）也使用这件仪器，他是第一个从东到西穿越中部非洲的欧洲人。

Blue Ink

Those in black ink are put in on the authority
of my own observations. The Portuguese
spelling is retained except where it would mislead
an Englishman, as for instance Chinge, proᵈ
soft Jinje. Chioque. proᵈ Kioke.

Mais chief of a very large and
populous territory. the people
named Maias (Nimeamai
unknown to the Portuguese)

Muanzanza
(a sovereign

R. Congo or Zaire

Holo. very populous country
the Holo

Mataba (country of
Pende

Bango Andongo, Portᵉ fort
Lat. 9.42.28 S.
Long. 15. 23. 5 E.
9.42.26
15. 23. 5 E

Memoranda of Latitudes from Observations
R. Bengo 20 miles from Loanda 8° 48' 43" South
Gilango Alto — 9° 4' 30"
Ambaca — 9° 16' 35"
Ambaca — 9° 26' 28"
Kokuia ku mar Litele — 9° 26' 14"
Gio or Joo — 9° 37' 46"
Sanza or R. Luije — 9° 37' 30" — Long 17.45 E
Cassange — 9° 37' 30"

the Holo country reported to be
very populous.

the Quango (Quango Entrepᵗ) Mountainous country

Luba 25 days N.E. of Cassange
each day being betwee 10 × 12 Geog miles

R. Dande
Tala Canganza
The Qinge
[Kionge Portᵉ spᵍ]

R. Coanza

Bango R.

Ambaca
Cazenza
Bango Andongo
Lake Kipembo

The Jinje
Jinje
the Kioke

Capenda Camubimbe

the Jinje (Chinge. Portuguese spelling)

Cassange

Londa or country of Bal—
of whom Matiamvo is par—

the Kasabi

R. Coanza

R. Lungebunge

R. Combonke

Benguela

Jabruli letters Loanda Aug 27/55

Plains of Lobale
reported impassable
during the rainy season

Lobale

R. Leeba

The Gangelas

R. Quando R. Coti (Kotee)

Caconda

R. Chavabande
R. Quito
Coquema
Kokema)

country of the
Cassaquire (Kassakere)
or real Bushmen

the Gangelas

R. Chobe or Quando of the Portuguese

Cunene

Libebe

R. Embarrah
or Cobango

Variation

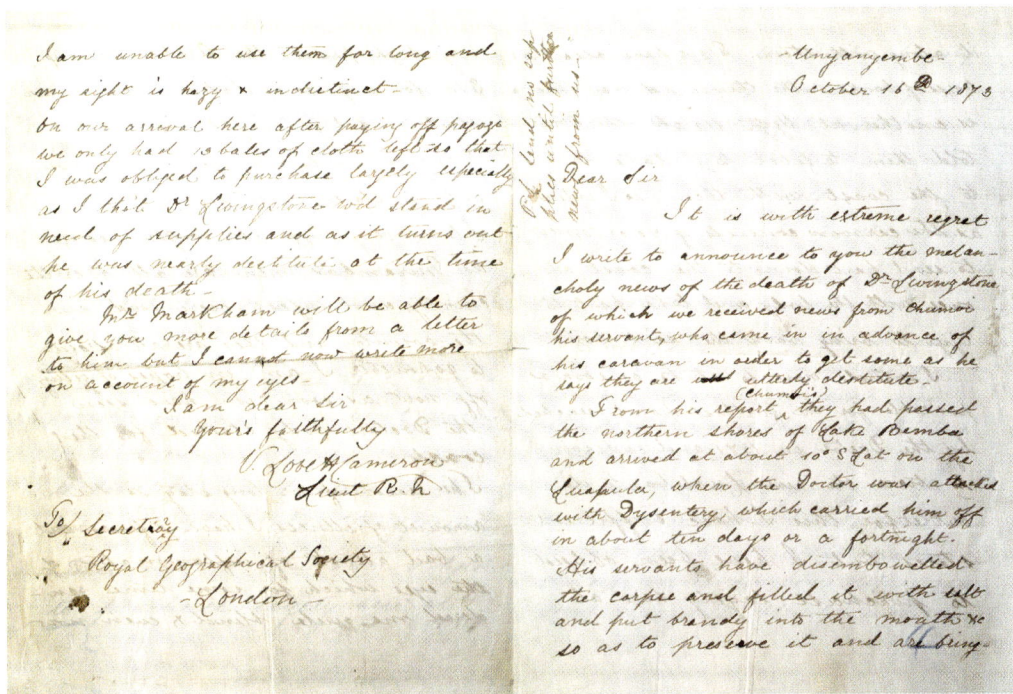

Unyanyembe
October 16 1873

My Dear Sir

It is with extreme regret I write to announce to you the melancholy news of the death of Dr Livingstone of which we received news from Chuma his servant, who came in in advance of his caravan in order to get some as he says they are utterly destitute.

From his report, they had passed the northern shores of Lake Bemba and arrived at about 10° S Lat on the Luapula, when the Doctor was attacked with Dysentery, which carried him off in about ten days or a fortnight. His servants have disembowelled the corpse and filled it with salt and put brandy into the mouth &c so as to preserve it and are bring...

I am unable to use them for long and my sight is hazy & indistinct.

On our arrival here after paying off porters we only had 18 bales of cloth left so that I was obliged to purchase largely especially as I tho't Dr Livingstone wod stand in need of supplies and as it turns out he was nearly destitute at the time of his death.

Mr Markham will be able to give you more details from a letter to him but I cannot now write more on account of my eyes.

I am dear Sir
Your's faithfully
V. Lovett Cameron
Lieut R.N.

To Secretary
Royal Geographical Society
London

● 对页图

非洲传教士、探险家大卫·利文斯通博士是首批在非洲大陆进行旅行的西方人之一。他的工作旨在开辟路线、搜集有效信息和建立基督教传教点。这幅由利文斯通亲手绘制的线路图，显示了他 1853—1854 年在独木舟和牛背上的颠沛流离——从位于非洲大陆中心、赞比西河畔的塞谢凯到西部海岸的葡萄牙殖民地罗安达。

● 上图

1873 年 10 月 16 日，一封来自乌亚耶博的维恩·洛维特·卡梅伦致英国皇家地理学会秘书的亲笔信，通报了利文斯通的死讯。

BRINGING LIVINGSTONE TO WESTMINSTER ABBEY

护送利文斯通归葬威斯敏斯特教堂

历史上很少有比利文斯通麾下的两位非洲助手朱马（Chuma）和苏西（Susi）更有奉献精神了。两人决定把这位探险家的遗体送回英国，而把他的心脏和内脏埋在他深爱的非洲。他们晒干并保存利文斯通的遗体，然后花了 5 个月将其带到海岸。尽管他们知道，如果被发现运送尸体，可能会被当作巫师而杀死，但他们还是义无反顾地这么做了。利文斯通的遗体运抵英国，并于 1874 年安葬在威斯敏斯特教堂。

"DR. LIVINGSTONE,
I PRESUME?"

"我猜，您就是利文斯通博士吧？"

在利文斯通消失在中非后的几年里，不计其数的探险队试图找到他，但均以失败告终。1869 年，美国最大的报纸《纽约先驱报》(*The New York Herald*) 的老板小詹姆斯·戈登·贝内特 (James Gordon Bennett Jr.) 断定，找到利文斯通将是一个独家大新闻。于是，他派一位报社记者——亨利·莫顿·斯坦利去寻找这位伟大的探险者，还告诉斯坦利可以不计金钱的代价。1871 年 11 月，斯坦利在坦噶尼喀湖畔的乌吉吉找到了利文斯通后，在那里发表了不朽的评论文章。

● 右图
这也许是探索史上最著名的邂逅。报纸记者亨利·莫顿·斯坦利向利文斯通问了一个问题："我猜，您就是利文斯通博士吧？"

THE HEART OF DARKNESS

—

黑暗中心

在尼日尔河与尼罗河被探索后，刚果盆地仍然被笼罩在神秘之中。几乎 100 多万平方英里的刚果河流域都是未知的。有关毒箭和食人族的传说让阿拉伯的奴隶贩子和探险者望而止步，甚至连大卫·利文斯通一想到要沿着坦噶尼喀湖以西的卢阿拉布河前行，也吓到发抖。他认为卢阿拉布河是尼罗河的源头，但不愿实地探访，因为这可能的"结果是我一直在刚果地区追随这条河，但为此，谁会冒着被放进食人族锅里的风险呢"……

Well after the Niger and the Nile had been explored, the Congo Basin remained shrouded in mystery. Virtually the entire Congo watershed – more than a million square miles – was unknown. Tales of poisoned arrows and cannibals kept both Arab slavers and explorers away, and even David Livingstone shuddered at the thought of following the Lualaba River, west of Lake Tanganyika. He believed it was the headwater of the Nile, but was loath to confirm it as it might "turn out that I have been following the Congo, and who would risk being put into a cannibal pot ... for it?"

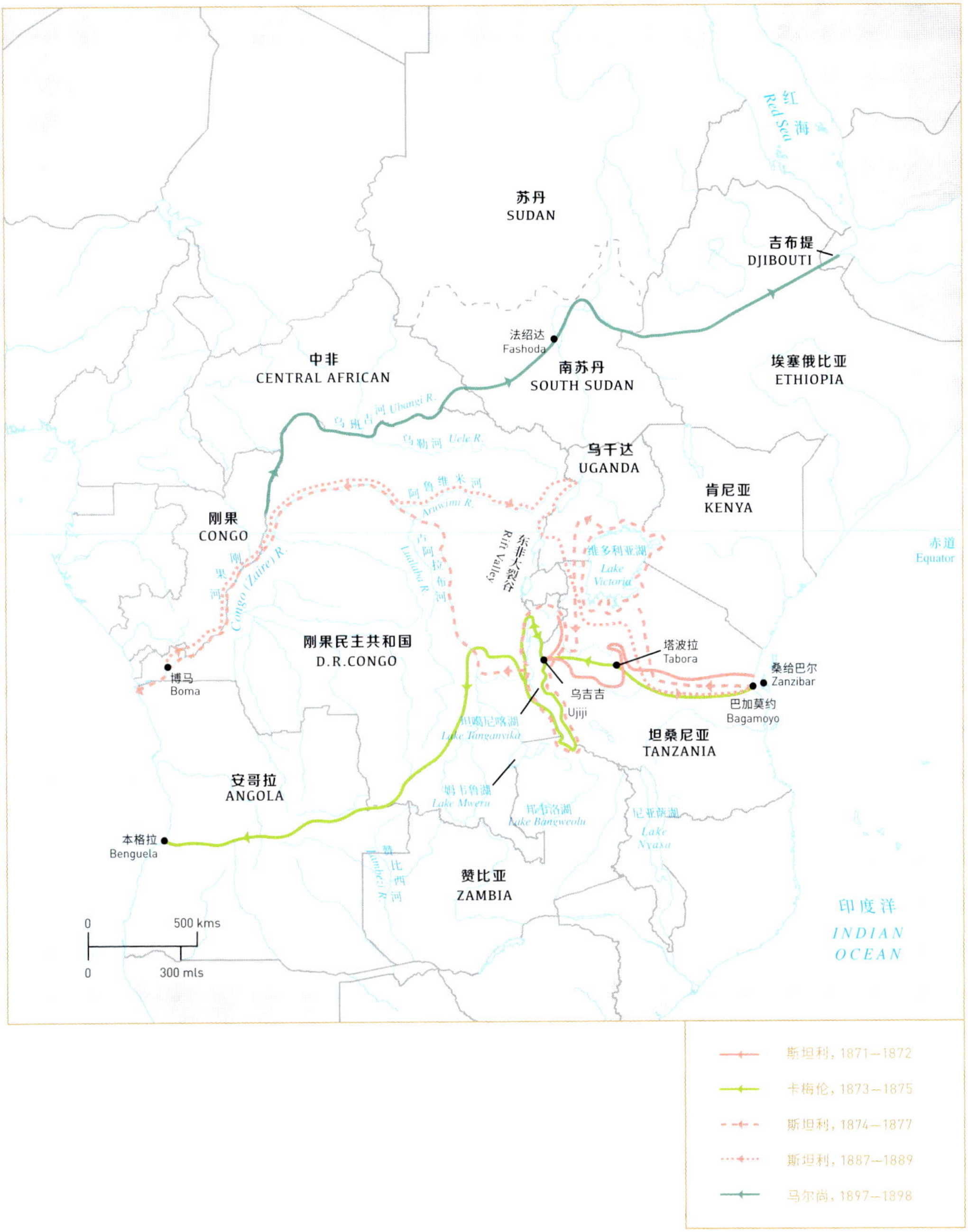

苏丹
SUDAN

吉布提
DJIBOUTI

红
海
Red Sea

法绍达
Fashoda

中非
CENTRAL AFRICAN

南苏丹
SOUTH SUDAN

埃塞俄比亚
ETHIOPIA

乌干达
UGANDA

肯尼亚
KENYA

刚果
CONGO

乌班吉河 Ubangi R.

乌勒河 Uele R.

阿鲁维米河 Aruwimi R.

乌阿拉布河 Lualaba R.

东非大裂谷
Rift Valley

维多利亚湖
Lake Victoria

赤道
Equator

刚果民主共和国
D.R.CONGO

刚果河 Congo (Zaire) R.

塔波拉
Tabora

桑给巴尔
Zanzibar

博马
Boma

乌吉吉
Ujiji

巴加莫约
Bagamoyo

坦噶尼喀湖
Lake Tanganyika

坦桑尼亚
TANZANIA

安哥拉
ANGOLA

磐韦鲁湖
Lake Mweru

班韦乌卢湖
Lake Bangweulu

尼亚萨湖
Lake Nyasa

本格拉
Benguela

赞比西河
Zambezi R.

赞比亚
ZAMBIA

印度洋
INDIAN
OCEAN

| 0 | 500 kms |
| 0 | 300 mls |

斯坦利，1871—1872
卡梅伦，1873—1875
斯坦利，1874—1877
斯坦利，1887—1889
马尔尚，1897—1898

1816 年，詹姆斯·图基（James Tuckey）率领的皇家海军探险队遇到了刚果河上众多大瀑布的第一座，被迫停下步伐，在不到两个月的时间里，54 名探险队成员中有 35 人死于黄热病，包括图基本人。因此，人们认为沿着刚果河进入内陆是不现实的。

第一个深入刚果盆地腹地的欧洲人是皇家海军官员维恩·洛维特·卡梅伦。在亨利·默顿·斯坦利找到利文斯通后，卡梅伦被派去给利文斯通送补给。不久，卡梅伦遇到了利文斯通的非洲助手朱马和苏西，二人正在把利文斯通的尸体运回到海岸。卡梅伦决定继续利文斯通的工作。他对坦噶尼喀湖进行了全面考察，然后沿着它唯一的出口——卢库加河向西行至卢阿拉布河。卡梅伦希望沿着卢阿拉布河向北航行，但他没有找到船只，只好向西南方向进入加丹加。1875 年 11 月，他抵达安哥拉本格拉附近的大西洋沿岸，这也意味着有人首次穿越了中非。

与此同时，曾致力于寻找利文斯通的斯坦利，也决定继续从事这位老人未竟的事业。1874

● 本页上图
斯坦利同营救埃明·帕沙（Emin Pasha）的远征队部分军官合影。左起：外科医生 T.H. 帕克（T.H. Parke）、R. H. 尼尔森（R. H. Nelson）、斯坦利、W. G. 斯泰尔斯（W. G. Stairs）和 A. J. M. 杰夫森（A. J. M. Jephson）。

● 本页下图
亨利·莫顿·斯坦利从记者转型成为探险家。他设计了适合当地的服装，并在旅行时始终进行大张旗鼓的宣传。

● 对页左图
肩扛预制船"爱丽丝女士"号的黑人搬运工。这艘随身携带的船让斯坦利能够比以往探险者做出更有价值的调查。

年，在《纽约先驱报》和伦敦《每日电讯报》（*Daily Telegraph*）的赞助下，斯坦利率领着有史以来装备最精良的探险队离开非洲东海岸，前往维多利亚湖。在那里，斯坦利把他的拼装预制船爱丽丝女士号重新组装在一起，确认了斯毕克测算的维多利亚湖面积和里彭瀑布水的下泄流量。接着，他向坦噶尼喀湖进发，并证实该湖与尼罗河无关。然后，他拒绝像卡梅伦那样改道，而是沿着卢阿拉布河向北进入刚果，行驶在这条形状如巨大弧线的河上，并从陆地上绕行过河流中的多座大瀑布。1877 年 8 月，在离开美国 999 天之后，他终于到达了西海岸。

几年后，斯坦利王者归来，转为比利时国王利奥波德二世（Leopold II）服务，主要在刚果河以南地区工作。与此同时，法国人也扩展到刚果河以北地区，这一工作由皮埃尔·德·布拉扎（Pierre de Brazza）领导，此人在 1875—1878 年间探索过奥戈沃河和阿丽玛河。像斯坦利一样，布拉扎与当地的非洲酋长签署条约，并于 1880 年 11 月建立了法属刚果的首都布拉柴维尔。斯坦利最后一次著名探险活动是领导救援埃明·帕沙的探险队。1881 年，在马赫迪（Mahdi）领导下，一场起义席卷苏丹，并最终随着 1885

Stanley's map of Victoria Nyanza, 1875. First approach to correct outline of the Lake.

LIEUT W·G·STAIRS·R·E·
(BWANA M'SINGA = MASTER OF THE CANNON)

● 对页图

亨利·莫顿·斯坦利也许最被人记住的是他的话"我猜，您是利文斯通博士吧？"他的功劳还包括 1875 年在维多利亚湖的第一次环湖航行。当时很多人对湖的大小持有不同意见。轻型预制船爱丽丝女士号载着斯坦利和 11 名船员在 57 天内在湖周围行进了 1000 英里，并最终证明了它的大小——世界上第二大淡水湖。

● 右图

斯坦利在营救埃明·帕沙远征期间绘制的两幅画。他的许多草图都成为其探险著作《在非洲最黑暗之处》(In Darkest Africa) 插图的基础。

● 次页图

营救埃明·帕沙远征路线图（局部）。地图被重新绘制后，供亨利·莫顿·斯坦利回国后在英国皇家地理学会的招待会上使用。

5°
25°
30°
Lado

BANDSHIA

NIAM—NIAM

Ndoruma's

Baginse M^{ts}

Rejaf

Urindimma

Werre R.

Makaraka

BA

Welle or Makua R.

Bagbunné

Masinde

MANGBATTU

Ibbali R.

Du

MADI

Loika R.

A' BABUA

Bimokandi R.

MOM

MOMBUTTU WADELAI

Bangoja

Majegba

Mahagu

Mulupi

Mariri

Gadda R.

Pangat

Siri

Sanga

BORDER

NYANZA or ALBERT NYANZA

Banalya

Nepoko R.

B

Ugarrowa's

Katong R.

KAVALLI'S

Bakuti

Aveyshelia

Arejeh

ITURI

Mbakovia

ARUWIMI R.

BASOKO
ANTWERP STATION

Amiry R.

Fort Bodo

Ibiri

Yambuya

Kalunga's

Nekonis Camp

BALEGG

Bohimbo

RIVER CONGO

Yangambi

Yarakombe

MUHAMBA

RUWENZORI Mts

Mt Gordon Bennett

Baondo

Lindi R.

Mt Edwin Arnold

STANLEY FALLS STATION

Kinnena

Salt Lake

Katonga

Kitete

BALOLO

Rankora (Leopold R.)

LAKE
ALBERT EDWARD

ANTARI'S

Basoko

Kihonge

Lulu R.

Rwixi R.

Bololo or Lubilash R.

Ruampara Range

Hagen R. Ferry

Boloko

OZO LAKE

Mt Mfumbiro

Mtagata

Kitangu

Iryamba

Lowwa R.

L. WINDERMERE

KAWE NIANGA

Uteng

Urindi R.

L. URIGI

Kiranga

Riba Riba

Lira R.

Kikab

Aurrand

Uyo

Lecho R.

Makura

NYANGWE

Kasongo

Mo

U

Mona Katchitch

Lomami R.

RIVER CONGO

Luama R.

Kabambarre

UJIJI

Kavale

San-kuru R.

Lukassi R.

Mussumba

L. Langi

Plymouth Rock

Malagarasi R.

Wolf Falls

Lualaba or Kamerunde R.

Rurua or Luwulu R.

Lukuga R.

LAKE TANGANYIKA

Kilemba

URU

Mpala

Karema

25° Longitude East of Greenwich
30°

SKETCH MAP
OF THE ROUTE OF THE
EMIN PASHA RELIEF EXPEDITION
FROM THE
MOUTH OF THE ARUWIMI
TO
BAGAMOYO
1887 TO 1889

Scale of English Miles

London, Stanford's Geogl Estabt

年乔治·戈登（George Gordon）将军在喀土穆去世后达到顶峰。当时，除了南部的赤道省外，马赫迪几乎控制了苏丹全境。赤道省省长埃明·帕沙是一个皈依伊斯兰教的德国人，被困于艾伯特湖附近。1887 年，斯坦利被选中去营救埃明，阴差阳错，他的探险队从刚果出发，穿越非洲，而不是从更近的东海岸出发。在阿鲁维米河，斯坦利的探险队陷入以前未知的伊图里雨林，结果也证明这里完全是地狱。从来没有欧洲人穿越过这片雨林，这也许是有史以来任何非洲探险者面临的最痛苦的折磨了。六个月里，探险队有一半成员丧命，斯坦利也愁白了头。当他们最终到达艾伯特湖时，却发现埃明·帕沙并不想被营救。尽管如此，斯坦利还是强押着埃明及其部下们一同撤离到海边。在长途跋涉中，斯坦利完成了他最后的发现——乌干达西南部的鲁文佐里山脉，填补了连接黑色的"非洲之心"刚果和尼罗河的地图空白。

● 上图

亨利·莫顿·斯坦利在坦噶尼喀湖附近的乌吉吉第一次见到大卫·利文斯通时戴的帽子。

● 下图

斯坦利 1874—1877 年首次穿越非洲经过刚果时，就是穿的这双靴子，其所有修补都由他自己完成。

FASHODA

法绍达

到 19 世纪 90 年代中期，马赫迪的势力仍在苏丹占据主导地位，于是法国人决定在上尼罗河建立自己的领地。1897—1898 年，让 - 巴普蒂斯特·马尔尚（Jean-Baptiste Marchand）率领的一支特遣队从刚果出发，长途跋涉到尼罗河畔的小镇法绍达。七周后，赫伯特·基切纳（Herbert Kitchener）率领英国军队击败乌姆杜尔曼的马赫迪驻军后，也抵达法绍达。几天后，基切纳的炮艇驶向上游，要求法国人撤离。虽然马尔尚拒绝离开，但前线指挥官们明智地把决定权交给了法国政府。一个月的剑拔弩张后，法国人选择撤退，把尼罗河留给了英国人。

LEOPOLD'S CONGO FREE STATE

利奥波德的刚果自由邦

在"瓜分非洲"期间，最引人注目的一件事是比利时利奥波德二世建立了一个私人帝国。1879 年，利奥波德派斯坦利到刚果，他们与当地酋长签订条约，希望修建跨越大瀑布的铁路，并在上游河段开通轮船。到 1884 年，斯坦利完成了所有任务，为自己赢得了绰号"布拉·穆塔里"，意为"碎石机"。在接下来的二十五年里，利奥波德把他的刚果自由邦变成了"残暴"和"压迫"的代名词，他还无情地掠夺资源，直至此地在 1908 年被比利时吞并。

● 上图
斯坦利建造的第一座房屋将为比利时国王利奥波德二世的刚果自由邦所用。旁边是建造铁路的机械和施工材料。

AUSTRALIA
THE PACIFIC

澳大利亚和太平洋

AND

Chapter 5

第五章

A SECOND
NEW WORLD

—

另一个新世界

1605 年，荷兰东印度公司在爪哇岛的班坦设立了一个贸易点后不久，威廉·詹斯被派往东部寻找其他有利可图的贸易区域。到达新几内亚后，他沿着南部海岸线航行，然后径直往南。在穿过一个看起来像水湾入口的地方，他驶入一片荒芜贫瘠的土地。沿着海岸线继续向南后，詹斯决定在补给不足之前调头向北，然后返回爪哇。因为新几内亚中部并非一个半岛，托雷斯海峡把这片全新的大陆分隔开了，但詹斯对此完全不知情，所以没有意识到自己是第一个到达澳大利亚的欧洲人。

In 1605, soon after the Dutch East India Company had established a post at Bantam on Java, Willem Jansz was sent to find what other profitable trading areas might lie to the east. Reaching New Guinea, he followed its southern coastline before turning directly south. He crossed what he thought was an inlet and struck harsh, barren land. After sailing south along the coast, Jansz decided to turn north before his supplies ran short, and he made his way back to Java. Although he had become the first European to reach Australia, Jansz was unaware of this, for he did not know that the Torres Strait separated central New Guinea not from an adjoining peninsula, but from an entirely new continent.

新爱尔兰岛
NEW IRELAND

巴布亚新几内亚
PAPUA NEW GUINEA

所罗门群岛
SOLOMON
ISLANDS

新不列颠岛
NEW BRITAIN

帝汶岛
Timor

阿纳姆湾
ARNHEM BAY

约克角半岛
Cape
York
Peninsula

卡奔塔利亚湾
GULF OF
CARPENTARIA

斐济
FIJI

汤加
TONGA

Great Barrier Reef

大堡礁

澳大利亚
AUSTRALIA

太平洋
PACIFIC
OCEAN

新南威尔士州
NEW SOUTH WALES

杰克逊港
Port Jackson

博特尼湾
BOTANY BAY

袋鼠岛
Kangaroo Island

恩坎特海湾
ENCOUNTER BAY

菲尔诺群岛
Furneaux Islands

塔斯马尼亚
TASMANIA

新西兰
NEW
ZEALAND

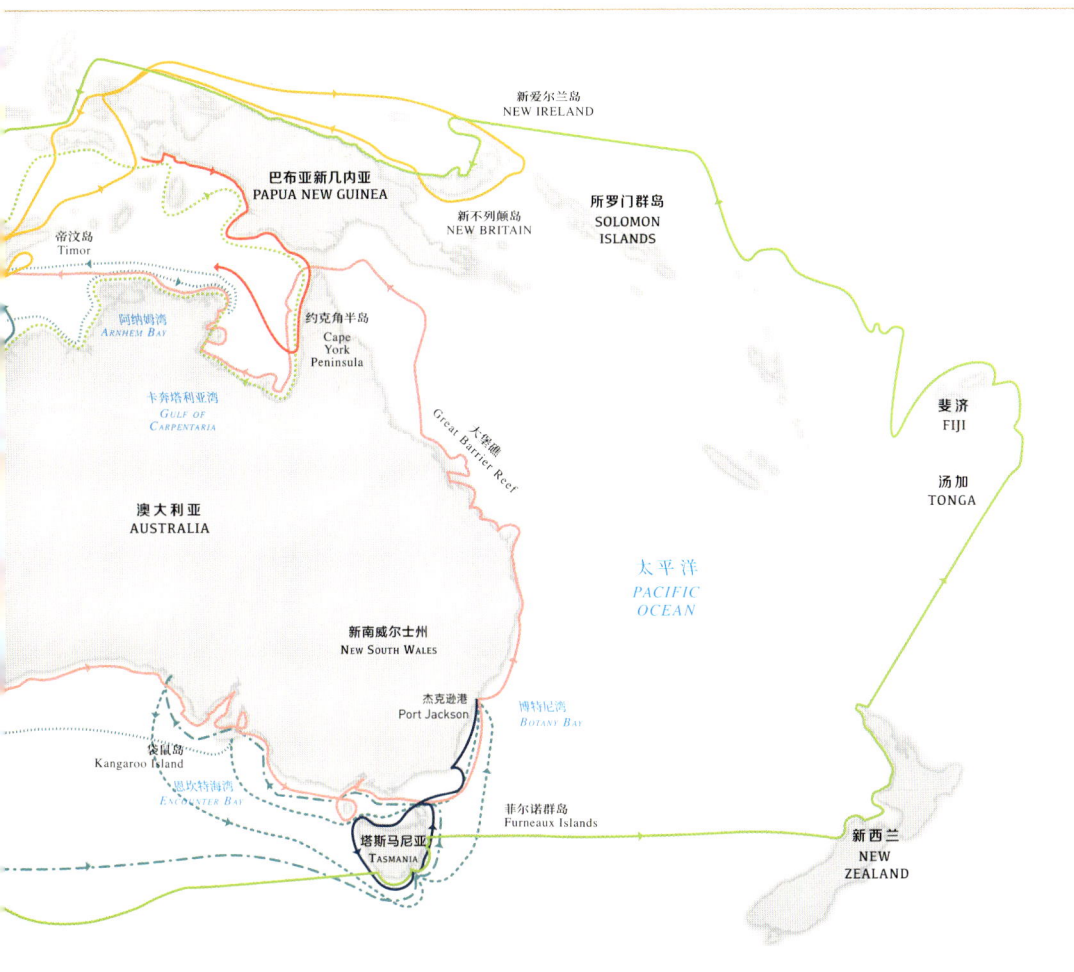

←—	俦斯，1605—1606
←—	塔斯曼，1642—1643
·····›	塔斯曼，1644
←—	丹皮尔，1699
←—	弗林德斯和巴斯，1798—1799
←—	弗林德斯，1801—1803
←—	鲍丁，1801
‹- -	鲍丁，1802
‹- -	鲍丁，1802年1—4月
·····	鲍丁，1803年5—12月

随后几十年里，越来越多的船只在航行中接触到了这个被荷兰人称为"新荷兰"的神秘之地。但直到 1642 年，荷兰东印度群岛总督安东尼·凡·迪门（Anthony van Diemen）才派阿贝尔·塔斯曼（Abel Tasman）去考察它到底有多大。不巧的是，塔斯曼往南航行了很久后才转向东方，因此错过了澳大利亚的大部分地区，但他确实到达了一个自称为"凡迪门斯岛"的地方，后来这个岛被改名为塔斯马尼亚岛。塔斯曼继续向东，发现了新西兰，然后向北到达汤加、斐济和新几内亚北部海岸。1644 年，塔斯曼进行了第二次探险航行，他循着詹斯的早期路线，沿着澳大利亚西北海岸一直到达鲨鱼湾。

又过了五十年，欧洲人才和澳大利亚有了进一步具有深远意义的接触。1688 年，威廉·丹皮尔（William Dampier）在为期七年的环球航行中登陆了西澳大利亚，成为最早登陆此地的欧洲人之一。十一年后，他被海军部任命为罗巴克号的船长，并受命在"新荷兰"开展科学考察。丹皮尔经好望角和印度洋，于 1699 年 7 月到达澳大利亚大陆的西海岸。在离开前，他在这片看起来荒凉又缺水的地方花了一个月绘制海岸线图。但糟糕的是，罗巴克号在返回英国的途中沉没了，丹皮尔和他的船员们不得不滞留阿森松岛一个多月，等候救援。

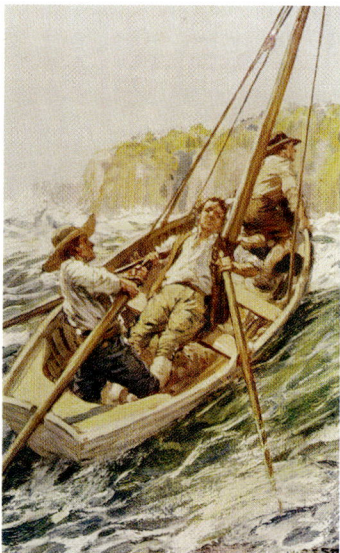

一个世纪后，除了 1768—1771 年詹姆斯·库克绘制的部分海岸线外，澳大利亚的其他海岸线仍是空白。这个问题得以解决，很大程度上要感谢英国海军军官马修·弗林德斯（Matthew Flinders）和法国海军军官尼古拉·鲍丁（Nicolas Baudin）。1792 年，马修·弗林德斯在威廉·布莱（William Bligh）的指挥下第一次来到澳大利亚。1795 年，他返回澳洲，并在外科医生乔治·巴斯（George Bass）的陪同下，对新南威尔士的海岸进行探索。

1798—1799 年，弗林德斯指挥着小船诺福克号，带领巴斯和 8 名船员一起完成了凡迪门斯岛的第一次环岛航行，证明了这是一个岛屿，而不是半岛。1801 年，弗林德斯在英国皇家学会约瑟夫·班克斯爵士（Sir Joseph Banks）的推荐下，被任命为测量员，前往澳大利亚绘制整个岛的海岸线地图。他从澳大利亚的卢因角出发，小心翼翼地测绘南海岸的地图，沿途还遇到了尼古拉·鲍丁率领的法国探险队，并慷慨地与鲍丁分享了他的发现。接着，弗林德斯又测绘了东海岸和卡奔塔利亚湾的大部分地区。由于途中船只甲板腐烂导致漏水，他不得不直接前往帝汶岛。继续航行后，他于 1803 年 6 月到达杰克逊港。虽然最终还是没能完成调查，但他完成了澳大利亚大陆的环岛航行。

与此同时，鲍丁指挥着两艘船测绘着澳大利亚海岸图，并与 23 名科学家一起大量收集动植物标本。1801 年 5 月，他到达卢因角后，又花了两年时间留在该大陆海岸四处考察，没有去环岛航行。鲍丁返程时在毛里求斯去世。这次探险的法文记录由其中 2 名科学家撰写。他们不仅有意淡化了鲍丁的贡献，也没注明是弗林德斯提供的图表，还声称这些是他们自己发现的。

● 上 图
位于西澳大利亚海岸的鲨鱼湾，塔斯曼曾在这里沿着海岸航行，丹皮尔曾在附近登陆。

● 下 图
几个世纪以来，两脚规和望远镜是海上贸易常用的两种工具。

● 次 页 图
这幅地图最初是由马修·弗林德斯于 1798 年对凡迪门斯岛进行沿海调查时绘制的，该调查证明它是一个岛屿。他测绘了北海岸，进入塔玛河，并在西部和南部沿海地区前进。他还在圣诞节考察了德文特河。

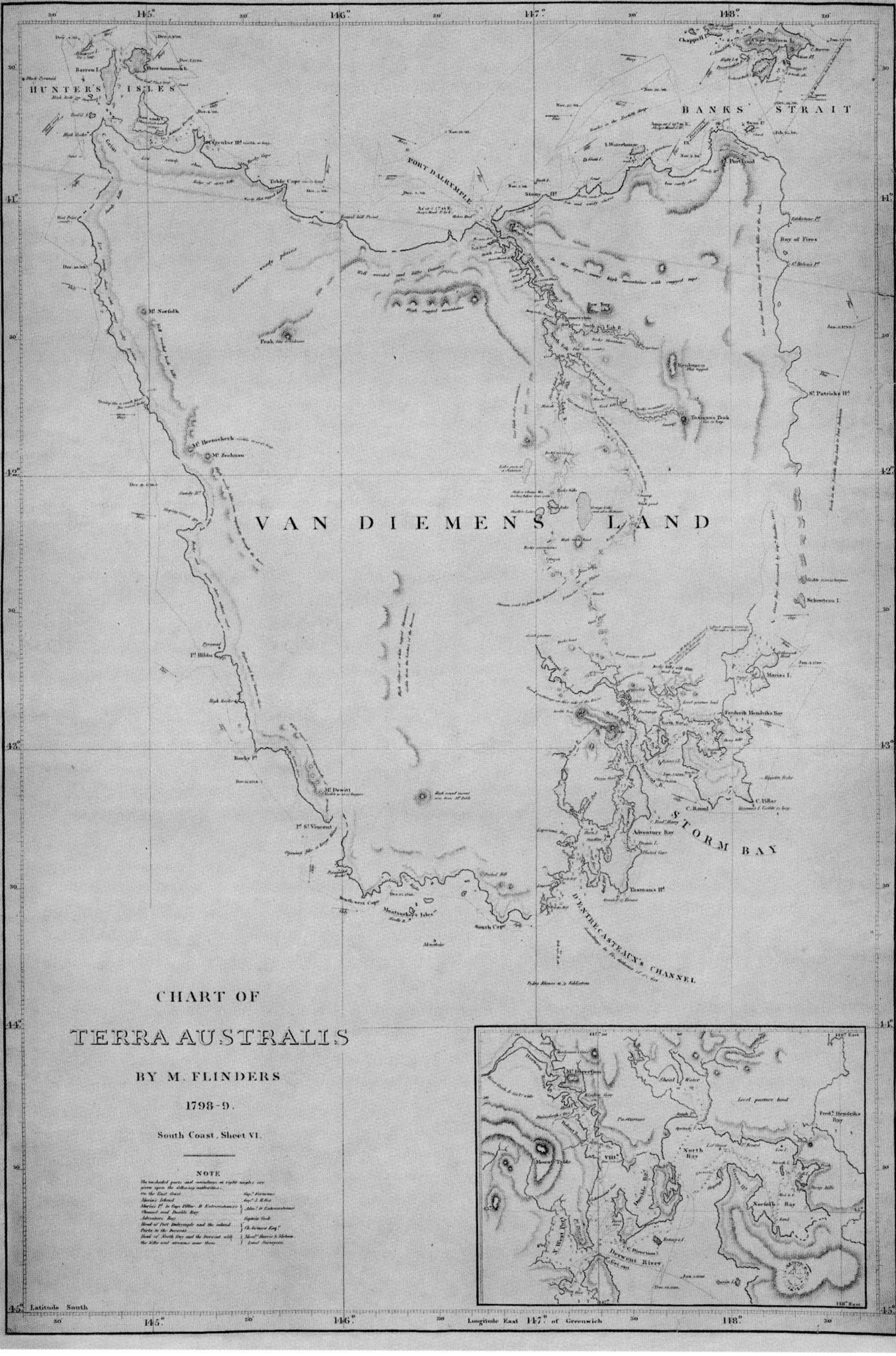

HUNTERS' ISLES

BANKS' STRAIT

PORT DALRYMPLE

VAN DIEMENS LAND

STORM BAY

D'ENTRECASTEAUX'S CHANNEL

CHART OF
TERRA AUSTRALIS
BY M. FLINDERS
1798-9.
South Coast, Sheet VI.

NOTE

Latitude South

Longitude East 147° of Greenwich

ROBINSON CRUSOE BY ANY OTHER NAME

鲁滨逊·克鲁索的原型

1703 年，热衷冒险的苏格兰拉哥岛年轻人亚历山大·塞尔柯克（Alexander Selkirk）参加了一次旨在掳获商船的航行。第二年，在与船长托马斯·斯特拉德林（Thomas Stradling）争吵后，他要求船长把他放在智利沿海的胡安·费尔南德斯群岛上。塞尔柯克一直留在岛上，直到 1709 年伍德·罗杰斯（Woodes Rogers）的探险队发现他。当时，塞尔柯克已经处于半野人状态，穿着山羊皮，英语能力退化殆尽。后来，丹尼尔·笛福（Daniel Defoe）以塞尔柯克的经历为基础，写了经典小说《鲁滨孙漂流记》（Robinson Crusoe）。

THE DUTCH EAST INDIA COMPANY

荷兰东印度公司

1595 年，科尼利厄斯·霍特曼（Cornelius Houtman）进行了一场在荷兰历史上具有开创意义的商业航行。他到达位于香料群岛的爪哇（现印度尼西亚），介入了由葡萄牙和西班牙主导的贸易。不久，许多荷兰公司开始在该地区从事贸易，并于 1602 年合并成为荷兰联合特许的东印度公司。荷兰人的主要贸易站为巴达维亚，在随后的几十年里，荷兰人取代了葡萄牙人和西班牙人，掌握贸易主导权。荷兰东印度公司持续经营到 1798 年，直至法国征服荷兰方才消失。

EXPLORATION AND SCIENCE IN THE PACIFIC

—

太平洋地区的探险和科学

1763 年七年战争结束时，英法两国海军都有了过剩的船只、军官和船员，再加上人们日益高涨的科学兴趣，这些因素都激发了在太平洋这一鲜为人知领域的探险热潮。不到一年，诗人拜伦的祖父、绰号为"坏天气杰克"的约翰·拜伦被派往该地区进行探索。他声称英国对福克兰群岛拥有主权，却没有意识到法国人路易斯 - 安东尼·德·布干维尔已经在那里建立了定居点。随后，拜伦用 22 个月完成了环球旅行，创造了当时的最快纪录。

At the close of the Seven Years' War in 1763, both the British and French navies had excess ships, officers and men. That, and the growing interest in science, led to a flurry of exploration in a little-known area: the Pacific. Within a year, John Byron – nicknamed "Foul-weather Jack" and the grandfather of the poet – was sent on a voyage of discovery. He claimed the Falkland Islands, not realizing that the Frenchman Louis-Antoine de Bougainville had already established a settlement there. Byron then made the quickest circumnavigation yet on record in 22 months.

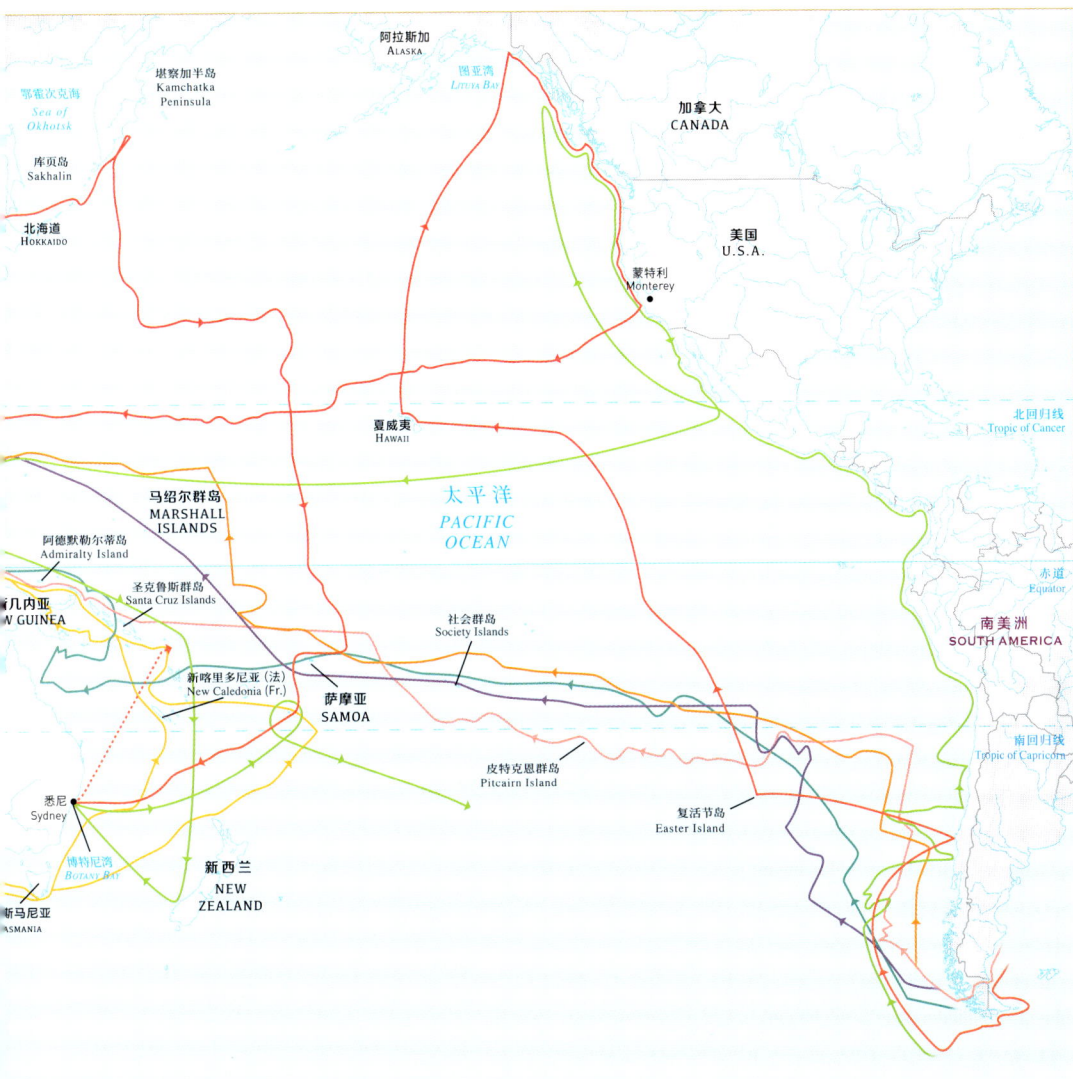

阿拉斯加
ALASKA

利图亚湾
LITUYA BAY

堪察加半岛
Kamchatka
Peninsula

鄂霍次克海
Sea of
Okhotsk

库页岛
Sakhalin

北海道
HOKKAIDO

加拿大
CANADA

美国
U.S.A.

蒙特利
Monterey

夏威夷
HAWAII

北回归线
Tropic of Cancer

马绍尔群岛
MARSHALL
ISLANDS

太平洋
PACIFIC
OCEAN

阿德默勒尔蒂岛
Admiralty Island

赤道
Equator

新几内亚
NEW GUINEA

圣克鲁斯群岛
Santa Cruz Islands

社会群岛
Society Islands

南美洲
SOUTH AMERICA

新喀里多尼亚（法）
New Caledonia (Fr.)

萨摩亚
SAMOA

南回归线
Tropic of Capricorn

皮特克恩群岛
Pitcairn Island

悉尼
Sydney

复活节岛
Easter Island

博特尼湾
BOTANY BAY

新西兰
NEW
ZEALAND

塔斯马尼亚
TASMANIA

	拜伦，1764—1766
	沃利斯，1766—1768
	卡特里特，1766—1769
	布干维尔，1766—1769
	拉彼鲁兹伯爵，1785—1788
	拉彼鲁兹伯爵设想的路线
	马拉斯皮纳，1789—1794
	德恩特尔卡斯托，1791—1793

1766 年，拜伦回到英国后，塞缪尔·沃利斯（Samuel Wallis）和菲利普·卡特里特（Philip Carteret）带领着另一支探险队继续扩大发现范围。经过麦哲伦海峡后，卡特里特驾驶的燕子号落后于沃利斯的船，于是两人分别独立地完成了航行。沃利斯横渡太平洋，在欧洲人从未涉足的塔希提岛登陆，然后，他驶过社会群岛、吉尔伯特群岛和马绍尔群岛，在巴达维亚补足物资后，未损一员，返回英国。与此同时，卡特里特发现了皮特凯恩岛，但是燕子号因猛烈的风暴受损，船速变得缓慢，在沃利斯返回 10 个月后，这艘船才抵达英国，并且有 30 名船员死于疾病。尽管两人的发现有限，但他们仔细绘制了大片区域，为今后詹姆斯·库克的探险奠定了基础。

沃利斯和卡特里特离开英国后不久，法国人路易斯 - 安托万·德·布干维尔也从南特出发。在把福克兰群岛的殖民地移交给西班牙人之后，布干维尔同样横渡了太平洋。1768 年 4 月，布干维尔到达了塔希提岛，岛民们向他揭穿珍妮·巴雷（Jeanne Barre）女士乔装成一位植物学家的男仆，已经随船同行一年多了。接着，1768 年 6 月，布干维尔发现了大堡礁，并在新爱尔兰监督天文测量，确定了正确的经度数据，从而首次精确测量了太平洋的宽度。布干维尔返回法国，完成了法国人有史以来的首次环球航行，这也使巴雷成为第一个完成环球旅行的女性。

卷入美国独立战争后不久，法国就向太平洋地区派出了更多科学考察队，其中最令人印象深刻是拉彼鲁兹伯爵让 - 弗朗索瓦·德加拉普（Jean-François de Galaup, Comte de La Pérouse）。1785 年，拉彼鲁兹伯爵开展了太平洋地区史上最具多样性的地理考察之一，他在智利登陆后，接着到达复活节岛、毛伊岛、阿拉斯加和北美海岸，并穿过太平洋到达东北亚地区的中国、韩国、库页岛和堪察加半岛。在他向南到达植物学湾时，英国人送来的第一批犯人刚刚靠岸。1788 年，拉彼鲁兹伯爵向北航行，从此消失在茫茫大海。

1791 年，约瑟夫 – 安东尼·布鲁尼·德恩特尔卡斯托（Joseph-Antoine Bruni d'Entrecasteaux）奉命寻找拉彼鲁兹伯爵的探险队。他调查了新几内亚附近和荷兰东印度群岛的许多岛屿群，以及澳大利亚南部海岸。接着，他开始第二次对南太平洋群岛进行广泛考察，但探险队的成员被痢疾和坏血病折磨得疲惫不堪，于是，德恩特尔卡斯托决定返回法国，然而那时他并不知道自己已经非常接近拉彼鲁兹伯爵探险队的船只遇难之处凡尼科洛了。不久，德恩特尔卡斯托也去世了，他的船队被迫停靠在爪哇岛，荷兰人把他们监禁了一年多。

与此同时，最能体现启蒙运动的思想和科学梦想的探险出现在 1789 年。出生于意大利的西班牙海军军官亚历山德罗·马拉斯皮纳（Alessandro Malaspina）被派去编纂当时最全面的航海地图，并搜集西班牙遥远海外属地的政治和经济状况。在接下来的五年里，马拉斯皮纳两次横渡太平洋，考察了北美和南美的西海岸，访问了中国、菲律宾、荷属东印度群岛、澳大利亚、新西兰和整个太平洋的岛屿。回国后，马拉斯皮纳为西班牙殖民地政府提供了强有力的政治建议，但其中的一些建议让他得罪了不少权贵，并因此身陷囹圄。更不幸的是，他的地图在三十年内都没能出版，而他的航海日记合集直到 1990 年才出版。

● 对页图
1867 年 6 月，塞缪尔·沃利斯受到塔希提岛的女王奥贝雷亚（Oberea）的欢迎。在马塔维湾登陆后，沃利斯停留了一个月，将其命名为乔治王岛，而旁边的莫雷亚岛被他命名为约克岛。

● 上图
澳大利亚东北部的大堡礁是世界上最引人注目的海洋栖息地之一。可早期的水手并不待见它，因为他们觉得这里的珊瑚礁极其危险。

KRUSENSTERN'S CIRCUMNAVIGATION

克鲁森斯特恩的环球航行

出生于爱沙尼亚的俄罗斯海军军官亚当·约翰·冯·克鲁森斯特恩（Adam Johann von Krusenstern）提议，应该使用停靠在波罗的海港口的船只，向俄罗斯的美洲殖民地运送补给，而不是西伯利亚缓行的陆路通道。1803 年年中，克鲁森斯特恩离开克朗斯塔特，经合恩角进入太平洋，到达复活节岛与夏威夷，然后前往阿拉斯加、阿留申群岛和加利福尼亚。访问日本时，克鲁森斯特恩未能与之达成新的贸易协议，但他绘制了日本西海岸和库页岛的地图。最后，他经由非洲回到俄罗斯，在探索太平洋和北美海岸方面做出了巨大贡献。

● 上图
克鲁森斯特恩能成功启动环球航行，还要感谢 G. I. 穆洛夫斯基（G. I. Mulovsky）的提议，后者曾计划进行此类探险，但在成行前被杀害。

THE FRENCH IN THE SUB-ANTARCTIC

亚南极地区的法国人

法国人的海上勘察并没有止步于热带地区。1738 年,让 - 巴普蒂斯特·布韦·德·洛齐耶(Jean-Baptiste Bouvet de Lozier)率领探险队去寻找传说中的南部大陆"南岛"。虽然没有成功,但他发现了地球上最孤立的岛屿——布韦岛(Bouvetøya)。1771 年,伊夫 - 约瑟夫·德·凯尔盖朗 - 特雷马克(Yves-Joseph de Kerguelen-Trémarec)也开始寻找南部大陆,并声称找到了这片大陆。1773 年,他试图在此建立殖民地时,发现这个现在名为凯尔盖朗群岛的地方无比荒凉、不宜人居。返回法国后,凯尔盖朗因涉嫌虚假提供情报而被军事法庭审判和监禁。

● 上图
凯尔盖朗声称他的发现中含有"法国的土壤",这导致他被监禁于索米尔。

JAMES COOK

—

詹姆斯·库克

太阳和其他天体与地球的距离是启蒙运动时期的重大科学问题之一。人们相信，对金星凌日（即金星掠过太阳盘面的现象）的详细观测将有助于确定这些距离。当时人们预知 1769 年 6 月会出现金星凌日现象，如果错过观察，下一次将等到 1874 年。英国皇家学会决定派遣观察员从挪威、哈德逊湾和太平洋观测这次天象。39 岁的英国皇家海军军官詹姆斯·库克指挥了赴太平洋地区的观测，他曾因在圣劳伦斯河和纽芬兰海岸的考察声名鹊起。

The distance of the Sun and other heavenly bodies from
the Earth was one of the great scientific questions of the
Enlightenment. It was believed that detailed observations of
the transit of Venus – the occasions when that planet crossed
the face of the Sun – would help determine these distances.
Knowing that the transit of June 1769 would be the last one
until 1874, the Royal Society proposed that observers should
be sent to view it from Norway, Hudson Bay and the Pacific.
Placed in command of the last of these expeditions was
James Cook, a 39-year-old Royal Navy officer who had earned
a reputation for his surveys of the St Lawrence River and the
Newfoundland coast.

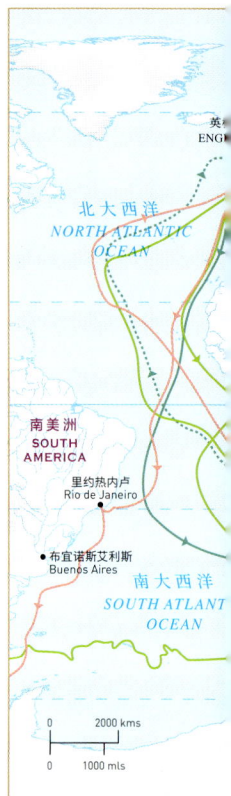

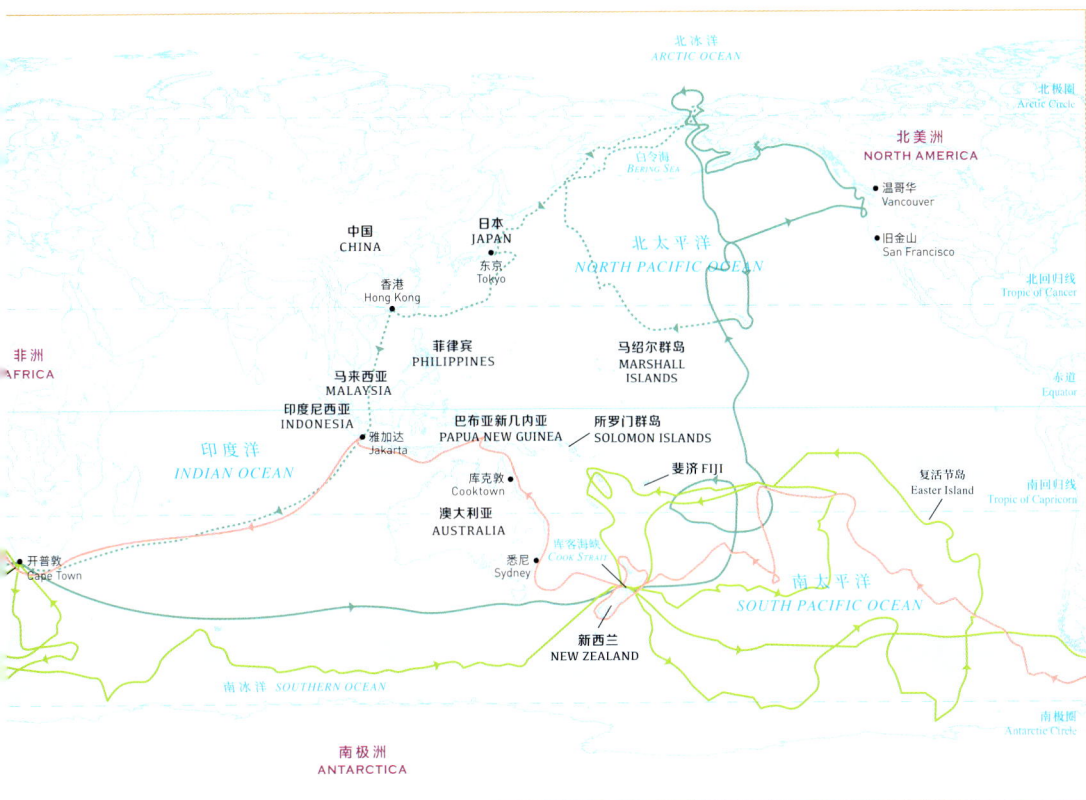

北冰洋
ARCTIC OCEAN

北极圈
Arctic Circle

白令海
BERING SEA

北美洲
NORTH AMERICA

温哥华
Vancouver

旧金山
San Francisco

北太平洋
NORTH PACIFIC OCEAN

北回归线
Tropic of Cancer

中国
CHINA

日本
JAPAN

东京
Tokyo

香港
Hong Kong

非洲
AFRICA

菲律宾
PHILIPPINES

马绍尔群岛
MARSHALL
ISLANDS

赤道
Equator

马来西亚
MALAYSIA

印度尼西亚
INDONESIA

雅加达
Jakarta

巴布亚新几内亚
PAPUA NEW GUINEA

所罗门群岛
SOLOMON ISLANDS

印度洋
INDIAN OCEAN

斐济 FIJI

复活节岛
Easter Island

南回归线
Tropic of Capricorn

库克敦
Cooktown

澳大利亚
AUSTRALIA

悉尼
Sydney

库克海峡
COOK STRAIT

南太平洋
SOUTH PACIFIC OCEAN

开普敦
Cape Town

新西兰
NEW ZEALAND

南冰洋 SOUTHERN OCEAN

南极圈
Antarctic Circle

南极洲
ANTARCTICA

第一次航行, 1768—1771

第二次航行, 1772—1775

第三次航行, 1776—1779

库克队伍的返程路线

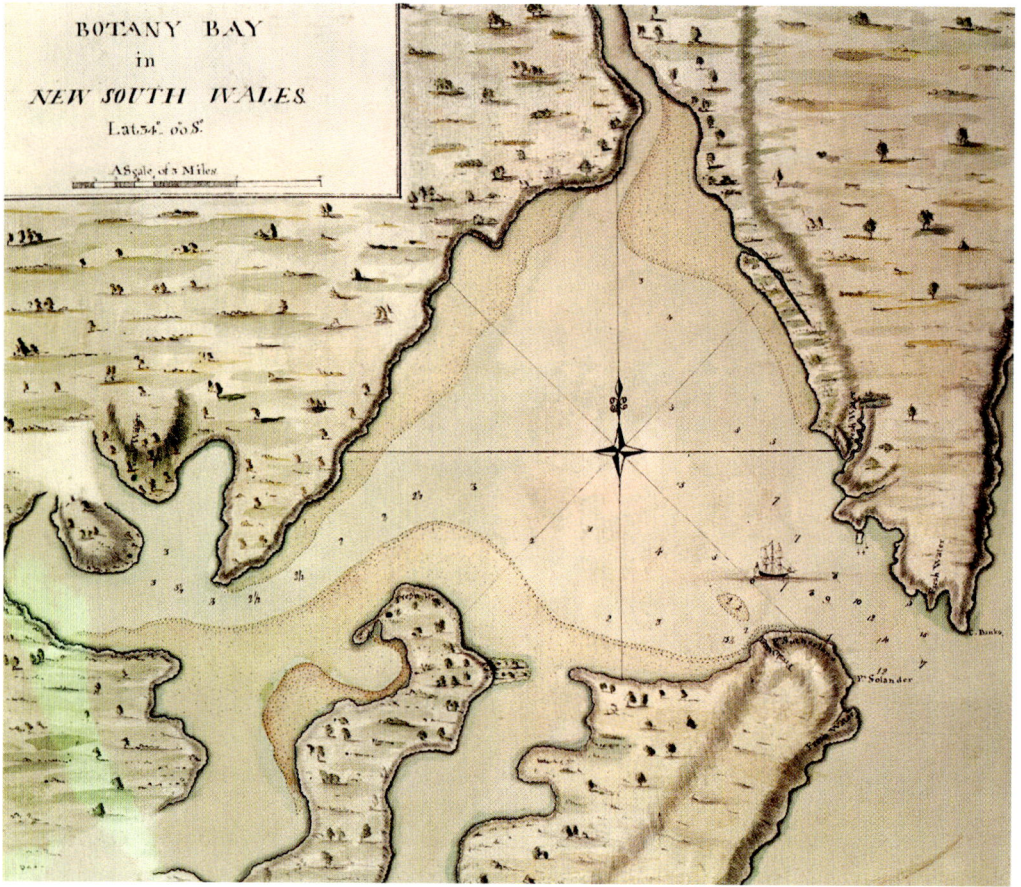

BOTANY BAY
in
NEW SOUTH WALES
Lat.34°.00 S.

A Scale of 3 Miles

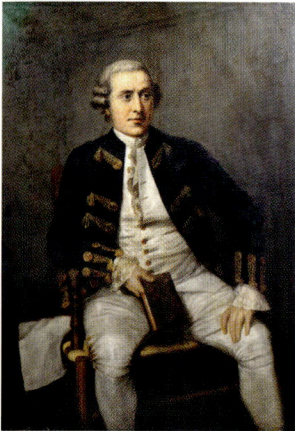

塞缪尔·沃利斯刚刚完成了环球航行，所以在他的建议下，塔希提岛被选为太平洋地区的观测点。1768 年 8 月，库克驾驶着奋进号出发，他的船上载着大批科学家，其中包括植物学家约瑟夫·班克斯。库克此行还肩负着秘密使命——寻找传说中的南方大陆"南岛"。从塔希提岛成功观测到金星凌日现象后，库克开始向南航行。由于找不到南方大陆，他前往新西兰，花了六个月绘制其海岸图。1770 年 4 月 28 日，库克在植物学湾登陆，首次记载了有关东澳大利亚的景象，接着向北航行通过大堡礁。确认了澳大利亚和新几内亚之间存在海峡后，他于 1771 年 7 月返回英国。

第二年，库克再次去往这一地区，以期对南方大陆进行更广泛的搜寻。怀着坚定的决心和冒险的精神，他从开普敦向南进发，于 1773 年 1 月 17 日首次穿越了南极圈。由于没能找到凯尔盖朗群岛，在被浮冰逼退后，他只好在新西兰和塔希提岛停留。当库克再次转向南方后，创造了到达南纬 71°10′ 的纪录，却随即遇到了无法通行的大量冰山。又一次穿越南太平洋的航行，使他重新发现了马克萨斯群岛，他访问了复活节岛，发现了诺福克岛，然后再次进入南半球高纬度地区，驶过合恩角以南，发现了南三明治群岛，并宣布英国对南佐治亚拥有主权。

1776 年 7 月，仅仅返回英国一年后，库克又开始第三次航行，任务是调查美国西北海岸，并确定西北航道是否存在。他从开普敦向东南航行，找到了凯尔盖朗群岛并对其进行了测绘，然后前往凡迪门斯岛和新西兰。接着，他发现了拉罗汤加岛和库克群岛，然后向北航行，又发现了夏威夷群岛，他将其命名为三明治群岛。随后，他的船队进入北美，沿着从俄勒冈到阿拉斯加的海岸航行，但是没有发现神秘的西北航线可能存在的入口。穿过白令海峡后，库克的船队在北纬 70°44′ 的厚厚冰层前停止了北上的航程，他们在亚洲海岸登陆，然后前往夏威夷过冬。

虽然库克一行人与夏威夷人的关系一开始是友好的，但最终变得水火不容，库克决定在 1779 年 2 月离开。然而，决心号桅杆的损坏迫使他们返航。在库克的队伍对桅杆进行维修时，发现号上的一艘小艇被盗。库克带着一队海军陆战队员上岸寻找，但在随后与夏威夷人的争吵中被杀害。探险队继续在二号指挥官查尔斯·克拉克（Charles Clerke）的带领下航行，再次穿越了白令海峡。然而，这次尝试并没有比上一次更进一步。在撤退到彼得罗帕夫洛夫斯克后，克拉克于 1779 年 8 月死于肺结核，年仅 36 岁。船队在新船长的带领下返回了英国。

库克的三次伟大探险发现了许多新的陆地，测绘了大片未知海域的地图，促进了科学知识的进步，奠定了温带地区南部大陆的概念，也表明即使多年航行，坏血病也是可控的。在探险史上，他的贡献无与伦比。

● 上 图

当库克背对着夏威夷人时，这根土著的棍子击倒了他，之后他被刺死，其麾下 4 名海军士兵也在混战中丧生。

● 下 图

一位艺术家对库克被害于夏威夷凯阿拉凯库亚海湾的描绘。在最后一次航行的后期阶段，一贯平和的库克变得喜怒无常，终于在当他试图找回被盗船只时爆发了。

SCURVEY

坏血病

几个世纪以来,坏血病是长途航行者最大的威胁。它源于缺乏维生素 C,首先表现为牙龈肿胀和牙齿松动,如患者再得不到有效的治疗就会因此死亡。水手或外科医生通常能找到治疗方法,比如吃新鲜的瓜果蔬菜,但因混淆了许多其他因素,他们的发现一直没有得到重视。库克船长定期补充库存,并坚持让船员们吃多样化的食物,其中一些食物富含维生素 C。库克船长希望这能使船员们远离坏血病的困扰。

JOSEPH BANKS

约瑟夫·班克斯

人们总是把约瑟夫·班克斯与库克船长联系在一起,前者确实也是许多科学探险幕后的灵感之源。约瑟夫·班克斯 23 岁时就入选英国皇家学会,两年后,为了研究植物学,他陪同库克进行了第一次远航,并贡献了大量科学设备。他原计划参加库克的第二次探险,但由于随行人员人数有限,他不得不退出,转而前往冰岛。1778 年,他成为英国皇家学会会长,任职 42 年里为威廉·布莱、康斯坦丁·菲普斯(Constantine Phipps)、乔治·温哥华、马修·弗林德斯、威廉·斯科斯比(William Scoresby)等人率领的探险队提供建议。

● 上图
约瑟夫·班克斯是非洲协会的创建领导者,几十年来一直是英国皇家植物园邱园的幕后推动者,也是建立新南威尔士殖民地的关键人物。

INTO THE AUSTRALIAN INTERIOR

—

挺进澳大利亚内陆

事实证明，在新南威尔士这个刚起步的殖民地定居，要比想象的更困难，也正因为如此，人们花了几十年才开始关注澳大利亚内陆的探索。1813 年，格雷戈里·布拉克斯兰和两位同事成为第一批翻越蓝山的人，他们的报告促使拉克兰·麦夸里州长修建了一条公路，并建立了第一个重要的内陆定居点巴瑟斯特。在接下来的几年里，新南威尔士州的测量员约翰·奥克斯利和植物学家艾伦·坎宁安在北部和西北部旅行时，又发现了麦夸里沼泽和利物浦平原。

Settling in the fledgling colony of New South Wales proved harder than anyone had imagined, and so it was several decades before any attention was given to the exploration of the Australian interior. In 1813, Gregory Blaxland and two colleagues became the first to cross the Blue Mountains, and their reports led Governor Lachlan Macquarie to establish a road and the first significant inland settlement, Bathurst. In the ensuing years, John Oxley, surveyor-general of New South Wales, and botanist Allan Cunningham made journeys north and northwest, discovering the Macquarie Marshes and the Liverpool Plains.

奥尔巴尼
Albany

0   50

0   300

澳北区
NORTHERN
TERRITORY

辛普森沙漠
Simpson
Desert

南回归线
Tropic of Capricorn

巴库河 Barcoo R.

澳大利亚
AUSTRALIA

石漠
Stony
Desert

昆士兰州
QUEENSLAND

达令草地
Darling Downs

艾尔湖
Lake Eyre

珀河

Cooper Creek

麦金泰尔河 Macintyre R.

南澳大利亚州
SOUTH AUSTRALIA

米尔帕林卡
Milparinka

巴罗河
Barcoo R.

麦金太尔河

利物浦平原
Liverpool Plains

盖尔德纳湖
Lake
Gairdner

托伦斯湖
Lake
Torrens

达令河 Darling R.

麦夸里沼泽
Macquarie
Marshes

花草湾
Folwers Bay

施特里基湾
STREAKY BAY

巴瑟斯特
Bathurst

岭

悉尼
Sydney

墨累河 Murray R.

拉克伦河 Lachlan R.

新南威尔士州
NEW SOUTH WALES

大
分
水
岭
Great Dividing Range

阿德莱德
Adelaide

肇累河

马兰比季河 Marrumbidgees R.

亚斯
Yass

亚历山大湖
Lake
Alexandrina

维多利亚州
VICTORIA

科西阿斯科山
Mount
Kosciusko

恩坎特海湾
ENCOUNTER BAY

墨尔本
Melbourne

南冰洋
SOUTHERN
OCEAN

太平洋
PACIFIC
OCEAN

波特兰湾
PORTLAND BAY

菲利普港湾
PORT PHILLIP BAY

塔斯马尼亚州
TASMANIA

奥克斯利, 1818	
休谟和霍维尔, 1824	
坎宁安, 1827	
斯特尔特和休谟, 1828—1829	
斯特尔特, 1829—1830	
米切尔, 1831—1832	
米切尔, 1835	
米切尔, 1836	
艾尔, 1839	
艾尔, 1840	
艾尔, 1841	
斯特尔特, 1844—1845	

其实，第一个重要的内陆探险者是陆军军官查尔斯·斯特尔特（Charles Sturt）。1828年，他被派去考察麦夸里河。其副手汉密尔顿·休谟（Hamilton Hume）早些时候曾率领一支队伍向南部海岸挺进，到达了今天的墨尔本以西。斯图尔特和休谟沿着奥克斯利开辟的路线前进，进入麦夸里沼泽，继续沿着达令河前进，后来因为水太咸不能饮用被迫后撤。

第二年，斯特尔特再次出发。他乘坐一艘长8米的捕鲸船，沿着湍急的马兰比吉河向西航行。一周后，这支队伍进入了宽阔的墨累河，在险些遭到数百名土著居民的袭击后，他们经过了斯特尔特认为的达令河和墨累河的交汇处。在继续行驶了1600公里之后，他们抵达如今阿德莱德附近的海域。尽管返程之旅堪称噩梦，但他们平安抵达悉尼。这次探险，以及殖民理论学家爱德华·吉本·韦克菲尔德（Edward Gibbon Wakefield）的政治影响力，共同促进了南澳大利亚的开拓，韦克菲尔德曾提出新南威尔士土地分配的新方法。

奥克斯利的继任者托马斯·米切尔（Thomas Mitchell）扩展了斯特尔特的探险范围。1831年，托马斯·米切尔曾率领一支探险队北上，但因几名队员惨遭土著杀害，探险活动由此夭折。1835年，米切尔从麦夸里沼泽西南方向出发，沿着达令河前进了475公里，后因与土著爆发小规模冲突而返回墨累河。第二年，他沿着拉克伦河来到马兰比吉河，由此再次进入墨累河，并证实了斯特尔特先前有关达令河流入墨累河的猜测是正确的。接着，米切尔转向东部和南部，继续向波特兰湾附近的海岸进发。为了寻找一条直通悉尼的路线，他穿过了一些土地非常肥沃的地区。米切尔的发现使许多移民紧随其后，这一地区后来形成了维多利亚州。

● 对页上图

新南威尔士地区美丽的蓝山。它们锯齿状的沟壑、高耸的山脊和茂密的灌木丛使早期的定居者无法通过。但 1813 年格雷戈里·布拉克斯兰、威廉·温特沃斯（William Wentworth）和威廉·劳森（William Lawson）的探险，证明了蓝山是可以被征服的。

● 对页中图

澳大利亚最伟大的探险家查尔斯·斯特尔特。斯特尔特先后担任南澳大利亚州的测量师、土地助理专员以及注册官和殖民地财务主管，但他最喜欢的仍是探索未知土地。

● 对页下图

托马斯·米切尔深入新南威尔士州和维多利亚州内部的系列旅程，以及他作为新南威尔士州测量师的持续工作，使他在 1839 年被册封为爵士。

● 上图

插画描绘了 1844 年 8 月阿德莱德市民为斯特尔特的队伍送行的场景，斯特尔特计划前往这片大陆中心。他在墨累河上的穆伦迪就已召集了自己的所有队员。

与此同时，通向南澳大利亚的路线也在不断增多。爱德华·艾尔（Edward Eyre）在这一过程中发挥了关键作用，他从新南威尔士州带来了一批牛和羊。在斯特尔特的刺激下，艾尔开始在阿德莱德西北部探险。1839 年，他发现了一个巨大的盐湖，将其命名为托伦斯湖。第二年，他在更偏北的地方发现了另一个盐湖，但认为这是第一个盐湖的一部分，后人将其命名为艾尔湖。随后，艾尔和朋友约翰·巴克斯特（John Baxter）试图沿海岸到达西澳大利亚州。但在 1841 年 4 月，两个土著杀害了巴克斯特，还偷走了他们剩下的食物。艾尔和一个土著威利（Wylie）继续跋涉将近 1600 公里后，在一艘法国捕鲸船的帮助下，最终到达奥尔巴尼，成为第一批通过陆路到达西澳大利亚州的人。

艾尔归来三年后，斯特尔特带领另一支探险队离开阿德莱德，希望能证实澳大利亚大陆中心地带存在山脉，并找到他认为存在的大内海，以便建立新的牧场。在航行越过墨累河和达令河的上游之后，斯特尔特向大陆中心推进，但很快因为河流干涸而被迫滞留。六个月后，丰盈的雨水填满河道，他们得以继续向西北方向推进 650 公里，最后，他们穿过石质沙漠，经过库珀溪，到达辛普森沙漠边缘。面对这一无法逾越的障碍和坏血病的折磨，斯特尔特只好撤退，于 1846 年 1 月艰难地回到阿德莱德。

探险活动仍在继续，但韦克菲尔德首要关注的是殖民，在澳大利亚遇到的困难使他必须寻找一个新的地方来检验自己的理论，那里就是新西兰。

TRANSPORTATION

流放政策

美国独立战争后，英国丧失了在美洲的殖民地，该国将罪犯送往海外而非监狱的流放政策陷入混乱。库克船长和约瑟夫·班克斯对植物学湾充满夸大的赞美之词的情报，却使英国人想出了另一种解决方式。1788 年 1 月，所谓的"第一舰队"抵达植物学湾，约有一千多名乘客，这里面有四分之三是囚犯。总督亚瑟·菲利普斯（Arthur Phillips）很快就把这里的殖民点迁到了杰克逊港，也就是现在的悉尼。尽管情况比预计的更加艰苦恶劣，但持续到 1868 年最后一批流放人员靠岸，约有 16 万名囚犯被运往澳大利亚。

● 上图
1788 年 1 月，第一舰队的船只卸下了大约 730 名囚犯，此外，还有为新殖民而来的水手、海军士兵、牲畜和物资。

THE NEW ZEALAND COMPANY

纽西兰公司

1837 年，爱德华·吉本·韦克菲尔德是纽西兰公司成立的关键人物，他希望该公司能够对当地进行井然有序、可盈利的监管。虽然他的计划没有得到英国政府的批准，但在 19 世纪 40 年代，该公司派探险家绘制了这些岛屿的地图，并调研了定居的可能性。其中最重要的事件是：查尔斯·希菲（Charles Heaphy）探索了南北岛屿，又与托马斯·布伦纳（Thomas Brunner）一起发现了罗托洛亚湖，并在南岛西海岸进行了开拓之旅。

ACROSS THE
CONTINENT

—

跨越澳洲大陆

---

19 世纪 50 年代中期，澳大利亚东部三分之一的地区都已经考察过，但干燥的中心地带仍是空白。1855 年，英国政府通过英国皇家地理学会赞助奥古斯都·格雷戈里调查这一恶劣之地，同时寻找失踪的路德维希·莱希哈特。格雷戈里曾于 19 世纪 40 年代在珀斯以北进行侦察，帮助扩大了西部农业区。这次，他乘船在北海岸登陆，几次向南推进，希望穿越大陆，但每次他的队伍都因为缺水被迫撤退，最后他们往东转向昆士兰，沿着莱希哈特的主要考察路线前进。两年后，格雷戈里又进行了一次探险，依然没能找到莱希哈特，不过，这次他证明了巴库河和库珀溪之间的联系。

By the mid-1850s, much of the eastern third of Australia had been explored, but the parched centre remained unknown. In 1855, the British government, via the Royal Geographical Society, sponsored Augustus Gregory to investigate this harsh region while also searching for the missing Ludwig Leichhardt. Gregory, whose reconnaissance north of Perth in the 1840s had helped expand western agricultural areas, landed by ship on the north coast and advanced south several times, hoping to cross the continent. Each time his party was forced back by lack of water, and eventually they turned east to Queensland, following a course similar to that of Leichhardt's major expedition. Two years later, Gregory made another unsuccessful search for Leichhardt, concurrently proving that the Barcoo River was linked to Cooper Creek.

科堡半岛
Cobourg Peninsula

达尔文
Darwin

阿纳姆地
Arnhem Land

约克角半岛
Cape York Peninsula

印度洋
INDIAN OCEAN

珊瑚海
Coral Sea

卡奔塔利亚湾
GULF OF CARPENTARIA

金伯利高原
Kimberley Plateau

攻击溪
Attack Creek

奥维克河
Oakover R.

大沙沙漠
Great Sandy Desert

澳北区
NORTHERN TERRITORY

澳大利亚
AUSTRALIA

中央山斯图尔特
Central Mount Stuart

昆士兰州
QUEENSLAND

罗克汉普顿
Rockhampton

南回归线
Tropic of Capricorn

吉布森沙漠
Gibson Desert

蒙丽斯泉
Alice Springs

艾尔斯岩
Ayers Rock

辛普森沙漠
Simpson Desert

巴罗河
Barcoo R.

默奇森河
Murchison R.

杰拉尔顿
Geraldton

韦尔德山
Mount Weld

维多利亚大沙漠
Great Victoria Desert

石漠
Stony Desert

艾尔湖
Lake Eyre

库珀河
Cooper Cr.

布里斯班
Brisbane

珀斯
Perth

西澳大利亚州
WESTERN AUSTRALIA

南澳大利亚州
SOUTH AUSTRALIA

斯塔特沙漠
Sturt Desert

新南威尔士州
NEW SOUTH WALES

奥古斯塔港
Port Augusta

阿德莱德
Adelaide

维多利亚州
VICTORIA

墨尔本
Melbourne

南冰洋
SOUTHERN OCEAN

塔斯马尼亚州
TASMANIA

0   500 kms
0   300 mls

莱希哈特，1844—1845
伯克和威尔斯，1860—1861
A. 格雷戈里，1848
J. 弗雷斯特，1869
A. 格雷戈里，1855—1856
J. 弗雷斯特，1870
A. 格雷戈里，1858
J. 弗雷斯特，1874
斯图尔特，1858
费尔斯，1873
斯图尔特，1860
费尔斯，1875
斯图尔特，1861
费尔斯，1876
斯图尔特，1861—1862

Sand hills

Sand hills

Sand hi

Sand hi

Mt Arthur

Mt Hunter

Mt Robinson

Mt Coonatoran

Water

water

Mt Ind Spring
Mt Hary Q^t
Springs

Brackish water

Large water hole
and springs

Mt King
Freeling Springs

Brackish water
and wells to six children
a few inches below the
surface

Brackish water
used to the head
below the surface

Barrow Springs

Mt Younghusband

Salt Spring

Primrose hole cold Sp.
running Stream

good water below
the Surface

good water to be obtained
a few inches below the
surface

Springs
Springs

Springs

Milne Springs

water slightly brackish
good a few inches below
the surface

Mt Party

Sandy hills

Henry's
Mt Charles
Springs

Berry's Springs

Spring

water

Mothers hill
Springs

water

Mt Stevenson

Mt Margaret

Spring

Chambers spring
White hole

Spring of Hope

C^t Mt Angus

Lagoon

Lagoon

L A K E

SKETCH
OF COUNTRY
EXPLORED BY
Mr J. M. STUART.
1859

Present Tracks
Former Tracks

Lagoon

Strangways Springs

Beresford
hill

Lagoon

失败只会激发更多人的兴趣。在 1860 年，就出现了两次南北向穿越大陆的尝试。1860 年 3 月，参加过斯特尔特最后一次探险的约翰·麦克杜尔·斯图尔特（John McDouall Stuart）从阿德莱德出发，穿过麦克唐奈山脉，到达了一座他命名为"中央斯特尔特山"的地标，但随后又用自己的名字"斯图尔特"重新命名。接着，他又向前行进了 325 公里，在他命名为"攻击溪"的地方遇到了土著居民的攻击。由于补给不足，斯图尔特不得不掉头返回，于 10 月初到达阿德莱德。

当年 8 月，另一支穿越大陆的探险队大张旗鼓地离开墨尔本。在维多利亚州政府、科学协会和富裕人士的支持下，当地警察罗伯特·奥哈拉·伯克（Robert O'Hara Burke）在格雷戈里拒绝领导探险队后，火线接手这一职责。伯克麾下 18 人的队伍装备有马匹、骆驼和 21 吨重的物资，却因他的指挥不力而深受其苦。伯克犯了几个关键性错误：首先，他带着先遣队去了库珀溪，却没有给第二队明确指示要把主要补给品运上来，导致补给一直未能送达。其次，在库珀溪，因为担心斯图亚特抢先赢得比赛，伯克再次将队伍分开，他带着副手威廉·威尔斯（William Wills）等四个人、六头骆驼，以及三个月的补给，计划快速北上。两个月后，他们一行到达卡奔塔利亚湾的腹地，但是巨大的红树林阻止了他们去往海岸的路。于是，他们开始返回，但是糟糕的旅行条件，加上缺乏食物和水，队伍中的一人去世。四个月后，幸存的三个人跌跌撞撞地回到大本营时，发现支援队伍已经等不及了，当天早上刚刚离开。在试图寻找 240 公里以外的一个定居点途中，伯克和威尔斯被活活饿死。两个月后，唯一的幸存者约翰·金（John King）被一个救援小组发现：是土著救了他。

与此同时，斯图尔特在 1861 年初完成了自己的穿越后返回。他顺着先前的路线到达攻击溪，在茂密的灌木丛里只推进了 160 公里，

随后再次撤退。不久，在 10 月份，斯图尔特强行穿过荒地，到达达尔文附近的海岸。斯图亚特不仅穿越大陆，还开辟了中央陆路电报线的通道。

成功实现横穿大陆后，西澳大利亚州的探险活动开始崭露头角。约翰·福雷斯特 (John Forrest) 领导了三次重大的探险。第一次是在 1869 年，从珀斯出发，长途跋涉 3200 公里寻找农用地。第二次是在 1870 年，他首次东西向穿越该地区，与爱德华·艾尔的行走方向正好相反。第三次是在 1874 年，他再次穿越了西澳大利亚州，从杰拉尔顿到中央陆路电报线。几乎同时，欧内斯特·贾尔斯 (Ernest Giles) 也在西部沙漠中穿行。

1873 年，贾尔斯尝试了一次东西向穿越大陆之旅，但他的同伴死于路途，只有他能活着有机会把这个故事讲给人们听，这也让他更加一往无前。1875 年，贾尔斯从南澳大利亚州的奥古斯都港出发，步行 4000 公里，穿越了维多利亚大沙漠，最后到达珀斯。休息了几个月后，他沿着福雷斯特第二次探险路线以北的一条新路线返回。贾尔斯勉强活了下来，宣布自己的征程圆满结束。他说：澳大利亚已经不剩什么值得被发现的东西了。

● 对 页 图
阿尔弗雷德·豪伊特 (Alfred Howitt) 领导搜寻队找到了伯克和威尔斯的尸体，并救出了约翰·金，尽管原住民提供了慷慨的帮助，他仍命悬一线。

● 上 图
后来，约翰·福雷斯特担任西澳大利亚州总理超过十年。1918 年，他获颁"班伯里福里斯特男爵"称号，成为首个获得贵族头衔的澳洲本土人士。

● 下 图
支援队在离开的那个早晨刻于伯克的树栅栏上的图案，以告诉探险者一些储备食物的埋藏之处。但这些有限的食物不足以拯救他们的生命。

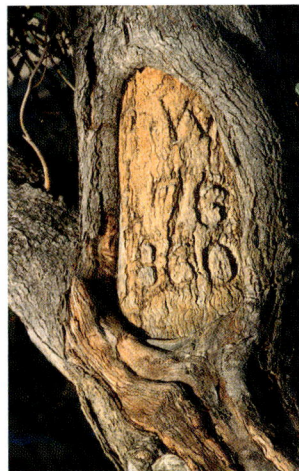

LUDWIG LEICHHARDT

路德维希·莱希哈特

1813 年，路德维希·莱希哈特生于普鲁士，1842 年移民澳大利亚，并很快开始在新南威尔士州进行短期科学考察。1844 年，他从布里斯班向西北进发，旨在为布里斯班与科堡半岛的艾辛顿港之间建立陆路联系。莱希哈特的科学素养毋庸置疑，但他缺乏领导能力和导航水平，有一次，在海上，他算出的位置与实际误差了 32 公里。幸而在 1845 年 12 月，他最终到达艾辛顿港。之后，莱希哈特策划了澳大利亚的首次东西穿越活动，但在 1848 年 4 月出发后，他连同队伍就杳无音信了。

CAMELS IN THE OUTBACK

内陆的骆驼

由于澳大利亚内陆水资源短缺，人和马的处境同样艰难与危险。而骆驼不但可以连续几周不喝水，还能在其他驮畜无法生存的植被环境中生存，所以在澳大利亚探险的探险家开始进口骆驼，最早的是 1846 年的约翰·霍罗克斯 (John Horrocks)。伯克为了他的探险活动，从印度进口骆驼。从此，骆驼开始频繁用于探险活动，例如著名极地探险家杰夫·萨默斯 (Geoff Somers) 1993 年曾带着一对骆驼穿越了西澳大利亚州。

●上图
后来，欧内斯特·贾尔斯用骆驼作为驮兽。如果没有它们，他肯定会在这些艰苦跋涉中丧生。

THE ARCTIC

北极地区

Chapter 6

第六章

LANDS OF EVERLASTING SNOW AND ICE

—

永恒的冰雪之地

不同时期"北极地区"的范围各有不同，直至今日这种差异仍然存在，定义"北极探险"已经变得非常困难。例如，无论是公认的最早北极探险家，公元前 4 世纪的古希腊航海家皮西亚斯，还是16、17 世纪的已经深入今天被认为是亚北极地区的无数西北航道探险队，他们对北极地区的描述皆为不宜人居的土地和被冰雪覆盖的海洋。同样地，随着时间推移，以前被认为是"高纬度北极"的地方实际指向越来越北，因为曾经那些偏远的、不宜居的地方都已被探索并逐渐为人们熟知。

Defining Arctic exploration has been made significantly more difficult by the fact that what exactly is considered to constitute "the Arctic" has varied enormously through the ages – and continues to differ even today. For example, neither Pytheas – the fourth-century BC Greek navigator often mentioned as the earliest Arctic explorer – nor the numerous sixteenth- or seventeenth-century Northwest Passage expeditions ever penetrated beyond what today is regarded as the sub-Arctic, despite their reports of uninhabitable lands and ice-covered seas. Similarly, through time, what was deemed "the high Arctic" actually moved northward as previously remote, hostile areas were explored and became familiar.

挪威海
Norwegian Sea

英国
UNITED KINGDOM

—	威洛比和钱斯勒，1553—1554
····	钱斯勒陆路线
—	威洛比的行船路线
—	伯勒，1556—1557
—	巴伦支的第三次航行，1596—1597
····	巴伦支死后的行进路线
●	巴伦支过冬之地
—	詹姆斯，1631—1632
—	福克斯，1631
—	米德尔顿，1741—1742

斯匹次卑尔根岛
Spitsbergen

熊岛
Bjørnøya

新地岛
Novaya Zemlya

喀拉海
Kara Sea

巴伦支海
Barents Sea

北角
North Cape

拉普兰
LAPLAND

科拉半岛
Kola Peninsula

白海
White Sea

阿尔汉格尔斯克
Arkhangelsk

鄂毕河
Ob' River

Dvina R. 德维纳河

俄罗斯
RUSSIA

莫斯科
Moscow

里帕尔斯湾 REPULSE BAY

福克斯湾
FOXE BASIN

巴芬岛
Baffin Island

瓦格湾 WAGER BAY

南安普敦岛
Southhampton Island

切斯特田因莱特
Chesterfield Inlet

哈得逊海峡
HUDSON STRAIT

大理石岛
Marble Island

哈得逊湾
HUDSON BAY

丘吉尔 Churchill

Nelson R. 纳尔逊河

约克法克特里
York Factory

加拿大
CANADA

魯姆士湾
JAMES BAY

欧洲
EUROPE

皮西亚斯的航行确实探索了希腊世界中不为人知的领域。大约在公元前 325 年，他从马西利亚（今法国马赛）出发，可能环绕过了不列颠岛，并声称曾在北极圈附近见到了"极北之地"（Thule）。关于"极北之地"到底是什么，还存在着很多争论：也许是设得兰群岛、法罗群岛，或者冰岛与挪威。另一次早期的航行是诺斯曼·奥塔尔（Norseman Ottar）在公元 880 年左右进行的，他曾向阿尔弗雷德大帝（Alfred the Great）报告说，从挪威北部向东北航行，发现了大量的海象猎场。这可能是有记录以来首次进入巴伦支海和白海的航行。

七个世纪后，这一地区勾起了一群伦敦商人的兴趣，他们资助了一项通过东北航线到达中国的探险尝试。1553 年，休·威洛比爵士（Sir Hugh Willoughby）率领三艘船抵达巴伦支海，但随后，与其中一艘由理查德·钱斯勒（Richard Chancellor）指挥的船失联。威洛比向东航行至新地岛，但随后因被冰川挡住去路而后撤。困在科拉半岛过冬的 66 人全部死于寒冷和饥饿。与此同时，钱斯勒驾船驶入白海，在向导的指引下前往莫斯科，并与沙皇伊凡四世（Tsar Ivan Ⅳ）达成了贸易协议，最终于 1555 年 2 月成立莫斯科威公司。同年，钱斯勒又去往莫斯科，但在回国途中、驶离苏格兰时遭遇海难丧生。

1556 年，斯蒂芬·伯勒（Stephen Borough）被莫斯科威公司派往白海东部探险。他前往新地岛以南的瓦伊加奇岛，途中被冰块挡住了去路。第二年，安东尼·詹金森（Anthony Jenkinson）进行了一次伟大的旅行，他从位于南部的遥远莫斯科前往布哈拉，促使莫斯科

威公司通过这条更偏南的路线向东进发，但该公司也继续派遣船只驶过白海。1580 年，亚瑟·佩特（Arthur Pet）和查尔斯·杰克曼（Charles Jackman）成为第一批经过新地岛并进入喀拉海的欧洲人。但是，杰克曼的船在返航时失踪。

与此同时，在英国人之后，荷兰人也进入了白海和东北航道。1594—1595 年，威廉姆·巴伦支驾驶的船只抵达新地岛，但由于冰层太厚，无法进入喀拉海，所以在 1596 年，两艘由巴伦支领航的船进入更偏北的航道，发现了熊岛，并首次确认了斯匹次卑尔根岛的存在。但后来这两艘船分开了，巴伦支继续向东行驶，朝北绕过新地岛，然后被冰雪困住，在那里度过了一个悲惨的冬天。由于船只被冻住，船员们乘坐敞舱船前往俄罗斯大陆，幸好被当地渔民所救，但当时其中的五人，包括巴伦支在内，已经死于坏血病和严寒。

荷兰人还雇佣亨利·哈德逊寻找一条东北航道，但他改变了方向，转而在加拿大北部搜寻，终于在 1610 年最后一次航行中发现了哈德逊湾。哈德逊在北美的继任者包括卢克·福克斯（Luke Foxe）和托马斯·詹姆斯（Thomas James）。1631 年，伦敦和布里斯托尔的商人委托他们考察西北航道。两人分别扩展了哈德逊和托马斯·巴顿的发现（见第 62 页），同时也表明哈德逊湾西边没有出口，客观上终止了英国对西北航道的搜寻。直到 1719 年，哈德逊湾公司才派詹姆斯·奈特（James Knight）前往哈德逊湾西海岸，寻找传说中的尼亚海峡。但奈特的探险队有去无回，直到 18 世纪 60 年代，人们才知道他们在两年内先后死于马布尔岛的疾病和饥荒。

ARTHUR DOBBS AND THE NORTHWEST PASSAGE

亚瑟·多布斯和西北航道

亚瑟·多布斯是一位颇具影响力的爱尔兰殖民地经济学专家,他痴迷于寻找西北航道,并坚持认为此航道通往哈德逊湾。在克里斯托弗·米德尔顿 (Christopher Middleton) 政治活动的运作下,海军部于 1741 年派其进行调查。米德尔顿没有找到任何通道,所以遭到多布斯的公开抨击,多布斯断言米德尔顿和哈德逊湾公司隐瞒了真相。1746 年,多布斯组织了一次私人探险,交由威廉·摩尔 (William Moor) 领导,摩尔细致的搜寻结束了多布斯漫长的争论。后来,多布斯成为北卡罗来纳殖民地的总督。

● 上图
加拿大北极高纬度地区连绵海岸的一个缩影,这里的开阔海域在冬季将被冰封。

HORATIO NELSON AND THE BEAR

霍雷肖·尼尔森和熊

1773 年，海军部派遣两艘船在康斯坦丁·菲普斯（Constantine Phipps）的率领下到达北极。这次北部远征创造了到达北纬 80°48' 的最远纪录，但人们更容易记住的是当时年仅 14 岁的海军军校学生霍雷肖·尼尔森所经历的突发事件。一天晚上，当船被困于冰面时，人们突然发现尼尔森正在远处攻击一头熊。当火枪很快哑火后，他就拿枪托追赶这头熊。最终，船长开炮吓跑了熊，但尼尔森回来后抱怨不已——他本想把熊皮当成礼物送给父亲。

● 上图
尼尔森和熊搏斗最著名的作品由理查德·韦斯特尔（Richard Westall）绘制于 1809 年。约翰·兰德尔（John Landseer）把它印进了詹姆斯·克拉克（James Clarke）与约翰·麦克阿瑟（John McArthur）合著的两卷本经典传记《尼尔森上将的一生》（*The Life of Lord Nelson*）。

THE NORTHWEST PASSAGE

—

西北航道

从马丁·弗罗比舍和约翰·戴维斯所在的时代起，寻找西北航道的目标就一直在英国人心中占据着特殊地位。1744 年，议会拿出两万英镑用于奖励完成西北航道首航的勇士。从 1769 年开始，哈德逊湾公司的塞缪尔·赫恩进行了三次陆路旅行，试图穿越加拿大北部，考证传闻中的铜矿床和低纬度西北航道是否存在。赫恩的最后一次长途跋涉沿着科波明河来到北冰洋，因而他成为第一个站在美洲北部海岸的欧洲人。1789 年，亚历山大·麦肯齐从大奴隶湖向北溯河而上，但这条现在名为麦肯齐河的河流，并未如他所愿把他带往太平洋，而是将他带到了北冰洋，这使这个与科波明河口相望的地方成为神秘的北美洲北部海岸第二个被人所知的地点。

From the time of Martin Frobisher and John Davis, the goal of finding a Northwest Passage always held a special place in the British psyche. In 1744, Parliament offered £20,000 to the first person to complete the Passage. Beginning in 1769, Samuel Hearne of the Hudson's Bay Company made three overland journeys through northern Canada to investigate rumoured copper deposits and the existence of a low-latitude Northwest Passage. On his final trek, Hearne followed the Coppermine River to the Arctic Ocean, becoming the first European to stand on the north coast of the Americas. Then, in 1789, Alexander Mackenzie followed a river north from Great Slave Lake. Now named the Mackenzie River, it took him not to the Pacific as he hoped, but to the Arctic Ocean, making it a second known point (with the mouth of the Coppermine) along that otherwise mysterious coast.

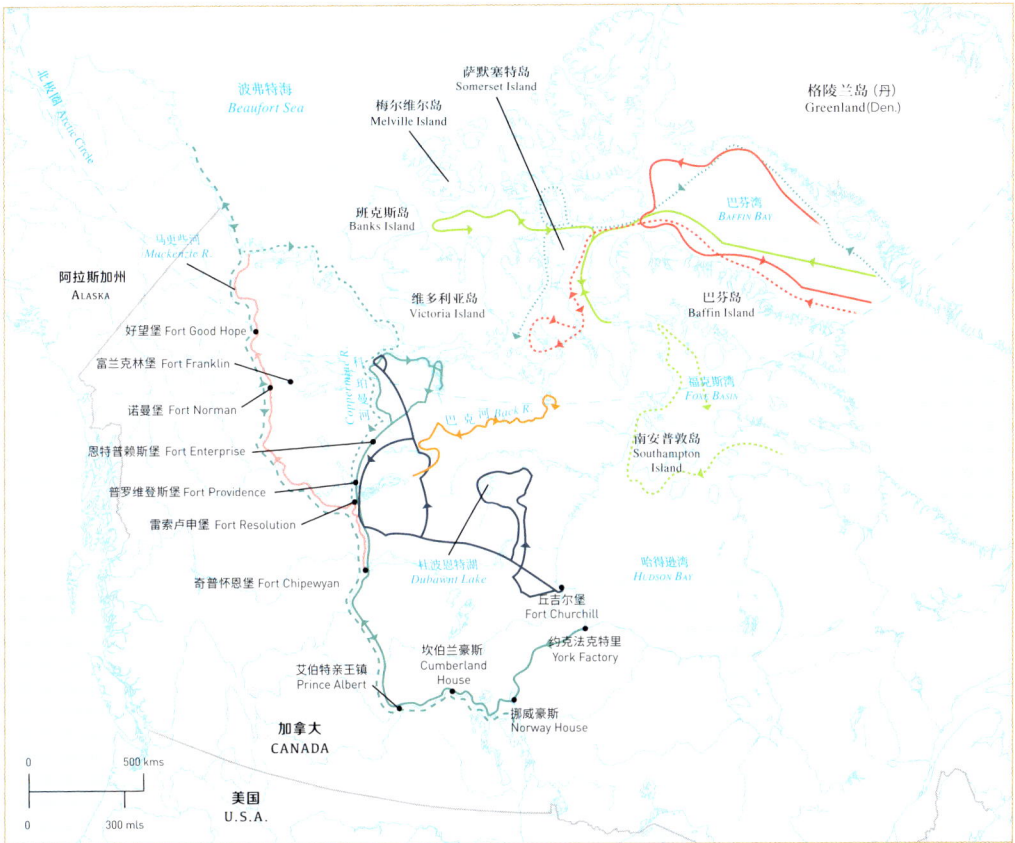

北极圈 Arctic Circle
波弗特海 Beaufort Sea
萨默塞特岛 Somerset Island
梅尔维尔岛 Melville Island
格陵兰岛（丹）Greenland(Den.)
班克斯岛 Banks Island
巴芬湾 Baffin Bay
马更些河 Mackenzie R.
阿拉斯加州 ALASKA
维多利亚岛 Victoria Island
巴芬岛 Baffin Island
好望堡 Fort Good Hope
富兰克林堡 Fort Franklin
诺曼堡 Fort Norman
福克斯湾 Fox Basin
恩特普赖斯堡 Fort Enterprise
巴克河 Back R.
普罗维登斯堡 Fort Providence
南安普敦岛 Southampton Island
雷索卢申堡 Fort Resolution
科珀曼河 Coppermine R.
奇普怀恩堡 Fort Chipewyan
杜蒙恩特湖 Dubawnt Lake
哈得逊湾 Hudson Bay
丘吉尔堡 Fort Churchill
坎伯兰豪斯 Cumberland House
约克法克特里 York Factory
艾伯特亲王镇 Prince Albert
挪威豪斯 Norway House
加拿大 CANADA

0 500 kms
0 300 mls

美国 U.S.A.

北极圈 Arctic Circle
巴罗角 Point Barrow
北冰洋 ARCTIC OCEAN
格陵兰岛（丹）Greenland(Den.)
诺姆 Nome
波弗特海 Beaufort Sea
乌佩纳纳维克 Upernavik
阿拉斯加州 ALASKA
巴芬湾 Baffin Bay
加拿大 CANADA

—— 约翰·罗斯，1818	—— 赫恩，1770—1772	……… 富兰克林，最后一次考察
…… 约翰·罗斯，1829—1833	—— 麦肯齐，1789	----- 阿蒙森，1903—1906
—— 帕里，1819—1820	—— 富兰克林，第一次考察	● 阿蒙森的冬营地
……… 帕里，1821—1823	----- 富兰克林，第二次考察	
—— 回程路线，1833—1834	……… 富兰克林，第二次考察——理查森的路线	

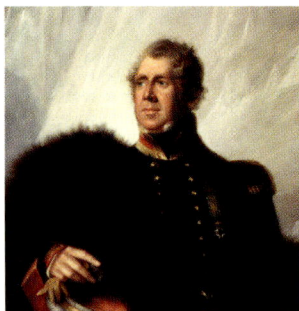

随着拿破仑战争的结束，皇家海军的官兵和船只都失业了。在海军部第二秘书约翰·巴罗（John Barrow）的敦促下，许多人被重新委以重任，参与探险活动，其中包括 1818 年两次北部远征。第一次航行由大卫·巴肯（David Buchan）带领，这是英国皇家海军最后一次尝试驶向北极，还是失败的一次。第二次航行是寻找西北航道，由约翰·罗斯（John Ross）领导。罗斯在北巴芬湾被冰挡住后，进入兰开斯特海峡，但很快便折返，并声称被陆地挡住、无路可走。尽管罗斯的副手威廉·爱德华·帕里（William Edward Parry）并不支持罗斯，但探险队还是返回了英国。

由于罗斯遭受了严厉的批评，第二年，被派去重新考察兰开斯特海峡的人换成了帕里。他径直穿过所谓的山脉，沿着巴罗海峡继续航行，发现了许多岛屿。帕里的队伍在梅尔维尔岛被冰块拦停后，他们成为第一批有意在北极高地过冬的人。最终，他们改为徒步探索，并一直走到了来年春天雪化后可以通航的地方。帕里最终找到西北通道的入口，回到英国。随后，帕里又进行了两次尝试，其中一次在 1821—1823 年，他对福克斯湾的海岸线进行了考察，其间又发现了西北航线的另一个入口，但事实证明，船只无法在此通行。

与帕里首次航行同一时期，约翰·富兰克林（John Franklin）前往美洲北部海岸探险，他曾参加过巴肯的探险队并指挥第二艘船。同行的还有约翰·理查森博士（Dr. John Richardson）、两名海军军校学生和一群加拿大船夫。这些船夫是法裔加拿大人或者是拥有一

半印第安血统的猎人、商人，他们被雇为向导，并帮助运输补给。探险队沿着加拿大的河流水系缓慢前进，到达北极海岸，同时开展详细的调查和标本采集。在回程中，食物吃光后，许多人被饿死，幸存者靠吃地衣、皮革衣服和靴子活命。海军军校学生罗伯特·胡德（Robert Hood）被一名加拿大船夫谋杀，随后这名船夫被处决。1822 年，富兰克林终于挣扎着回到了故乡，成为一位备受欢迎的英雄。

三年后，富兰克林又回到此地继续扩大战果。他和理查森北上进入麦肯齐河，之后兵分两路，测绘了大约一半的北美北极海岸。罗斯也于 1829 年回国，指挥一艘明轮船进行了一次私人探险。沿着摄政王子湾航行时，这艘船被困在冰中，随后两年动弹不得。在此期间，作为副指挥官，约翰·罗斯的侄子詹姆斯·克拉克·罗斯（James Clark Ross）进行了大规模的雪橇之旅，于 1831 年成为首个到达地磁北极的人。放弃了冰封的船后，他们在萨默塞特岛过冬，然后乘船进入兰开斯特海峡，直到 1833 年才被捕鲸船救起。

与此同时，曾在富兰克林的两次探险中服役的乔治·巴克（George Back）沿着大鱼河顺流而下，探索了部分海岸，但没能找到罗斯。十年后的 1845 年，59 岁的富兰克林率领 129 人乘坐两艘船——幽冥号和惊恐号——踏上了史上最豪华的西北航道探险之旅。随后的几年里，因为没有任何消息传回，人们开始焦躁不安，意识到整个探险队已经消失。

● 上图

这幅著名的油画展现了 1818 年 8 月约翰·罗斯和威廉·爱德华·帕里首次与原住民相遇的情形，罗斯称其为"北极高地人"。这个词没有流传开来，而且很快就被改为"极地爱斯基摩人"。

NORDENSKIÖLD AND THE NORTHEAST PASSAGE

诺登舍尔德和东北通道

过去，阿道夫·埃里克·诺登舍尔德（Adolf Erik Nordenskiöld）曾在北极地区领导过六次瑞典的科学和商业考察。在国王奥斯卡二世（Oscar II）和商人奥斯卡·迪克森（Oscar Dickson）、亚历山大·西比里亚科夫（Aleksandr Sibiryakov）的赞助下，他实现了东北航道的首航。1878 年 6 月，诺登舍尔德从维加岛出发，快速通过西伯利亚地区沿岸和亚洲的最北端——切柳斯金角，然后被海冰困在白令海峡以西 200 公里处。他进入冬季停船坞，蛰伏到 1879 年年中。接着，他向南穿过白令海峡，轻松地完成了航行，达成了数百年来人类的目标。

THE NAVIGATION OF THE NORTHWEST PASSAGE

西北航道的航行

在英国人多次尝试之后，挪威人罗尔德·阿蒙森（Roald Amundsen）最终通过了西北航道。生于1872年的阿蒙森从小就梦想着在其偶像——英雄约翰·富兰克林折戟处赢取胜利。他不仅获得了船长执照，而且是一名专业滑雪者，曾在第一艘于南极越冬的船只"贝尔吉卡"号上担任大副。1903年，他驾驶47吨重的单桅帆船约阿号，带领六个人进入兰开斯特海峡。他们在途中度过了三个冬天，并于1906年完成了首航，实现了几个世纪以来人们的夙愿。

● 对页图和上图
罗尔德·阿蒙森和一些因纽特人为了征服西北航道，熬过了三个冬天。

THE FRANKLIN SEARCHES

—

搜救富兰克林行动

到了 1847 年年中，海军部还没有收到约翰·富兰克林探险队的消息，于是就派富兰克林的老搭档约翰·理查森在麦肯齐河和科波明河之间的海岸探寻。第二年，又一艘搜救船被派出，领导者是詹姆斯·克拉克·罗斯。巧合的是，正是当时罗斯拒绝了寻找西北航道的命令，富兰克林才得以介入并主持了那次探险。所有人都没能找到富兰克林随行人员或船只的蛛丝马迹。搜救富兰克林探险队，很快就成为英国公众和海军部的强烈愿望。在接下来的十几年里，有超过 30 次探险活动围绕这一主题展开，在这个过程里，许多加拿大群岛周围的地理之谜也得以解开。

By mid-1847, the Admiralty had received no word from John Franklin's expedition, so it sent his old colleague John Richardson to explore the coasts between the Mackenzie and Coppermine rivers. The next year, it despatched a ship-based search under James Clark Ross, who, coincidentally, had turned down command of the Northwest Passage expedition, allowing Franklin to step in. Neither found any trace of Franklin's men or ships. Finding Franklin's expedition soon became a consuming passion for the British public and Admiralty alike, and over the next dozen years, more than 30 missions sought traces of it, in the process solving many of the geographical mysteries surrounding the Canadian archipelago.

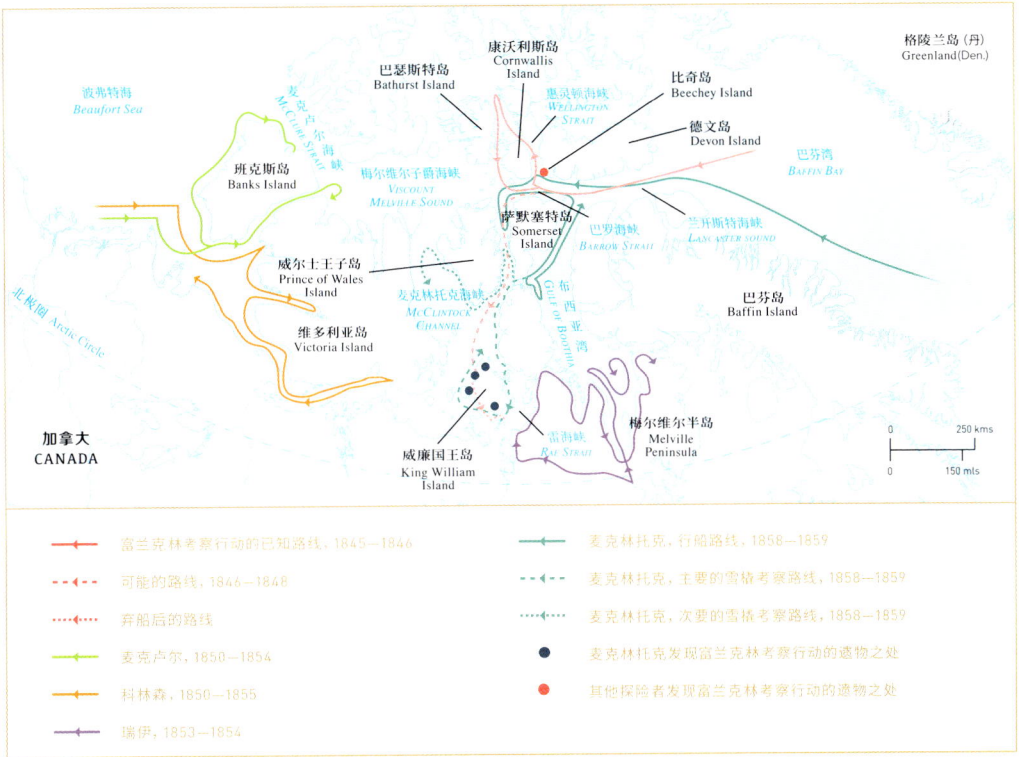

格陵兰岛（丹）
Greenland(Den.)

波弗特海
Beaufort Sea

麦克卢尔海峡
McClure Strait

巴瑟斯特岛
Bathurst Island

康沃利斯岛
Cornwallis Island

惠灵顿海峡
Wellington Strait

比奇岛
Beechey Island

德文岛
Devon Island

巴芬湾
Baffin Bay

班克斯岛
Banks Island

梅尔维尔子爵海峡
Viscount Melville Sound

萨默塞特岛
Somerset Island

巴罗海峡
Barrow Strait

兰开斯特海峡
Lancaster Sound

威尔士王子岛
Prince of Wales Island

麦克林托克海峡
McClintock Channel

布西亚湾
Gulf of Boothia

巴芬岛
Baffin Island

北极圈 Arctic Circle

维多利亚岛
Victoria Island

雷海峡
Rae Strait

梅尔维尔半岛
Melville Peninsula

威廉国王岛
King William Island

加拿大
CANADA

| 0 | | 250 kms |
| 0 | | 150 mls |

富兰克林考察行动的已知路线，1845—1846

可能的路线，1846—1848

弃船后的路线

麦克卢尔，1850—1854

科林森，1850—1855

瑞伊，1853—1854

麦克林托克，行船路线，1858—1859

麦克林托克，主要的雪橇考察路线，1858—1859

麦克林托克，次要的雪橇考察路线，1858—1859

麦克林托克发现富兰克林考察行动的遗物之处

其他探险者发现富兰克林考察行动的遗物之处

Sherard Osborn Pt.

Osborn's farthest
23rd May 1851

Lt. Allen Young

SOMERSET

C. Garry

Hepburn Hd.

Kennedy Bay

PASSED THROUGH BY THE
YACHT FOX 6th SEPT &
REMAINED TILL 27th SEPT.
RUNS 6 TO 7 KNOTS IN
THE SPRINGS

C. Bird

Port Kennedy

C. Hodgkin

BELLOT STRAIT

BRENTFORD BAY
Grimble I.
Murray B.

Browns I.

CAPT. M'CLINTOCK
ARRIVED 20th OCT.
DEPARTED 5th JUNE

Fisher I.

Acland
Bay

YOUNG

1st JOURNEY
DEPARTED 17th FEB. 1859
RETURNED 13th MARCH.
2nd JOURNEY
DEPARTED 2nd APRIL 1859
M'CLINTOCK 19th JUNE
HOBSON 14th
YOUNG 7th

RETURN

C. Scoresby

Babbage Bay

C. Airy

Port Logan

Moltke B.

M'CLINTOCK CHANNEL

Cape Swinburne

SUPPOSED ROUTE OF THE EREBUS & TERROR

EXPLORED BY M'CLINTOCK & HOBSON

BOOTHIA

FELIX

J. Owen

C. Nikolai

C. Collinson

Gateshead I.
Collinson's farthest 1852

Pelly Pt.
Rae's farthest 1851

Halkett I.

EREBUS & TERROR
BESET IN THE ICE 12th SEPT. 1846

EREBUS & TERROR
ABANDONED 22nd APRIL 1848

ROSS CAIRN REACHED
BY HOBSON 6th MAY
M'CLINTOCK 3rd JUNE

CAPT. CROZIER LANDED HERE
IN COMMAND OF 105 MEN THE
REMAINING OF THE CREW OF
THE EREBUS & TERROR AFTER
ABANDONING THE VESSELS ON
22nd APRIL 1848.
STARTED FOR GREAT FISH RIVER
26th APRIL 1848.

C. Alfred

Lieut. Bel. Ross' farthest 1831

C. Adelaide Regina
Magnetic Pole

Kent B.

C. Victoria

C. Gloucester

Oscar P.

C. Maria le Gloria

M'CLINTOCK & HOBSON PARTED
HERE ON FINAL SEARCH 28th APRIL

28th FEB. 1859 CAPT. M'CLINTOCK
FOUND NATIVES & RELICS

L. Hansteen

L. Jekyll

Krusenstern
Lakes

BOOTHIA ISTHMUS

SIR JOHN ROSS WINTERED 1829, 30, 31, 32

WILLIAM

C. Sidney

Beaufort on
Clarence

C. Sophia

Strt.

C. Sussex

R. Garry

Admiralty

C. Adelaide

Taylor I.

Drift Wood Pt.

Erebus B.

CAIRN WITH BROKEN
PICKAXE & CANISTER
FOUND

Murial Lodge

Victory Pt.

Walls B.

C. F. Crozier CAIRN WITH BLANKET

Port Parry

Franklin
CAIRN WITH RECORD DEPOSITED
BY LT. GORE & M. DES VOEUX. MAY 1847.

Albert Edward Bay

Back B.

KING WILLIAMS

BOAT FOUND 28 ft. LONG 7 ft. 3 in. WIDE, 2 ft. 4 in. DEEP
CONTAINING 2 HUMAN SKELETONS, CLOTHING, 2 GUNS
5 WATCHES, SPOONS, FORKS, &c.

C. George

Matty
I.

C. Edgeworth

Spence B.

Catherine I.

C. Porter
Ross 1830

Willersted I.

Balfour B. Rae 1854

VICTORIA STRAIT

C. Crozier

SUPPOSED POSITION
OF WRECK

Terror B.

SITE OF WRECK OR NATIVES

Dehaven Pt.

ISLAND

C. Smith
Ross 1830

C. Norton

1st MAY, SNOW VILLAGE
WITH NATIVES & RELICS

Hazell I.

FOUND 24th MAY A BLEACHED HUMAN
SKELETON WITH POCKET BOOK AND
LETTERS, FRAGMENTS OF CLOTHING &c.

De la Guiche

C. Colville

C. Ackland Pt.

Big I.

Jenny Lind I.

GREAT

Low Limestone Terrace

Monument of C. Hay
near June 24th 1839

Dease and Simpson's

Macquillvry B.

Gladman Pt.

C. Selkirk

Gernon B.

Keith Pt.

Bowes Pt.

Blackwood

Chester B.

Ogden B.

Sarani Pt.

Johnson Pt.

Macloughlin B.

Stewart Pt.

O'Reilly I.

Wilmot B.

Seaforth Pt.

Reid I.

Thunder
Cove

Tullock Pt.

Boughton I.

Pt. Richardson

Maconochie I.

C. Pfeffer
Pt. de la Ross

Todd I.

Pt. Booth Back 1834
SNOW HUT WITH
NATIVES & RELICS

Pt. Sir Cha. Ogle
TRACES FOUND 1855
BY MR ANDERSON

Parker & Felix B.
Dease & Simpson 1839
OBTAINED SOME RELICS FROM ESQUIMAUX

ADELAIDE

PENINSULA

Barrow
Inlet

Elliot Bay

Ripon Pt.

Pt. Pechell

Britannia

Mount ——
TRACES FOUND
1855

Hay

Beaufort

Victoria
Headland

Cookburn B.

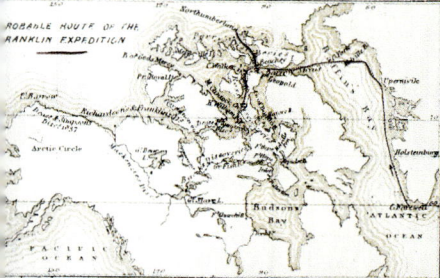

SKETCH
of the
RECENT DISCOVERIES
on the
NORTHERN COAST of AMERICA
BY
CAPTAIN M'CLINTOCK R.N.
in Search of
SIR JOHN FRANKLIN.

London. Published by Jas. Wyld, Geographer to the Queen.

Charing Cross East.

Lake
Franklin

Whirlpool
Rapid

Montresor

Rapid

GREAT FISH RIVER

RIVER TRACES FOUND HERE BY MR ANDERSON 1855

Pt. Gage

Backhouse Pt.

Rapids

Rapids

L. Macdougal

PROBABLE ROUTE OF THE
FRANKLIN EXPEDITION

Northumberland

C. Barrow

Richardson R.

Dease & Simpson

Arctic Circle

Hudsons
Bay

Upernavik

PACIFIC
OCEAN

ATLANTIC
OCEAN

Holsteinborg

SECOND EDITION

各探险队从兰开斯特海峡向西、从白令海峡向东、从加拿大大陆向北搜索，并在有可能是西北航道的水道以北积极搜索。他们由英国皇家海军派出，由富兰克林夫人或发行的公债赞助，以捕鲸收获作为额外收入，还由哈德逊湾公司提供补贴，甚至美国商人亨利·格林奈尔（Henry Grinnell）也提供了资助。

1850—1851年，兰开斯特海峡的搜救活动十分频繁。霍雷肖·奥斯汀（Horatio Austin）指挥着一支由四艘船组成的中队，在比奇岛发现了富兰克林1845—1846年的越冬点，并通过多次雪橇考察探索到新的地区，从此确立了英国皇家海军在冰原探险采用人力雪橇的传统。在比奇岛加入奥斯汀队伍的，还有约翰·罗斯率领的探险队，捕鲸者威廉·潘尼（William Penny）和格林奈尔考察队的美国指挥官埃德温·杰西·德·黑文（Edwin Jesse De Haven），但新队伍再无斩获。1852年，四艘曾由奥斯汀指挥的船只在爱德华·贝尔彻（Edward Belcher）的指挥下再次启程，和以前一样，他们也进行了大量的雪橇考察。这群人中，弗朗西斯·利奥波德·麦克林托克（Francis Leopold McClintock）尤为擅长驾驶雪橇。

同时，为寻找富兰克林，1850年，海军部派出两艘船穿越白令海峡。在英国皇家海军企业号上，理查德·科林森（Richard Collinson）抵达了富兰克林所到最远处的西侧附近，在遭遇冰封、熬过三次越冬后，他撤回英国。英国皇家海军侦查号上的罗伯特·麦

克卢尔（Robert McClure）也在北极西部度过了三个严冬。1853年，在队伍遭遇严重坏血病的情况下，他试图沿着冰面向东步行找寻安全地点。麦克卢尔的队伍没走多远，就与贝尔彻的探险队相遇。最终，在被贝尔彻下令放弃四艘船后，麦克卢尔乘坐着补给船回到英国。虽然有部分路线是麦克卢尔和他的船员们靠徒步完成的，但他们还是实现了人类首次在西北航道的航行。

贝尔彻和麦克卢尔并不是富兰克林搜救行动中唯一的弃船而去的搜救队。1853 年,德·黑文医院的外科医生以利沙·肯特·凯恩(Elisha Kent Kane)领导了格林奈尔号的第二次探险活动。虽然他对富兰克林知之甚少,但在弃船前,凯恩还是发现了位于史密斯湾以北的凯恩盆地,这后来成为一条通往北极的关键路线。更为成功的是哈德逊湾公司的约翰·瑞伊(John Rae),他在 1854 年从因纽特人那里获得了遗物,并声称在威廉国王岛上发现了许多死于饥饿和坏血病的白人尸体。海军部和英国公众极不情愿地接受瑞伊的证据,有很多人甚至对此感到愤怒,因为瑞伊的证据表明富兰克林的队伍存在人吃人的现象。

富兰克林夫人自然无法接受瑞伊的结论,于是在 1857 年赞助了一支由麦克林托克领导的探险队。在威廉国王岛上,麦克林托克获得了大量富兰克林探险队的遗物,而威廉·霍布森(William Hobson)发现的一份记录显示,富兰克林于 1847 年去世,船只被冰封一年多后在 1848 年遭弃,船员们曾试图走到安全区域。当麦克林托克回到英格兰后,富兰克林的谜底终于揭开,但仍有探险队在继续搜寻遗物和尸体,并发现最后的幸存者已经到达阿德莱德半岛。事实上,富兰克林的胜利不是找到西北航道,而是对他的搜救行动促进了对一些新地区的探索,否则对它们的探索可能还要等上几十年。

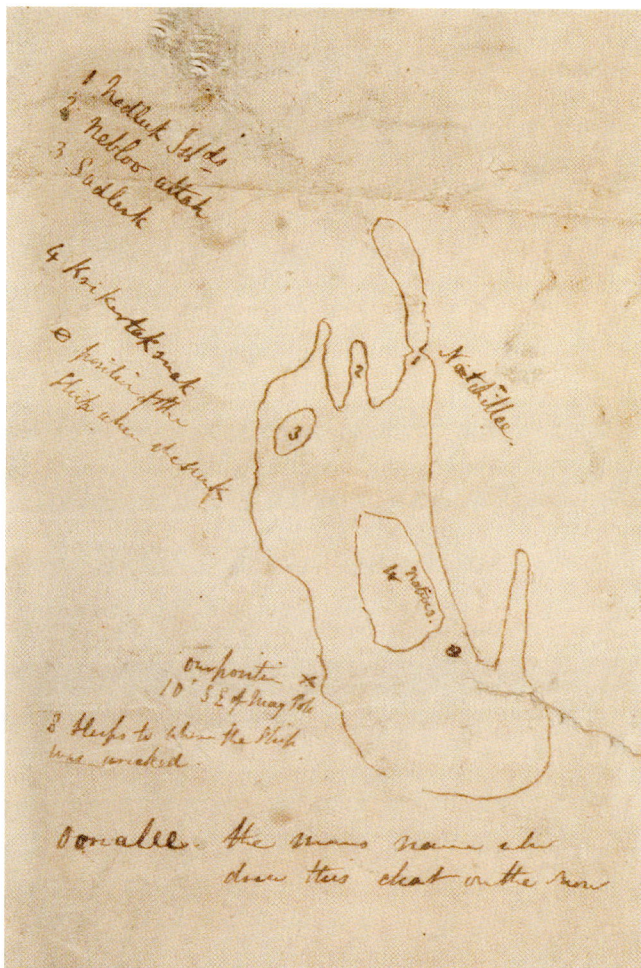

LADY FRANKLIN

富兰克林夫人

简·富兰克林（Jane Franklin，1792—1875），于 1828 年与约翰·富兰克林结婚。简是一名精力充沛、活力四射的女性，在约翰·富兰克林担任凡迪门斯岛的副总督时，她的"枕边风"影响了丈夫施行的进步政策。富兰克林最后一次探险失踪后，她不放弃向海军部施压，要求他们持续进行搜救，她自己通过发行公债资助了几次搜救活动，其中包括麦克林托克的探险。1857 年，她成为首位获得英国皇家地理学会金质奖章的女性，以表彰她在加拿大群岛探险中所起的作用。

● 上图

富兰克林夫人的半身塑像在英国皇家地理学会落成。她坚持不懈地打听丈夫探险的消息、下落和远征，终于在弗朗西斯·利奥波德·麦克林托克和威廉·霍布森的帮助下了却心愿。

FRIDTJOF NANSEN

—

弗里乔夫·南森

1884 年，人们在格陵兰岛西南部发现了珍妮特号的遗物（见第 252 页），该船曾在新西伯利亚群岛附近遇难。这一发现对大多数人来说不足为奇，但对挪威探险家和科学家弗里乔夫·南森而言，表明在北极盆地中存在一股跨极洋流。为了证明自己的理论，南森提议专门建造一艘船，故意让它被封冻在浮冰里，洋流会带着它穿越北冰洋。当时的科学界十分怀疑这个推论，都认为南森既鲁莽又愚蠢，其实，他才是极地探险史上最具智慧和最具创造力的人。

In 1884, relics from Jeannette (see p. 64), which had been crushed near the New Siberian Islands, were found on southwest Greenland. This find was insignificant to most people, but to Norwegian explorer and scientist Fridtjof Nansen it indicated the existence of a trans-polar current in the Arctic Basin. To prove his theory, Nansen proposed that a specially built ship be deliberately beset in the ice so the current could carry it clear across the Arctic Ocean. The scientific community was highly sceptical and proclaimed Nansen reckless and foolhardy. But he was neither: he was the greatest intellect and most creative mind in the history of polar exploration.

美国
U.S.A. 阿拉斯加州
ALASKA

加拿大
CANADA

东西伯利亚海
East Siberian Sea

北极圈 Arctic Circle

波弗特海
Beaufort Sea

北冰洋
ARCTIC OCEAN

拉普捷夫海
Laptev Sea

北极点
North Pole

北地群岛
Severnaya Zemlya

俄罗斯
RUSSIA

喀拉海
Kara Sea

法兰士约瑟夫地群岛
Franz Josef Land

新地岛
Novaya
Zemlya

格陵兰岛（丹）
Greenland(Den.)

斯瓦尔巴特群岛
Svalbard

巴伦支海
Barents Sea

格陵兰海
Greenland Sea

挪威
NORWAY

芬兰
FINLAND

0   500 kms

0   300 mls

冰岛
ICELAND

挪威海
Norwegian Sea

瑞典
SWEDEN

南森，1888

弗拉姆号，1893—1896

告别弗拉姆号后南森的路线，1895—1896

生于 1861 年的南森于 1882 年首访北极，以扩展他的动物学知识。此后，他研究了与北极旅行相关的许多领域，同时撰写了一篇开创性的博士论文。1888—1889 年，他带领了一支探险队，首次穿越格陵兰冰盖，在北极国际舞台上大放异彩。

许多探险者曾试图穿越格陵兰岛，但未能成功，而南森的开创性计划与众不同。他的队伍并未从有人居住的西海岸出发，而是从人烟稀少的东海岸出发。因为所需的救援物资都在西海岸，所以这意味着这段探险只需要穿过一次冰盖，但是没有回头路可走。这六个人起初行进缓慢，可一旦攀上了结冰的高原，他们几乎全速前行，冲到了西海岸。在那里，南森和奥托·斯维德鲁普（Otto Sverdrup）建造并驾驶一艘小船到达格陵兰首府努克。在考察过程中，南森不仅证明了冰盖完全覆盖格陵兰岛，还展示了滑雪板在极地探险中的价值：它们可以在各种雪况下发挥作用。此外，南森设计了轻便灵活的南森雪橇和创新款的南森炊具，这两种用具在随后几十年里都是极地探险者的标准配置。

之后，南森继续他的大胆计划。1893 年 9 月，他目送自己的新船弗拉姆号被冻进冰里。在接下来的一年里，他在船上进行的测量证实了洋流的存在，也确认了北极盆地是一片深海。但很明显，洋流虽然会把他带到格陵兰岛，但将绕过北极。所以南森准备了新的计划：首先，他准备告别弗拉姆号，尽管此时他们位于北冰洋一个未知的区域，并且知道他可能没有机会再找到它；接着，他将驾

● 对页图
1895 年 3 月离开弗拉姆号前，南森（左二）与哈贾马尔·约翰森（右）等人的合影。奥托·斯维德鲁普和其他四人在第一天的部分时间护送着远行的探险者，因为后者在离开途中遇到了麻烦。

● 上图
南森在进行温度读数。一旦弗拉姆号被冻住无法航行，就在它周边建立一些小型科学站，以开展气象、生物、海洋学和极冰研究。

驶雪橇前往北极，然后在冰情未知的情况下返回法兰士约瑟夫地群岛或者斯瓦尔巴特群岛。这两个地方荒无人烟，而且要经过好几个星期的行程才能到达，而他只带了 1 位同伴、28 只狗和 2 艘皮艇。

1895 年 3 月中旬，在北纬 84°4' 时，南森和哈贾马尔·约翰森（Hjalmar Johansen）离开了由斯维德鲁普指挥的船，一起向北行进。他们到达了前人未曾涉足的北纬 86°13'，此地距离北极点只有275 公里，接着他们又撤退了 800 公里，到达法兰士约瑟夫地群岛，在那里，他们建造了一个小型临时营地，靠吃海象和北极熊度过冬天。到次年春天，他们开始向西南方向前进，并神奇地遇到了英国探险家弗雷德里克·乔治·杰克逊（Frederick George Jackson），后者已经在法兰士约瑟夫地群岛探索近两年了。同时，弗拉姆号继续随冰漂移，最北到达北纬 85°55'，并最终在 1896 年 8 月 20 日抵达特罗姆瑟，就在第二天，杰克逊的船载着南森和约翰森也抵达这里。

不可思议的回归使南森成了国际媒体的宠儿，他太适合这个角色了：高大挺拔、上镜、聪明，还很优雅。虽然他没有领导另一次重大探险，但他成为所有人在极地问题上的伟大导师。此外，他被任命为克里斯蒂安尼亚（该城市于 1925 年更名为奥斯陆）大学的海洋学教授，挪威获得独立后，还担任了圣詹姆斯法院的部长，并因其在第一次世界大战解决遣返战俘问题而获得诺贝尔和平奖。最后，南森于 1930 年去世。

● 左图
南森和一只雪橇犬一起工作。狗在拉着雪橇滑行的同时，也拉着站在滑雪板上的人一同前进，南森是这种方法的早期倡导者，而奥托·斯维德鲁普则做了进一步研究。

OTTO SVERDRUP

奥托·斯维德鲁普

虽然鲜被提及，但奥托·斯维德鲁普（1854—1930）不愧为最有成就的极地探险家之一。他是南森穿越格陵兰岛时最亲密的伙伴，后来成为在极地漂流的弗拉姆号的船长。1898—1902年，斯维德鲁普领导了第二次弗拉姆号探险，他发现了加拿大群岛的主要岛屿，并仔细探索和绘制了约26万平方公里区域的地图，这是北极探险有史以来被观测和绘制到的最大面积。同时，他还完善了在滑雪时驾驶雪橇的技巧。再之后，他又领导了几次小规模的北极探险。

● 上图
奥托·斯维德鲁普普坐在弗拉姆号船舱里。1898—1902年，他在为期四年的探险期间探索了加拿大北极地区的全新区域，包括阿克塞尔·海伯格岛、阿蒙德·灵内斯岛、埃勒夫·灵内斯岛等。

FRAM

弗拉姆号

由著名设计师科林·阿彻 (Colin Archer) 设计的弗拉姆号
又小又圆，侧面倾斜，可以使船身在冰冻时得以避免挤压，
结冰时，这种设计使弗拉姆号不会被压碎，而是被冰块抬
起，从而离开水面。弗拉姆号是第三艘配备船用柴油发动
机的船只，同时配有可由引擎、或风力、或手动驱动的电动
发电机。在南森漂流之后，弗拉姆号成为斯维德鲁普的探
险船，后来又被称为阿蒙森的南极考察船 (1910—1912)。

● 上图
1894 年 7 月，冰面上弗拉姆号的照片，在甲板上用来驱动电动发电机的风车
清晰可见。此时，南森已经考虑下船前往北极。

● 对页下图
弗里乔夫·南森致英国皇家地理学会秘书约翰·斯科特·凯尔蒂 (John Scott
Keltie) 的一封信，邀请他参加弗拉姆号的启航仪式并寻求其他建议。

PRELIMINARY MAP OF THE
ROUTE OF THE "FRAM"
ALONG THE NORTHERN COAST
OF THE OLD WORLD

**After the 'Vega' Expedition Map and most recent
Russian Sources together with Observations taken
during the Voyage of the 'Fram.'**

Nautical Miles

Note.

The numbers along the Route of the 'Fram' refer to the Dates and
Hours, e.g. 17/8 means 17th August 1893; 10/9 is 10th September
1893; m.d. is Noon; m.n. is Midnight.

The Darker Blue indicates the Open Water and the Limit of
Drift Ice.

WESTERN TAIMYR PENINSULA

EASTERN TAIMYR PENINSULA

King Oscar's Peninsula

S I B E R I A

Lysaker 7 August 1892.

Dear Keltie

Just returned from a journey I find your kind letter. As you will likely know now, I am not coming to the British Association and have never thought of it I regret to say I have got no time, here is too much to do.

Do you not think of coming over to Norway this summer, _do come_ it would be so nice to see you here, and to show you the ship &c. Can you not be present when she is launched? if so I shall later inform you when that will be, as I do not yet know it.

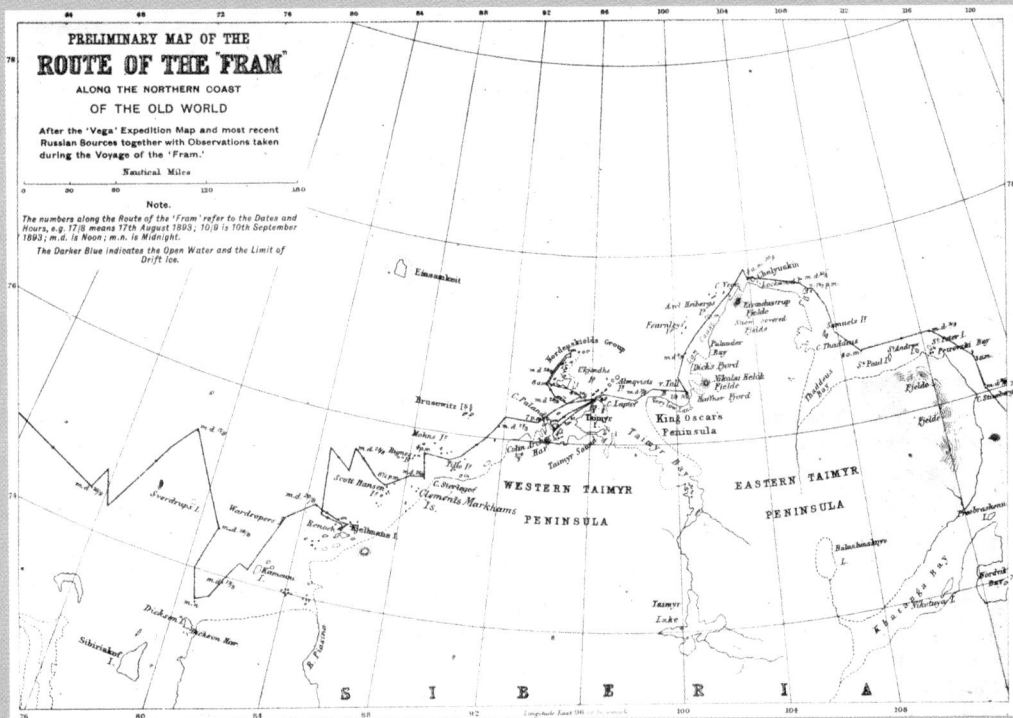

A few weeks ago we had a most pleasant visit of Mr. Clement Markham, he said that he thought you intended to come over, I hope it was true.

It would do you good to come away from your "smoky country" for a little time.

I am very likely writing to the War office asking them to assist me with the balloon equipment how do you think I ought to do this, should I write through the Royal Geogr. Society, and get a recommendation from it, or perhaps I must let it go through our embassy in London, or let our government write to the English Government, I should be happy to hear your opinion in the matter. You will understand this is

THE NORTH POLE

北极点

在英国皇家海军对西北航道的密集搜寻和随后搜救富兰克林的行动中，都没有特别强调到达北极点的重要性，但威廉·爱德华·帕里于 1827 年进行了一次尝试。他用装有雪橇的小船在冰面和水面上前行。帕里从斯瓦尔巴特群岛向北挣扎了一个月，才意识到冰山带着他的队伍向南漂移的速度几乎和他们向北移动的速度一样快。他在创下了到达北纬 82°45' 的纪录后放弃了这次努力。

Throughout the Royal Navy's intense hunt for the Northwest Passage, and the subsequent Franklin searches, there was no great emphasis on reaching the North Pole, although William Edward Parry did make one attempt in 1827, using boats fitted with sledge runners for travel over both ice and water. Parry struggled north from Svalbard for a month before realizing the drift of the ice was taking his party south almost as quickly as they were going north. He abandoned the effort after reaching a record north of 82° 45' N.

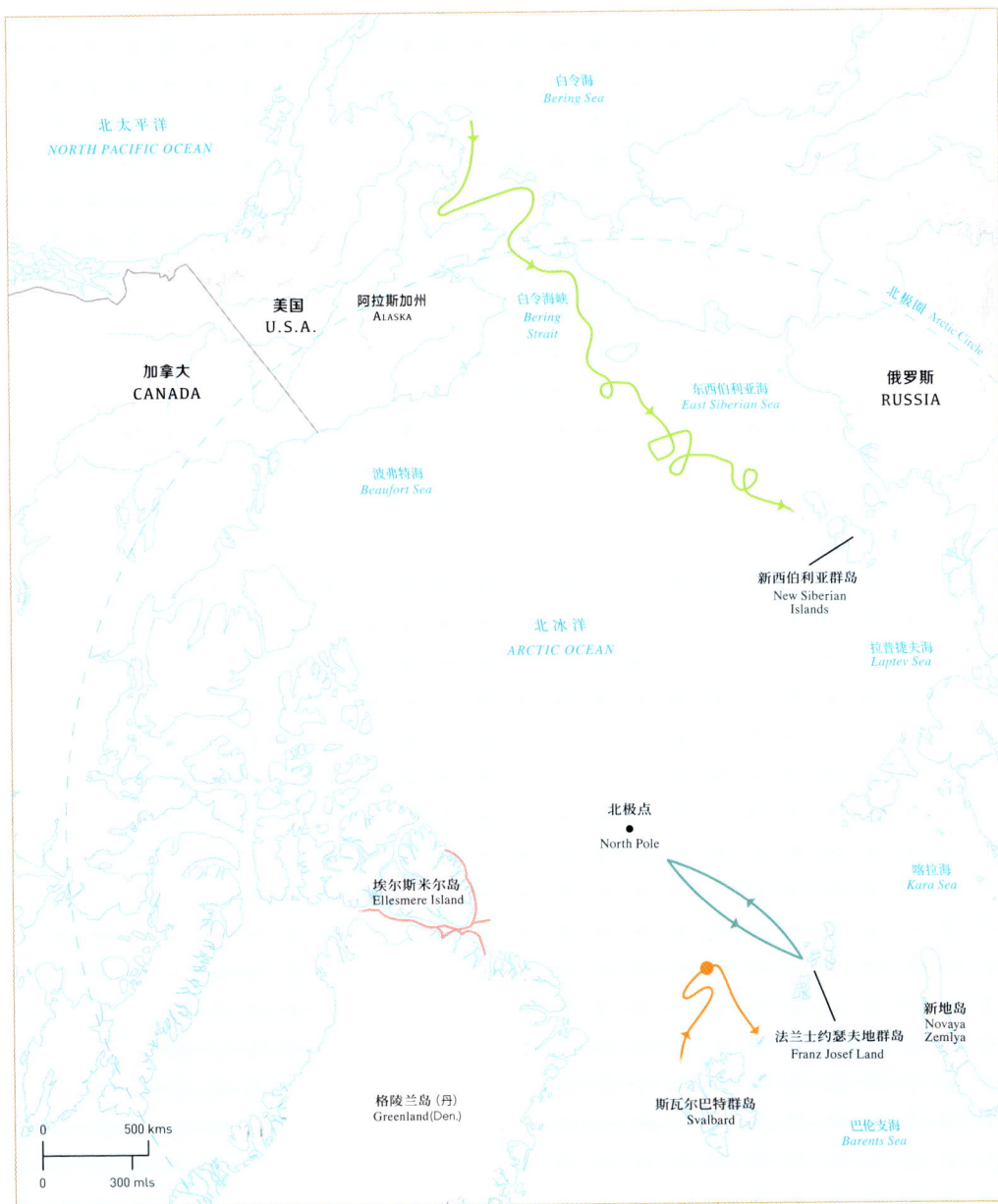

白令海
Bering Sea

北太平洋
NORTH PACIFIC OCEAN

美国
U.S.A.

阿拉斯加州
ALASKA

白令海峡
Bering
Strait

北极圈
Arctic Circle

俄罗斯
RUSSIA

加拿大
CANADA

白令海
Bering
Strait

东西伯利亚海
East Siberian Sea

波弗特海
Beaufort Sea

新西伯利亚群岛
New Siberian
Islands

拉普捷夫海
Laptev Sea

北冰洋
ARCTIC OCEAN

北极点
North Pole

喀拉海
Kara Sea

埃尔斯米尔岛
Ellesmere Island

新地岛
Novaya
Zemlya

法兰士约瑟夫地群岛
Franz Josef Land

格陵兰岛（丹）
Greenland(Den.)

斯瓦尔巴特群岛
Svalbard

巴伦支海
Barents Sea

| 0 | 500 kms |
| 0 | 300 mls |

纳尔斯，1875—1876

德·朗，1879—1881

安德烈，1897

安德烈，着陆点

阿布鲁奇公爵，1899—1900

尽管包括一部分徒步，但罗伯特·麦克卢尔也算完成了西北航线的航行。而弗朗西斯·利奥波德·麦克林托克又揭开了富兰克林探险队的秘密。这些都让北极成了下一个吸引探险者和公众注意力的地方。1860—1861年，曾是以利沙·肯特·凯恩探险队外科医生的艾萨克·伊斯雷尔·海耶斯（Isaac Israel Hayes）试图通过位于格陵兰岛和埃尔斯米尔岛之间的凯恩盆地到达北极。他期待能找到一片被一圈冰层环绕着的无冰水域，也就是"开放极海"，但他在格陵兰岛的北部海岸被迫止步。十年后，海耶斯沿着另一个美国人，查尔斯·弗朗西斯·霍尔（Charles Francis Hall）的足迹前进。霍尔曾因对富兰克林遗物的两次漫长搜寻而引起全球关注，在此期间，他掌握了因纽特人的旅行和生活方式。1871年11月，霍尔指挥着美国官方的探险队。当航行到格陵兰岛北部时，他离奇死去。第二年春天，他的队伍向南撤退，然后兵分两路，结果两支队伍都陷入需要救援的窘境。

下一个重大尝试是1875—1876年乔治·斯特朗·纳尔斯（George Strong Nares）带领下的英国海军部北极探险队，他们依旧选择沿格陵兰岛与埃尔斯米尔岛之间的"美国路线"行进。1876年，一支由艾伯特·H. 马克姆（Albert H. Markham）率领的人力雪橇队创造了到达北纬83°20'26''的纪录，但他们被坏血病逼停。蔓延于整个船队的坏血病也迫使纳尔斯提前一年回到英格兰。

此时，德国地理学家奥古斯特·彼得曼（August Petermann）被誉为世界上最重要的开放极地海洋理念的倡导者。1879年，他的理论促使《纽约先驱报》老板小詹姆斯·戈登·贝内特派遣了一支探险队，在乔治·华盛顿·德·朗（George Washington De Long）的带领下，穿过白令海峡前往北极。然而，其中的一艘考察船珍妮特号很快就被困在西伯利亚北部的冰层中，在漂流了一年多后因不堪重负而倾覆。其他三艘船向勒拿河三角洲驶去，虽然乔治·梅尔维尔（George Melville）领导的分队最终到达安全地带，但其中一艘船下落不明，德·朗队伍中的成员在三角洲地区死于饥饿和严寒。

● 对 页 图

中尉乔治·华盛顿·德·朗在离开旧金山前
夕留影。他有着一向严格执纪的军人作风，
很难使航行充满欢声笑语。

● 上 图

1875 年 9 月，在进入冬季之前，英国皇家
海军警戒号达到了北纬 82°28′，这是船只
到达的最高纬度。第二年 4 月，马克姆从
那里开始了他破纪录的雪橇之旅。

随后又发生了另一起美国人的悲剧。1881 年，作为国际极地年合作科学考察的一部分，阿道夫·华盛顿·格里利（Adolphus Washington Greely）率领美国探险队前往埃尔斯米尔岛北部。第二年春天，詹姆斯·洛克伍德（James Lockwood）驾驶雪橇到达北纬 83°24'，打破了马克姆的纪录。但是补给船始终没能出现在格里利的基地中，又过了一个冬天，格里利带着队伍边行船、边徒步，向南方行进。他们被迫在埃尔斯米尔岛南部过冬，但 18 人中绝大多数人死于饥饿和坏血病，其中有一人自杀，另一人被处决。1884 年 6 月，格里利和另外六人终于获救，随后，这支探险队又因为曾出现同类相食而备受国际关注。

此后，到达地球最北端的纪录一直由美国人保持，直到 1895 年弗里乔夫·南森抵达北纬 86° 13' 06"。令人惊讶的是，仅仅过了四年，该纪录就被一支由阿布鲁奇公爵路易吉·阿梅迪奥·迪·萨伏伊（Luigi Amedeo di Savoia, Duke of the Abruzzi）领导的探险队打破。此外，在翁贝托·卡尼（Umberto Cagni）的带领下，一支由 10 个人、102 只狗组成的意大利探险队从法兰士约瑟夫地群岛北部出发，最终，分遣队于 1900 年 4 月到达北纬 86°34'。不幸的是，其中一支三人的支援团队在返回途中失踪，再无音信。

世纪之交前后，法兰士约瑟夫地群岛见证了太多试图挑战北极点的失败尝试，包括弗雷德里克·乔治·杰克逊（Frederick George Jackson）（1894—1897）、沃尔特·威尔曼（Walter Wellman）（1898—1899）、伊芙琳·鲍德温（Evelyn Baldwin）（1901—1902）和安东尼·菲亚拉（Anthony Fiala）（1903—1905）等。威尔曼还在斯匹次卑尔根附近进行过四次尝试，最后三次改为搭乘飞艇。

AUSTRO-HUNGARIAN

奥匈帝国

珍妮特探险队不是第一个试图验证彼得曼理论的探险队。1869 年，卡尔·科尔杜威（Karl Koldewey）带领德国人，试图找到一条经由东格陵兰岛向北的路线。随后，在 1872 年，彼得曼的理论促使奥匈帝国探险队成立，在卡尔·韦普雷希特（Karl Weyprecht）和朱利叶斯·佩耶（Julius Payer）的联合指挥下，该探险队开始对北极未知地区进行考察。然而，他们的考察船特格霍夫号被冰困住后，只能孤立无援地向西北漂去。1873 年 8 月，他们发现了法兰士约瑟夫地群岛；第二年，他们弃船而去，乘坐四艘敞篷小船抵达新地岛。

● 下图

画中的卡尔·韦普雷希特正在说服那些受到惊吓的船员，一旦放弃探险船特格霍夫号，就没法再回去了。画作出自卡尔的联合指挥官朱利叶斯·佩耶之手。

ANDRÉE'S FLIGHT

安德烈的飞行

1897 年，瑞典物理学家所罗门·奥古斯特·安德烈（Salomon August Andrée）试图驾驶名为"奥内"（Örnen，意为"鹰"）的氢气球飘往北极。他带着两个同伴，从斯匹次卑尔根附近的丹麦岛升空，却意外消失。他们的命运一直是个谜，直到 1930 年一支挪威探险队发现了他们的尸体、日记和摄影底片。这证明气球已降落在斯瓦尔巴德东北部 325 公里的冰面上，三人被迫步行走向安全地带。他们到达了鲜为人知的白岛，在那里死于一氧化碳窒息、食物中毒或者严寒。

● 上图
安德烈的热气球在起飞时损坏，无法进行有效的控制。65 个小时后，他与同伴尼尔斯·斯特林堡（Nils Strindberg）、克努特·弗伦格尔（Knut Fraenkel）多次尝试，热气球才彻底降落在冰面上。

THE NORTH POLE CLAIMED

—

首抵北极点之争

探险史上充斥着众多疑问和争论，但很少有比"谁先到达北极"更为持久和激烈的争论。这场大争论始于 1909 年 9 月，因为当时有两个人几乎同时声称他们到达了北极点。

The history of exploration is marked by many questions and many debates, few of them longer lasting and none more vehement than that of who was actually first to reach the North Pole. It began in September 1909, when two men almost simultaneously claimed the honour.

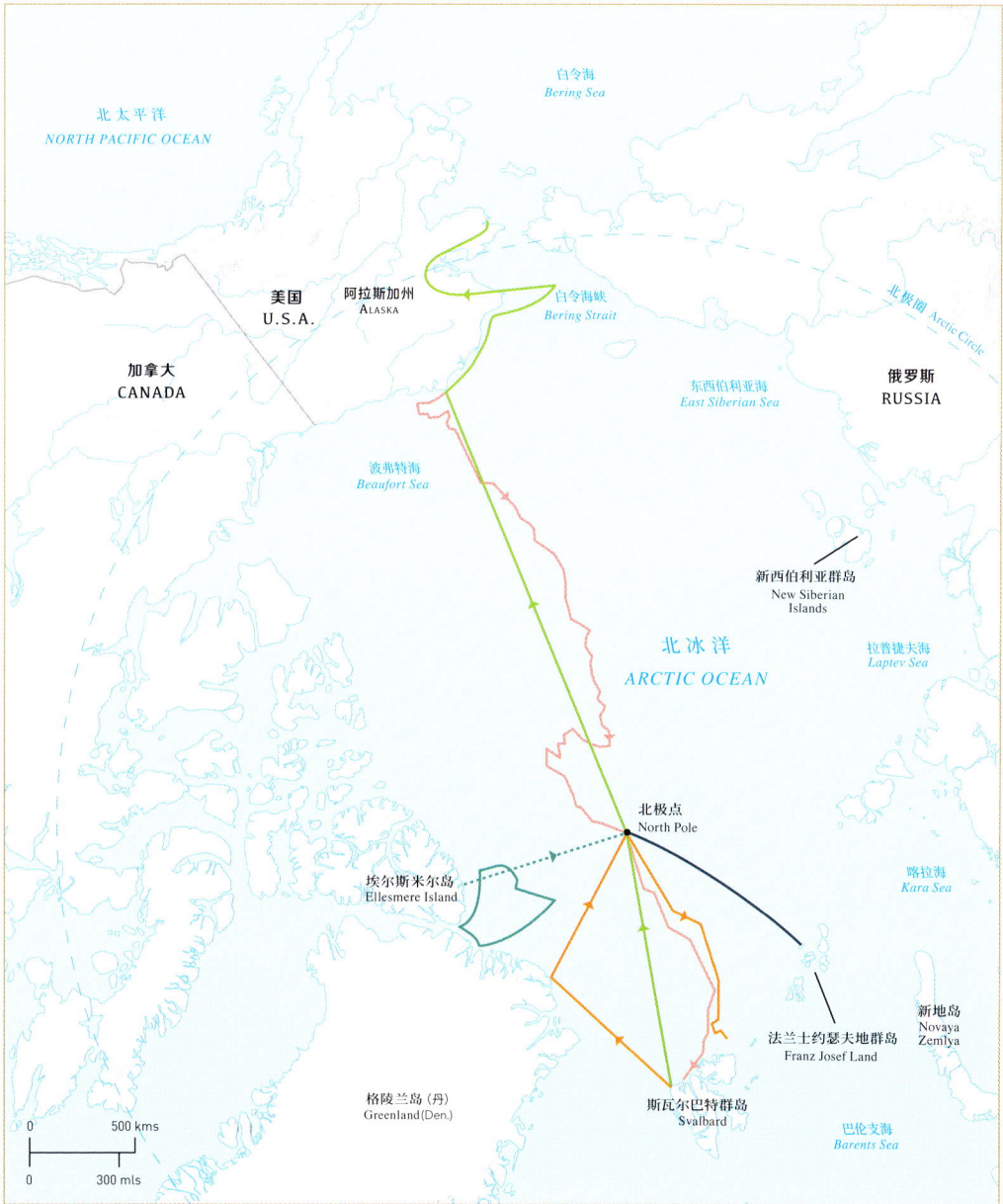

北太平洋
NORTH PACIFIC OCEAN

白令海
Bering Sea

美国
阿拉斯加州
U.S.A.
ALASKA

白令海峡
Bering Strait

北极圈 Arctic Circle

加拿大
CANADA

东西伯利亚海
East Siberian Sea

俄罗斯
RUSSIA

波弗特海
Beaufort Sea

新西伯利亚群岛
New Siberian
Islands

拉普捷夫海
Laptev Sea

北冰洋
ARCTIC OCEAN

北极点
North Pole

喀拉海
Kara Sea

埃尔斯米尔岛
Ellesmere Island

法兰士约瑟夫地群岛
Franz Josef Land

新地岛
Novaya
Zemlya

格陵兰岛（丹）
Greenland(Den.)

斯瓦尔巴特群岛
Svalbard

巴伦支海
Barents Sea

0   500 kms

0   300 mls

皮里，1906
皮里，1909
阿蒙森和埃尔斯沃斯，1926
诺比尔，1928
库兹涅佐夫，1948
赫伯特，1968—1969

罗伯特·E.皮里（Robert E. Peary）成名很早，一直被视为美国的英雄。他于1886年首次登上格陵兰岛后一发不可收拾，在接下来的十几年里又领导了四次格陵兰探险。在殷实而慷慨的爱国商人组成的皮里北极俱乐部的赞助下，他两次试图到达北极。第一次是在1898—1902年，因为一次冒失的隆冬旅行，他付出了七个脚趾被冻掉的代价。第二次，他声称创造了到达北纬87°06'的纪录。与其几乎同时声称自己到达北极点的是弗雷德里克·库克博士（Dr. Frederick Cook）。1891—1892年，库克在皮里的带领下，首次前往北极。第一次南极越冬期间（1898），他帮助贝尔吉卡号的船员活了下来，贡献巨大；同时，他还声称首次登顶了北美洲最高峰——麦金利山。

1908年，皮里开始了自己的第三次也是最后一次北极探险。第二年，在返程到达拉布拉多时，他听说就在当周，库克已经宣布抵达北极。皮里立即声明自己也到达了北极，并指责库克是个骗子。争议持续几个月，直到大多数报纸和地理学会犹豫地相信了皮里

的说法，并开始怀疑库克。但事情并未结束，人们依然对皮里所谓的旅行距离、他的日记，以及他在"到达极点"前后的行为表示怀疑。今天，大多数客观中立的极地历史学家认为，两个人都没有到达极点。

Le Petit Journal

ADMINISTRATION 61, RUE LAFAYETTE, 61   5 CENT.   SUPPLÉMENT ILLUSTRÉ   5 CENT.   ABONNEMENTS

30ᵐᵉ Année — 44 — Numéro 983

DIMANCHE 19 SEPTEMBRE 1909

LA CONQUÈTE DU POLE NORD
Le docteur Cook et le commandant Peary s'en disputent la gloire

值得一提的是，下一个声称到达北极的声明是另一个骗局。1925年，征服西北航道和南极的罗尔德·阿蒙森试图和美国飞行员林肯·埃尔斯沃斯（Lincoln Ellsworth）一起飞往北极，但迫降在北极附近。第二年，他们带回了一艘名为"诺奇"的飞艇，它由意大利的翁贝托·诺比尔（Umberto Nobile）设计并驾驶。然而，在他们从斯

匹次卑尔根起飞之前，美国海军军官理查德 ·E. 伯德（Richard E. Byrd）带着希望自己首个飞越北极的梦想成功抵达。为了避免另一场"极地竞赛"，阿蒙森坦然接受伯德正在快马加鞭准备飞机的事实，甚至还给伯德提供帮助。1926 年 5 月 9 日，伯德和飞行员弗洛伊德·贝内特（Floyd Bennett）乘坐三引擎福克飞机起飞，不到 16 个小时后返回，并声称已到达极点。阿蒙森、埃尔斯沃斯和诺比尔随后于 5 月 12 日飞往北极，然后继续飞往阿拉斯加的特勒，完成了在北极盆地上空的首次飞越。阿蒙森越过北极是毋庸置疑的，但后来人们对伯德是否真的有足够时间到达北极充满了怀疑。在 1996 年，伯德的原始旅行记录大白天下，表明他既没有到达极点，也对自己未到达极点心知肚明。所以，经历了这些风波以后，当时在飞机上的阿蒙森成为公认的第一个看到北极的人。

那么，谁是第一个真正站在北极点的人呢？这一荣誉属于由亚历山大·库兹涅佐夫（Aleksandr Kuznetsov）率领的 24 名苏联人。他们于 1948 年 4 月 23 日乘坐三架飞机降落在那里，不确定水文学家帕维尔·戈尔迪延科（Pavel Gordiyenko）是不是第一个下飞机的人。又过了二十年，也就是库克和皮里声称到达北极之后六十年，人们才真正经由陆路到达北极。1968 年 4 月 19 日，美国明尼苏达州的保险代理人拉尔夫·普莱恩特（Ralph Plaisted）从沃德亨特岛出发，乘坐雪地车抵达北极点，这是他的第二次尝试。大约一年后的 1969 年 4 月 5 日，沃利·赫伯特（Wally Herbert）和他的几位同伴在第一次横渡北冰洋时，成为第一个以传统方式——狗拉雪橇到达北极的人。

MISSING

失踪

在驾驶飞艇诺奇号穿越北极之后，诺比尔觉得自己没有得到应有的荣誉。1928年5月，他驾驶一艘新的飞艇意大利号飞往极点。不幸的是，意大利号在向南返回途中坠毁，9人被困在冰上。随后，国际救援行动开始，在此过程中阿蒙森失踪了，生死未卜。最终，6月底，一名瑞典飞行员发现了这支队伍并带回受伤的诺比尔。7月，在冰上的其他人被苏联破冰船克拉辛号救出。

● 上图
意大利号飞艇在从北极返程途中坠毁。诺比尔因在队友前登上救援飞机脱离险境而受到严厉批评。

UNDER THE POLE

极地之下

在冷战高峰时期，当美国和苏联隔着北极盆地紧张对峙时，美国人发表了技术声明。1958 年 8 月 3 日，鹦鹉螺号核动力潜艇在约翰·安德森（John Anderson）的指挥下，于北极点下方 120 米深处巡航，船上载有 116 人。8 月 12 日，詹姆斯·卡尔弗特（James Calvert）指挥另一艘美国潜艇滑板号在距极点约 65 公里处浮出水面。1959 年 3 月 17 日，滑板号又一次上浮，成为第一艘在北极点处浮出水面的潜艇。

● 下图
现代科技与探险活动交相辉映。该唱片以美国鹦鹉螺号北极点航行原声记录为亮点进行发售。

ANTARCTICA

南极洲

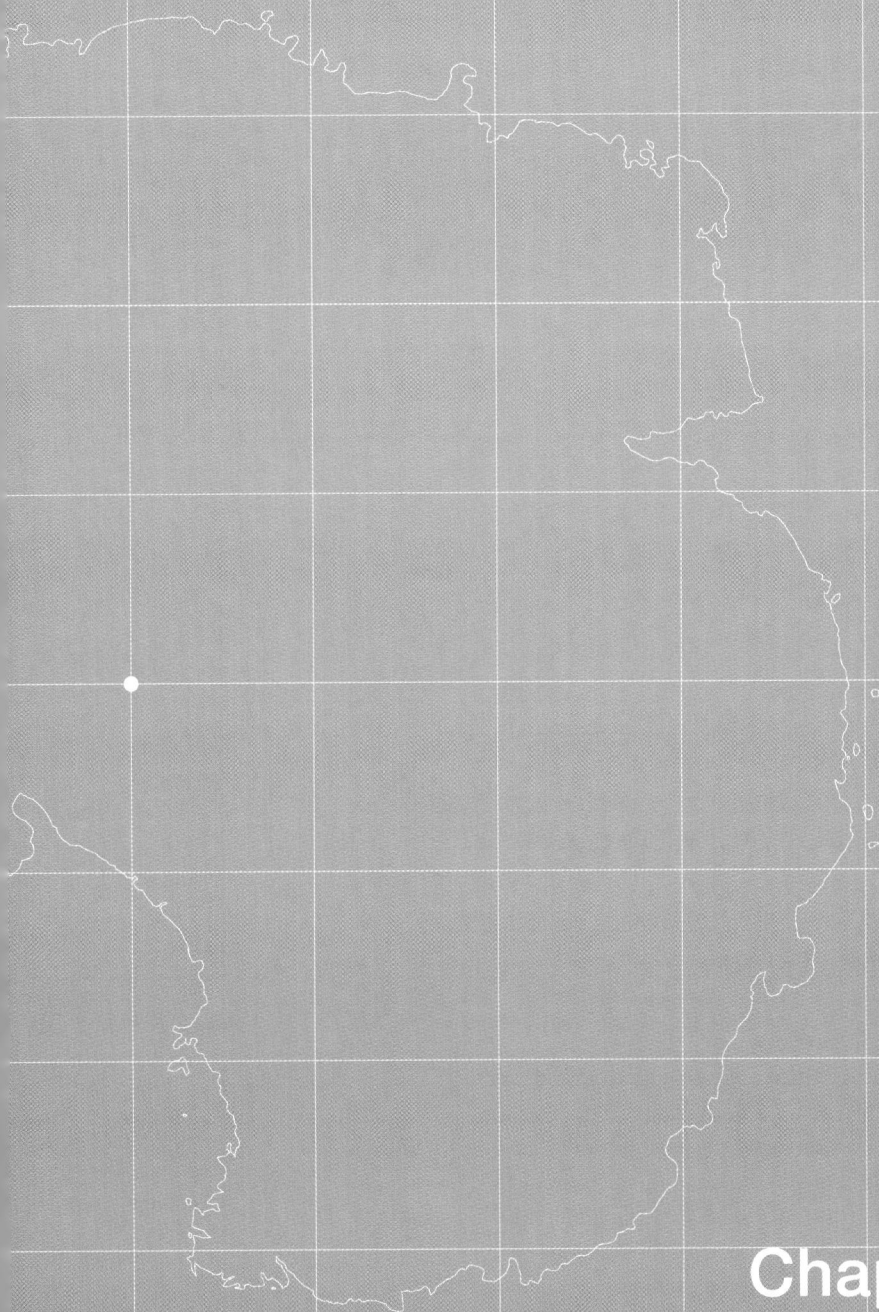

Chapter 7

第七章

THE GREAT
NATIONAL
EXPEDITIONS

—

伟大的国家探险

南大西洋
SOUTH
ATLANTIC OCEAN

马尔维纳斯群岛（阿根···
（英称福克兰群···
IS. MALVINAS···
(Claimed by Arg. &···
(FALKLAND IS. BY···

南美洲
SOUTH AMERICA

南···
SC···
PACIFI···

在库克船长完成第一次环南极航行四十年后，出生于爱沙尼亚的法比安·冯·贝林豪森率领俄罗斯海军远征队重现了这一壮举。此前，南极的探险活动主要是由捕海豹船主导的，但在 1819 年，贝林豪森驾驶着东方号与和平号船从克朗斯塔特启航，他希望进入南极，完善南大洋的地图，开展广泛的科学研究。

Four decades after Captain Cook made the first circumnavigation of Antarctica, a Russian naval expedition under the command of Estonian-born Fabian von Bellingshausen repeated the feat. The exploration of the Antarctic had recently been dominated by sealers, but in 1819 Bellingshausen sailed from Kronstadt in command of the ships Vostok and Myrnyy. His official objectives included approaching the South Pole, improving the maps of the southern oceans, and carrying out a wide range of scientific studies.

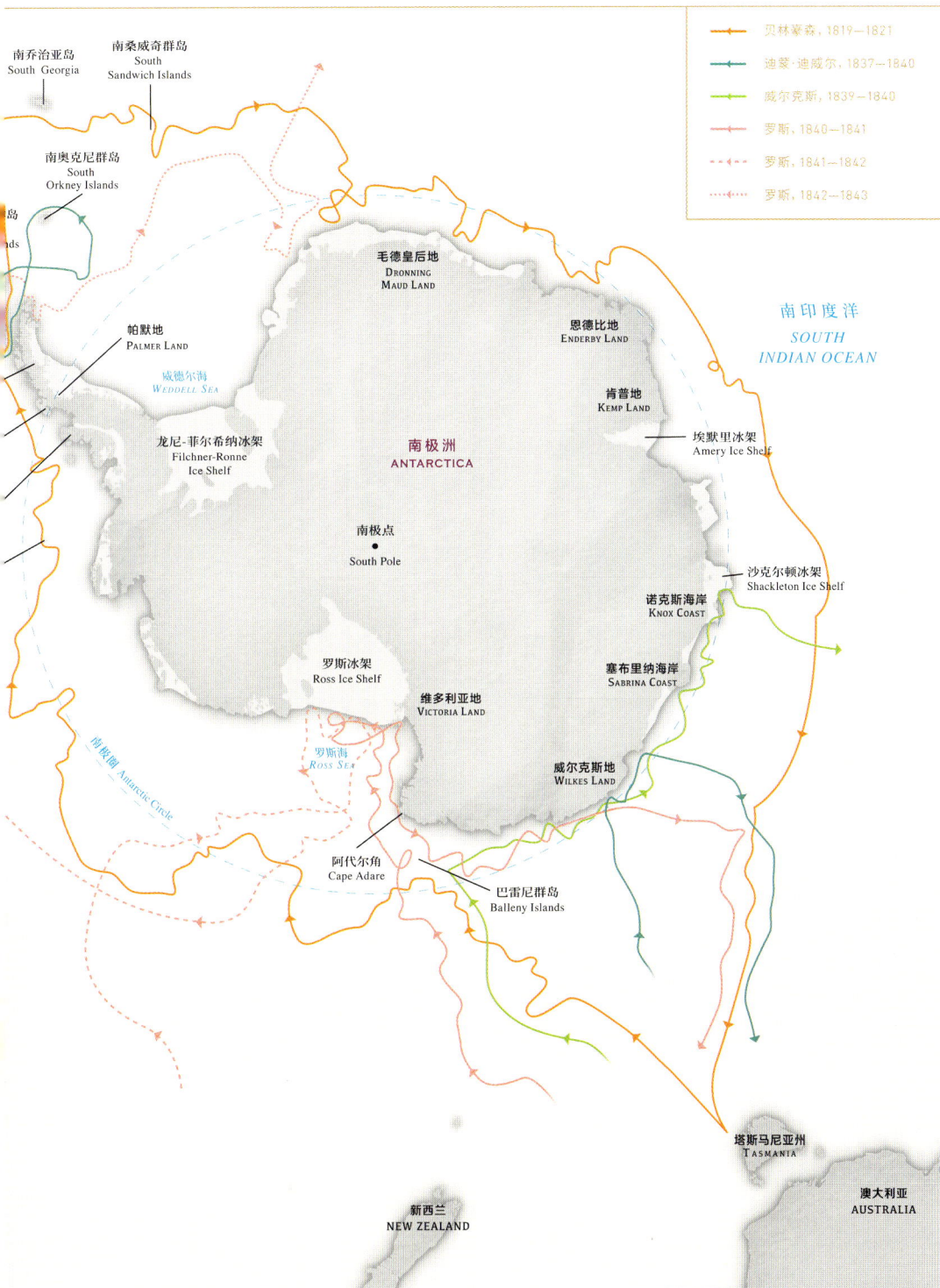

贝林寨森，1819—1821
迪蒙·迪威尔，1837—1840
威尔克斯，1839—1840
罗斯，1840—1841
罗斯，1841—1842
罗斯，1842—1843

南乔治亚岛
South Georgia

南桑威奇群岛
South Sandwich Islands

南奥克尼群岛
South Orkney Islands

毛德皇后地
DRONNING MAUD LAND

恩德比地
ENDERBY LAND

帕默地
Palmer Land

威德尔海
WEDDELL SEA

肯普地
KEMP LAND

埃默里冰架
Amery Ice Shelf

南印度洋
SOUTH INDIAN OCEAN

龙尼-菲尔希纳冰架
Filchner-Ronne Ice Shelf

南极洲
ANTARCTICA

沙克尔顿冰架
Shackleton Ice Shelf

诺克斯海岸
KNOX COAST

南极点
South Pole

塞布里纳海岸
SABRINA COAST

罗斯冰架
Ross Ice Shelf

维多利亚地
VICTORIA LAND

威尔克斯地
WILKES LAND

罗斯海
ROSS SEA

南极圈 Antarctic Circle

阿代尔角
Cape Adare

巴雷尼群岛
Balleny Islands

塔斯马尼亚州
TASMANIA

澳大利亚
AUSTRALIA

新西兰
NEW ZEALAND

1820 年 1 月初，俄国人发现了特拉弗赛群岛，即南三明治群岛的北部。在接下来的三个月里，他们六次试图到达南极，但每次都被冰拦住。而且他们初次看到的是一个冰架，然后才是南极大陆。探险队继续绕行南极大陆，在此期间，他们发现了彼得一世岛和亚历山大岛。

接着，海豹捕捞船再一次主导了南极探险活动，直到 19 世纪 30 年代末，三支国家探险队开始南极探险。德国科学家卡尔·弗里德里希·高斯（Karl Friedrich Gauss）曾预测过南磁极的位置，对于到达南磁极的渴望是每支国家探险队的动力。儒勒 - 塞巴斯蒂安 - 塞萨尔·迪蒙·迪维尔（Jules-Sébastien-César Dumont d'Urville）是一位有文化且直率的海军军官，他早年曾建议法国政府买下了米罗的维纳斯雕塑（即断臂维纳斯，*Venus de Milo*）。19 世纪 30、40 年代，他驾驶着两艘轻型巡洋舰星盘号和热心号，经过一年半的太平洋航行，首次经过威德尔海，进入鲜为人知的澳大利亚南部地区。在这里，迪维尔发现了阿德利领地，并以妻子之名命名，他还用此名命名了一种企鹅。随后，迪维尔发现他前往南磁极的路被冰堵住，于是转而向北。

1840 年 1 月 29 日，遥远的南极水域发生了探险史上最引人注目的遭遇事件之一。迪维尔发现了一艘双桅船，一开始它对向快速驶来，然后误解了法国军舰的应激行动，又转向离开了。这艘船名为海豚号，是美国早期远征探险（1838—1842）的六艘船之一，由陆军中尉查尔斯·威尔克斯（Charles Wilkes）全面指挥。和法国人一样，美国人也把注意力集中在太平洋和大西洋上，但同样在南极开展了两次探险：第一次进入了威德尔海；第二次沿着被称为"威尔克斯之地"的海岸绕行数百英里。虽然威尔克斯绘制并命名了这片新土地——"南极大陆"的第一幅海图，但后来探险者使用此

图、航行到他标记为陆地的地区后，发现该图错漏百出，他因此饱受诟病。此外，他对军官和科学家的恶劣和苛刻还把自己推上了军事法庭的审判台。

这一时期，另一次重要的南极考察（1839—1843）由皇家海军的詹姆斯·克拉克·罗斯领导，他曾在1831年首次到达北极磁极。罗斯率领着英国海军埃里伯斯号和泰瑞号从凡迪门斯岛出发，证明了南方的大片浮冰区是可以航行的，越过它之后，将是一片开阔的海域，所以罗斯最远能够到达南纬78°10'。他发现了维多利亚岛和多个岛屿，包括埃里伯斯火山和泰瑞火山坐落的罗斯岛，以及他深入腹地达600公里的大冰障，也就是现在的罗斯冰架。次年，他再次冒险进入罗斯海，之后前往福克兰群岛，并从那里进入威德尔海。在磁学研究方面，罗斯取得了巨大成就，其助理外科医生约瑟夫·道尔顿·胡克（Joseph Dalton Hooker）也在南极植物学方面做出了开创性的贡献。

在取得这些成就三十年后，另一支英国探险队乘坐着挑战者号驶向深海。虽然在历时四年（1872—1876）的探险活动期间，这支探险队从未看到过南极大陆，但挑战者号却是第一艘穿越南极圈的蒸汽船，丰富了关于南极和亚南极群岛的新科学知识，海洋科学也由此诞生。这次考察更加激发了公众对遥远南方的兴趣，为南极探险"英雄时代"的到来奠定了基础。

● 左图
阿德利企鹅（Adélie penguin）最先由迪蒙·迪维尔发现，并以其妻子的名字命名。它们与尖凸企鹅（gentoo penguin）、帽带企鹅（chinstrap penguin）同为三种刷尾企鹅（brushtailed penguin）。

● 对页上图
迪蒙·迪维尔在探险队返回法国时写给约翰·富兰克林爵士的一封信。富兰克林后来成为凡迪门斯岛的副州长。1839年，迪维尔的手下在大规模的痢疾爆发中遭受了极大痛苦，富兰克林和霍巴特当局给予他们最悉心的治疗，病患们得到很好的调养。

● 对页下图
在托马斯·戈弗雷（Thomas Godfrey）和约翰·哈德利（John Hadley）于1730年独立发明其原理后，六分仪被广泛生产投用。它以六角形的原始形状命名，通过测量天体与地平线的夹角来确定纬度。

l'Ouest, dans l'état actuel des choses, mais dans l'Est ou plutôt S.E. il ne lui paraît pas impossible de pénétrer plus loin, autant du moins que l'œil pouvait s'étendre du haut des mâts. Les vents contraires & force de l'Est, a plus encore le désir qu'il avait des données satisfaisantes pour la détermination du Pôle Magnétique, sont les motifs qui l'empêchèrent de tenter une plus longue reconnaissance vers le S.S.E. Il souhaite bien vivement que d'autres navigateurs puissent pousser plus loin les explorations déjà commencées.

À la suite de cette note, Mr. le Commodore d'Urville nous a témoigné le désir de voir consigner dans notre feuille l'expression publique de sa gratitude pour les politesses et la précieuse hospitalité dont ses compagnons de voyage et lui-même ont été l'objet de la part de S.E. le Gouverneur Sir John Franklin, de Lady Franklin, et de toutes les autorités civiles et militaires de la colonie. Partout, dit-il, il a trouvé obligeance & empressement, bien honorable & satisfaisant à des désirs pour le succès de la mission qu'il dirige; enfin, sympathie à cette Australie pour les travaux qu'il s'efforce d'accomplir dans l'intérêt des sciences & de la navigation. Pour lui, il oubliera de se rappeler l'accueil bienveillant qu'il a eu dans les mers de Hobarton & il y a déjà longtemps environ, il en emportera le doux souvenir dans sa patrie.

Sir John Franklin,
done 19 v.?
Capt. D'Urville
his commis[?]
1840

Sent by Commodore d'Urville to Captn Parker A.D.C. for insertion in the Hobarton newspapers. 20th Feby 1840.

Sir John Franklin [?]

Expédition

des Corvettes Françaises Astrolabe et Zélée sous les ordres du Commodore d'Urville et du Capitaine Jacquinot.

Chacun des habitants d'Hobarton-town peut se rappeler que les deux corvettes l'Astrolabe et la Zélée placées sous le commandement du Capitaine Dumont d'Urville qui mouillaient et reparaître sur notre rade, y avaient déjà passé les quinze derniers jours de Décembre et avaient même laissé en cette ville plusieurs malades qu'elles devaient reprendre à leur retour.

En effet ces deux navires, après de longues & pénibles explorations exécutées avec un succès incroyable dans les mers Antarctiques situées au Sud du Cap Horn, au travers de la plupart des archipels de l'Océanie et dans toute la Malaisie, avaient été attaqués de la fièvre[?] dans leur traversée de Sumatra à leur dernière Land. Plusieurs personnes avaient successivement [...] plusieurs autres étaient encore dangereusement malades.

Renchérissant cet relie[?], le Commodore d'Urville voulut essayer une Seconde campagne dans les régions polaires, pour connaître le point d'arrêt des glaces dans cette partie du globe, surtout pour recueillir des données positives sur la vraie position du Pôle Magnétique austral.

Aujourd'hui il est de retour de cette course, après avoir obtenu un succès plus complet qu'il ne pouvait espérer. Dans l'intérêt même de l'humanité & des sciences comme pour couper court à toute supposition erronée & toute exagération ridicule, le Commodore d'Urville a bien voulu nous faire passer la note suivante qui est l'exposé succinct & correct des principaux résultats obtenus.

Antarctica | 南极洲

HEMISPHERE
pour voir
LES TERRES
Par Guillaume DeI'Isle
A Paris chez l'Auteur
avec Privilege

MERIDIONAL
plus diftinctement
AUSTRALE
de l'Academie R. des Sci
sur le Quai de l'Horlo
Juillet 1714.

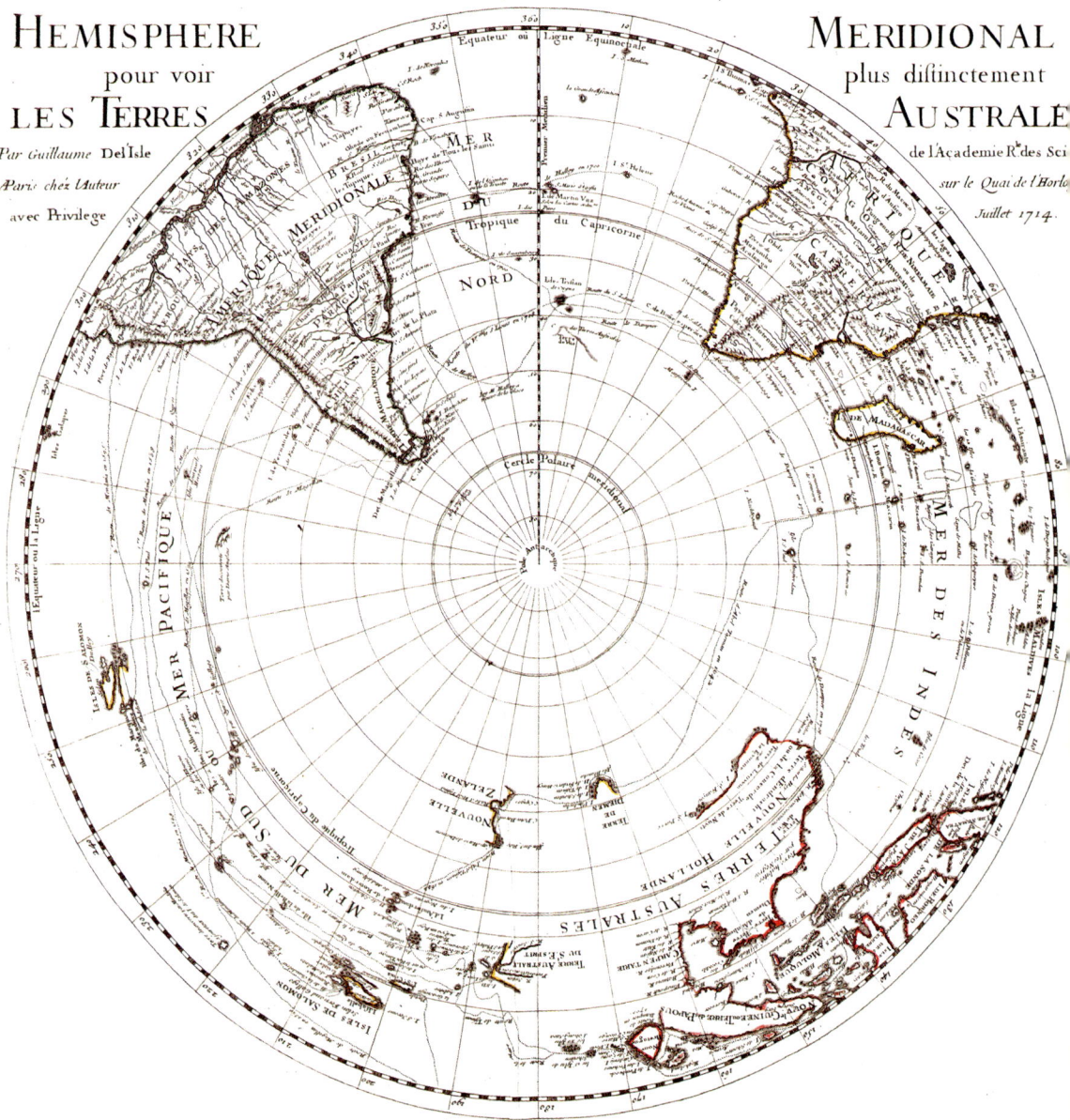

MER DU NORD

MERIQUE MERIDIONALE

MER PACIFIQUE

MER DU SUD

MER DES INDES

NOUVELLE ZELANDE

NOUVELLE HOLLANDE

TERRES AUSTRALES

ISLES DE SALOMON

● 上图

法国制图师纪尧姆·德利尔（Guillaume Delisle）被誉为第一个"讲科学的"制图师，只把最新的探索和地形信息纳入自己的地图中。

1714年，他发表了这幅南半球的地图，并将其命名为"展现更多澳大利亚土地的南半球地图"
（Hemisphere Meridional Pour Voir Plus Distinctement les Terres Australes）。

THE GREAT ICE BARRIER

大冰障

如今,"大冰障"罗斯冰架是世界上最伟大的自然奇观之一。这是一块约呈三角形的浮冰,面积约为 527 000 平方公里,比西班牙或美国加利福尼亚州的面积都要大。冰层平均厚度约为 370 米。"我们或许有相同的取得成功的机会,"罗斯写道,"试着航行过多佛的悬崖。"1908—1909 年,欧内斯特·沙克尔顿(Ernest Shackleton)的探险队第一次越过了这块障碍,之后,罗尔德·阿蒙森的探险队成为第一支在此越冬的队伍。

● 上图
第一次看到罗斯冰架的探险家误以为它的表面平坦而均匀。他们简直大错特错!如图所示,冰架的表面到处破损、起皱,而且布满裂痕,非常危险。

WHO FIRST SAW ANTARCTICA?

谁是第一个看到南极洲的人?

多年来,爱德华·布兰斯菲尔德(Edward Bransfield)被认为是第一个看到南极大陆的人,当时他在考察南设得兰群岛。其实,在 1820 年 1 月 27 日,贝林豪森的探险队发现了南极大陆,比布兰斯菲尔德早了三天。直到一百多年后贝林豪森的记录被译成英语,人们才接受了这一说法。此外,一名美国的海豹捕捞者纳撒尼尔·帕尔默(Nathaniel Palmer)也被认为可能在 1820 年 11 月从南设得兰群岛看到了南极半岛,但即便他真的看到,也比贝林豪森和布兰斯菲尔德晚了九个多月。

THE FIRST WINTERERS

—

第一批在南极过冬的人

在 19 世纪各国风起云涌的南极探险热潮降温后，南极探索在平静中过去了五十年。19 世纪 90 年代，苏格兰和挪威的捕鲸探险队南下，以确定南极是否有足够的长须鲸来支撑商业发展。伴随他们航行的科学家认定南极研究价值重大。于是，在 1895 年，英国皇家学会克莱门茨·马克汉姆的推动下，第六届国际地理学大会通过了一项决议，指出南极是地理考察中遗留的最重要的焦点。科学、商业和地理探索组成了一曲强劲的三重奏，共同吹响了南极探险"英雄时代"的号角。

After the great national expeditions of the nineteenth century, there was little active exploration of the Antarctic for the next 50 years. But in the 1890s, whaling expeditions from Scotland and Norway went south to determine whether there were enough baleen whales to start an Antarctic industry. Accompanying these voyages were scientists who proved there was great value to Antarctic research. Then, in 1895, led by Clements Markham of the RGS, the Sixth International Geographical Congress passed a resolution stating that the Antarctic was the greatest remaining focus for geographical investigation. Science, commerce, and geographical exploration were a powerful trio, and together they launched the "Heroic Age of Antarctic Exploration".

南大西洋
SOUTH
ATLANTIC OCEAN

南桑威奇群岛
South
Sandwich Islands

南乔治亚岛
South Georgia

南设得兰群岛
South
Shetland Islands

南奥克尼群岛
South
Orkney Islands

南印度洋
SOUTH
INDIAN OCEAN

马尔维纳斯群岛
(阿根、英争议)
(英称福克兰群岛)
IS. MALVINAS
(Claimed by Arg. & U.K.)
(FALKLAND IS. BY U.K.)

帕默地
PALMER
LAND

毛德皇后地
DRONNING
MAUD LAND

威德尔海
WEDDELL SEA

南美洲
SOUTH
AMERICA

格雷厄姆地
GRAHAM LAND

龙尼-菲尔希纳冰架
Filchner-Ronne
Ice Shelf

南极洲
ANTARCTICA

埃默里冰架
Amery Ice Shelf

阿德莱德岛
Adelaide Island

南极点
South Pole

诺克斯海岸
KNOX COAST

沙克尔顿冰架
Shackleton Ice Shelf

亚历山大岛
Alexander Island

彼得一世岛
Peter I Øy

维多利亚地
VICTORIA LAND

罗斯冰架
Ross Ice Shelf

塞布里纳海岸
SABRINA COAST

南极圈 Antarctic Circle

罗斯海
ROSS SEA

威尔克斯地
WILKES LAND

阿代尔角
Cape Adare

南太平洋
SOUTH
PACIFIC OCEAN

巴雷尼群岛
Balleny Islands

塔斯马尼亚岛
Tasmania

0   1000 kms

0   500 mls

德·热拉赫, 1897—1899

博尔希格里维克, 1898—1900

斯科特, 1901—1904

德热格尔斯基, 1901—1903

布鲁斯, 1902—1904

夏科, 1903—1905

这个时代的第一次探险出现在 1897 年,阿德里安·德格拉赫(Adrien de Gerlache)领导的比利时号考察船,过去曾是一艘捕鲸船。他们在南极半岛以西发现了新的岛屿和通道,但紧接着就被冰困住了,无助地漂流了一年,他们也因此成为第一批在南极过冬的人。面对着巨大的不确定因素,阿德里安和船上的大副罗尔德·阿蒙森、队医弗雷德里克·库克始终团结一心。罗尔德·阿蒙森后来通过了西北航道,还成为第一个到达南极点的人;库克后来则卷入是否到达北极点的争论之中。1899 年 3 月,比利时号在冰面上开辟了一条通向开阔水域的通道,终于脱险。

这一年晚些时候,另一支探险队成了第一支在南极大陆上过冬的队伍。几年前,卡斯滕·博尔希格里维克(Carsten Borchgrevink)声称自己是第一个站在南极大陆上的人时,受到了质疑。所以这一次,他带领探险队回到了自己第一次登陆之地:维多利亚地的阿代尔角。在进行了整整一个冬天的科学考察之后,博尔希格里维克和两个同伴一起在罗斯冰架上向南滑行,最远到达南纬 78°50',并开辟了一条通向极点的道路。

英国国家南极考察队 (1901—1904)
在罗伯特·法尔肯·斯科特 (Robert Falcon Scott)的领导下迈出了下一步。他们为考察专门建造了发现号考察船,并安排在麦克默多海峡的基地里过冬,对南极大陆进行了首次大型考察。一支由阿尔伯特·阿米蒂奇 (Albert Armitage)带领的分队首次到达南极高原,同时斯科特、三副欧内斯特·沙

克尔顿和外科医生爱德华·威尔逊(Edward Wilson)驾驶雪橇,深入大冰障,创纪录地接近南纬 82°16'33''。因为发现号被困冰中,斯科特不得不多待一年,直到 1904 年,在一支救援探险队帮助下他才重获自由。与此同时,其他国家的考察队也在南极附近出没。1902 年, 在埃里希·冯·德赖格尔斯基(Erich von Drygalski)的带领下,一支德国探险队的考察船高斯号被困在一段陌生的南极洲

● 上 图
卡斯滕·博尔希格里维克是一位移民澳大利亚的挪威人。他之所以能充分利用自己的主张成为第一个踏上南极大陆的人,是因为说服了出版大亨乔治·纽内斯(Geogro Newnes)爵士为其远征提供赞助。

● 下 图
1901—1903 年,德国南极探险队队长埃里希·冯·德赖格尔斯基在冰上被困一年。

● 对 页 上 图
英国国家南极探险队在位于麦克默多海峡南端的哈特角支起棚屋。从棚屋看过去,会发现探险船发现号的身影。

● 对 页 下 图
欧内斯特·沙克尔顿、罗伯特·法尔肯·斯科特和爱德华·威尔逊在他们离开大冰障前的合影。他们创造了当时抵达最南端的纪录,但由于坏血病和疲惫,他们在返回时险象环生。随后,斯科特将健康恶化的沙克尔顿强行遣送回家,而其他探险队成员继续留在南极。

海岸线上,这也使他们成为第二支在南极浮冰中过冬的队伍。在被困的整整一年里,德赖格尔斯基借助气球进行地理观测,随行的科学家也收集了大量最新数据,完成了 20 卷考察报告。这个新发现的地方被命名为"威廉二世地",其显著地标是一座耸立在冰冷海岸之上的高斯伯格死火山。与此同时,奥托·努登舍尔德(Otto Nordenskjöld)带领的一支瑞典探险队和苏格兰国家南极探险队(1902—1904)考察了威德尔海地区。在斯科舍号上,威廉·斯皮尔·布鲁斯(William Speirs Bruce)和苏格兰团队发现了科茨地的一部分,但因无法登陆,他们在奥克尼群岛南部的劳里岛上过冬。1903 年,布鲁斯在岛上建立了气象观测站,取名"奥蒙德之家"。后来,"奥蒙德之家"被移交给阿根廷,目前,它是南极洲历史最悠久的、目前仍在运行的气象观测站。而布鲁斯的探险记录了丰富的地理、气象和植物学信息,在早期的南极探险中,这可能是海洋研究领域收获最为可观的一次。

在南极半岛的另一边,还有一项引人注目的探险活动正在进行。让－巴蒂斯特·夏科(Jean-Baptiste Charcot)用继承而来的遗产建造了船只弗朗西斯号,并用它搭载了一支法国探险队(1903—1905)。他们发现并测绘了南极洲许多新的岛屿和海岸线,还承担了一项综合性的科学计划。1908—1910 年,夏科驾驶着普尔夸帕号(Pourquoi Pas,意思是"为什么不呢?")重回此地,同样取得了令人印象深刻的成果。

A TRAGEDY NARROWLY AVERTED

一场险些酿成的悲剧

在南极探险"英雄时代"前期，最富戏剧色彩的事件发生在奥托·努登舍尔德的瑞典探险队里。1902 年，努登舍尔德的队伍滞留威德尔海的雪山岛上，卡尔·拉森（Carl Larsen）计划开春后派南极号考察船接回他们。但是，拉森无法到达约定的位置，于是就在南极半岛尖上的霍普湾派了三个人下船尝试，但他们仍一无所获。同时，南极号被冰压碎并沉没了，船员们只好徒步穿过冰面，到达保利特岛（Paulet Island）。而霍普湾的分队熬过了一个无比艰难的冬季后，终于找到努登舍尔德。1903 年 11 月，一艘阿根廷船在雪山岛营救下他们。更加幸运的是，就在他们起锚前几个小时，拉森出现在冰面上，然后走过霍普湾、重逢雪山岛。这艘阿根廷船驶向保利特岛，接上所有船员后，往北驶向安全地带。

SEALERS, WHALERS, AND ANTARCTIC DISCOVERY

捕海豹、捕鲸者和南极探索

早期大多数去南极探险的都是捕海豹者和捕鲸者，他们为满足市场上对油脂、毛皮和鲸须的需求，不得不远涉重洋。虽然有些探险出于猎手防止同行窃取资源而未见报端，但主要的发现依旧丰硕：1810 年，弗雷德里克·哈斯伯格（Frederick Hasselburg）发现麦夸里岛；1821 年，乔治·鲍威尔（George Powell）和纳撒尼尔·帕尔默发现南奥克尼群岛；1823 年，詹姆斯·威德尔（James Weddell）发现威德尔海；1839 年，约翰·巴勒尼（John Balleny）发现巴勒尼群岛。第一次确凿的在南极大陆登陆活动也是由一位捕海豹者完成的，具体而言是 1821 年，来自康涅狄格州纽黑文的约翰·戴维斯在南极半岛休斯湾登陆。

● 右图
抱有强烈科学兴趣的詹姆斯·威德尔驾驶着双桅横帆船简号风趣云驶，最南抵达南纬 74°15' 海域，这里现在名为威德尔海。

ASSAULT ON THE POLE

—

冲击南极点

在罗伯特·法尔肯·斯科特、欧内斯特·沙克尔顿和爱德华·威尔逊的探险队创造了抵达最南纬度的纪录后，1903年，也就是探险队返回前一年，沙克尔顿身体虚弱，于是，斯科特强行把这位下级军官提前遣送回国。1907年，苏格兰工业家威廉·比尔莫尔提供的7000英镑贷款让沙尔克顿带队出征。第二年年初，沙克尔顿一行15人在罗斯岛的罗伊德角建立了一个基地；在那里，他们首次登上了该岛的活火山——埃里伯斯山。

Following the farthest south reached by Robert Falcon Scott, Ernest Shackleton and Edward Wilson on the Discovery Expedition, Shackleton's debilitated condition led to Scott invaliding home the junior officer in March 1903, a year before the expedition returned. For several years thereafter Shackleton hoped to make an assault on the South Pole, not only to overcome any accusations of personal weakness, but also to accomplish something that would lead to fame and fortune. In 1907, a £7,000 loan from the Scottish industrialist William Beardmore allowed him to proceed. Early the next year, Shackleton's party of 15 established a base at Cape Royds on Ross Island; while there, they made the first ascent of Mount Erebus, the island's active volcano.

南极点
South Pole

南极高原
Antarctic
Plateau

横贯南极山脉
Transantarctic Mountains

南极洲
ANTARCTICA

罗斯冰架
Ross Ice Shelf

小美利坚站
(美国南极考察站)
Little America

弗雷门海姆
Framheim

罗斯岛
Ross Island

罗斯海
ROSS SEA

0   250 kms

0   150 mls

斯科特, 1901—1904

沙克尔顿, 1907—1909

斯科特, 1910—1913

阿蒙森, 1910—1912

白濑矗, 1910—1912

伯德, 1928—1930（空中侦察）

伯德, 1928—1930（飞抵南极点）

Reference to Contours
showing depths in fathoms

Sea level
100 fathoms
500 "
1000 "
2000 "
3000 "
Below 3000

Present Antarctic Continent,
with South Polar Regions drawn to illustrate the probable topography,
as well as the effects of messrs Amundsen and Shirase's
expeditions to the Antarctic.

By

M. Ikeda "Nosakinski"
(Chief scientist to Mr. Shirase's Antarctic Expedition.)

PACIFIC

2000

2000

Chatham Is.

Bounty I.   Antipodes I.

Wellington
Strait
Port Lyttelton   Campbell I.

Auckland
I.   Macquarie Is.

C. Adare
Balleny
Is.

Vic

Adelie
land

NEW
ZEALAND

Lord Howe I.

Adelie
land

Clarie
Land

Sydney

Bass Strait   Tasmania

Melbourne

AUSTRALIA

Adelaide

G. Australian
Bight

Albany

OCEAN

SOUTH AMERICA

Chiloe

 ATLANTIC

SOUTH

Rio de la Plata

Rio de Janeiro

Falkland Is.

C. Horn Staten I.

South Shetland Elephant I.

Graham Land

Alexander I. Ld.

probably barrier ice
with islands or
undulating land

dense pack ice
probably held
in position
by islands

ANTARCTIC ANDES

WEDDELL
SEA

South Orkneys

South Georgia

South
Sandwich
Group

WEDDELL
1823
BRUCE
1904

Coats Land

Mt. Nobie
Mt. O. Kuma
Queen Maud Range
SOUTH
POLE
King Haakon
VII
plateau
Pole-heim

pack
ice

15100

10100

pack
ice

OCEAN

Inaccessible I.
Nightingale I.
Tristan da Cunha
Gough I.

Bouvet I.

probable ice barrier

pack ice

NARES (challenger)

Knox
Land

Kaiser
Land

C. Ann
Enderby Land

Kemp Land

Cape Good Hope
Cape Town

AFRICA

Port Natal

2000

Heard Is.

MacDonald I.

Kerguelen I.

OCEAN

INDIAN

Nat. Scale 1:40,000,000 or 1 inch = 631·3 Statute
miles 100 200 300 500 700 900

次年春天，沙克尔顿的队伍进行了两次长途跋涉。埃奇沃思·戴维(Edgeworth David)、道格拉斯·莫森和阿里斯泰尔·麦基(Alistair Mackay)乘坐人力雪橇前行了 2000 公里，直达南磁极附近。同时，沙克尔顿、弗兰克·怀尔德(Frank Wild)、埃里克·马歇尔(Eric Marshall)和詹姆逊·亚当斯(Jameson Adams)前往南极，他们先是乘坐东北矮马，然后是人力雪橇。他们翻过大冰障，登上比尔德莫尔冰川，到达南极高原，继续前进，直至因缺食而撤退。他们到达了南纬 88°23'，距离南极点只有 180 公里，铸就了极地探险史上一次史诗般的旅行。

在沙克尔顿返回后不久，斯科特宣布了一项具有双重意义的探险——开展宏大的科学计划并登上南极点。1911 年初，斯科特的队伍在阿代尔角和罗斯岛的埃文斯角建立了两个基地。在这个过程的后期，斯科特发现他并不"孤单"。西北航道的征服者罗尔德·阿蒙森最初准备去往北极，但当听说弗雷德里克·库克和罗伯特 ·E. 皮里声称已到达北极后，阿蒙森改变了目标，转而在大冰障上安营扎寨。

斯科特、阿蒙森两人都渴望成为第一个登上南极点的人。经历了严冬和开局不顺后，阿蒙森一行五人，带着 52 只狗，于 1911 年 10 月 20 日南下。他们很快就穿越处女地，经过变幻莫测的阿克塞尔·海伯格冰川后，登上了南极高原。在靠近山顶的位置，他们杀掉 24 只狗，以便为队员和其他狗提供食物。12 月 14 日，阿蒙森、

EXPORT AND SHIPPING DEPARTMENT.

Name ....

Address ....

Bought of

HARROD'S STORES LIMITED.

Telegrams "EVERYTHING LONDON" · Telephone 542 KENSINGTON

BROMPTON ROAD, **LONDON,** S.W.   190

CODE USED A. B. C. 4th EDITION.

EXPORT Ref. No.			Address or Mark of Package.	N A T I O N A L A N T A R C T I C RELIEF SHIP "MORNING" EXPEDITION

					£		
51		yds.		Plain Cork Carpet	2/3	6	5	9
				Measuring & Laying 51 yds.	3		12	9
33		"		Plain Linoleum	2/6	4	8	0
				Measuring & Laying 33 yds.	3		8	3
7				Wool River Bor. Mats	2/4		16	4
2				C. F. Mats	4/6		9	0
1				Straw Mat			1	11
12				Axminster Carpet	5/11	3	11	0
13½				"	9/11	6	13	10½
				Strapping Ends			7	6
1				Mattress for Chart Room 6' x 2'3"		1	3	0
1				Cushion size 3" No. 2		2	17	9
				Petty Officer's Berth.				
6				Mattresses 5'11" x 1'11"	21/-	6	6	0
2				6' 8" x 1'11"	22/-	2	4	0
				Chief Engineer's Berth.				
1				Cushion 4'2½" x 1'12"		2	1	6
1				Bolster for above 8" diam.			9	9
1				Mattress ' 1" x 1'11"		1	3	0
1				" 5' 9" x 1'11" (Capt. Colbeck)		1	3	0
2				" 5' 9" x 1'11" (Tick Bag)		2	6	0
4				" 6'12" x 1'11"	21/-	4	4	0
1				Hair Cushion		1	2	6
2				Cushions on own frames		2	15	6
				Covering own Seat			9	9
17				Feather Pillows 24 x 16	4/2	3	12	3
114		14 lb. tins		Pres. Potatoes (2,000)		37	16	0
192		" " "		" Beetroot		2	8	0
60	10	" "		Carrots (600)		20	5	0
20		" "		Parsnips (200)		6	15	0
160 60		" "		Onions		27	0	0
100		" "		Spinach		2	18	4
35				Boxes for Parsnips, Carrots & Onions		3	10	0
72	2	" tins		Cauliflower		2	17	0
70	2	" "		Haricot Verts		2	12	6
80	2	" "		Petit Pois		3	10	0
130	2	" "		Tomatoes		2	6	0
37		" "		Asparagus		1	12	4
24		" "		Broad Beans		1	1	0
48	2	" "		Brussels Sprouts		1	10	0
100	1	" "		Celery in Juice		3	10	10
28	1	" bots.		Radish		1	5	8
100		" tins		Blk. Pepper		1	5	0
50		" "				1	5	0
80		" "		White Pepper		1	2	11
40		" "				1	3	4
112				Block Salt		1	0	0
150		jars		Table Salt			3	0
200	4	tins		Curry Powder		2	3	9
30		" "		Mxd. Spice		3	10	10
12		" "		Nutmegs		2	15	0
7		" "		Cloves		1	13	0
2		" "		Cinnamon			7	6
12		" "		Gd. Ginger			3	8
5 doz.	4 oz.	botts.		Assorted Essences			10	6
						1	10	0
				Carried frd.		£195	18	1½

赫尔默·汉森、奥拉夫·比阿兰德、奥斯卡·威斯汀和斯维尔·哈塞尔（Sverre Hassel）到达极点。几天后，队员开始返回到接应他们的弗拉姆号船上。

而另一边，斯科特不仅计划带着狗，还带着小马、机动雪橇和人力雪橇。整个冬季，探险队都在不间断地进行科学考察，比如威尔逊、绰号"小鸟"的鲍威尔和阿普斯利·彻里－加拉尔为了去观察一群帝企鹅，为此进行了一段噩梦般的长途跋涉。之后，斯科特率领了一支大型队伍向南出发。他的计划包括了来自众多补给队的支援，这些补给队将在不同阶段返回。斯科特、威尔逊、鲍威尔、埃德加·埃文斯（Edgar Evans）和 L. E. G. 奥茨（L. E. G. Oates）沿着沙克尔顿的路线深入南极。

1912 年 1 月 17 日，斯科特五人到达南极点，发现阿蒙森已经击败了他们。失落的情绪、食物和燃料的短缺、异常寒冷的天气，以及坏血病使他们的归途困难重重。2 月中旬，埃文斯死于比尔德莫尔冰川底部附近。一个月后，奥茨为了拯救队友英勇牺牲。随后，迫于天气，斯科特、威尔逊和鲍尔斯只能蜷缩在帐篷里，这里成为他们生命的最后归宿，这里离他们预设的补给物资充足的一吨库只有 18 公里。第二年春天，其他探险队成员发现了他们的遗体。

1928 年，曾经因声称自己飞越北极而声名大噪的理查德·E. 伯德率领了一支庞大的探险队，在阿蒙森的旧基地附近建立"小美国"的基地。1929 年 11 月 28—29 日，经过大量空中侦察，伯德和另外三个人完成了首次到达南极的飞行，飞机在途中抛下大部分食物，以便轻松地飞越南极山脉。他们的这次旅行只花费了 19 个小时，而阿蒙森花了三个月，斯科特和他的队伍则魂断冰原。

Fram-Expeditionen

15 dcbr 1911.

Deres Majestæt.

Hermed tillater jei mei at meddele, at 5 mand av Framepeditionen
- mei selv derimet - ankom her til sydpolomrädet - følge obs. 89°57'30" S.Br.
- igår den 14 dcbr - efter en vellykket sledetur pa vort untetlikarti Framheim
Vi forlot dette den 20 ovbr. med 4 sleder, 52 hunde og proviant for
4 mänter. Vi har pa vor vei bestemt den store "Ross barriers" utstrek-
met syd - ca 86° S.Br. samt kong Edvard VII's Land s og Victoria hands
sammenslutning pä samme sted. Victoria hand ophöver her, mene
kong Edvards hand fortsettes i Sve retning intil ca 87° S.Br. med en mektig
fjelgside med topper intil 22000 f. h. Disse sammenslatene fjeldside
har jei tillat mee at kalle - som jei häper med tilladelse - Dronning Maud's
Kjeder. - Det store inlandsplatäen fandt vi - pä ca 88° S.Br. - at gä over i
i en hei flat höislette, som atter ved 89° S.Br. ganske svakt begynte at skräne
ned mot den annen side. Slettens höide o. h. er ca. 10750 f. -
Vi har iday med en radius av 8 km inærkte den geografiske sydpol.
heist dit norske flag og kaldt den svake skränende slette, hvorpä du har
lykkes os at bestemme den geografiske s ydpols beliggenhet for "Kong
Häkon VII's Vidde med - som jei häper - Deres Majestäts tilladelse.
Vi begynner tilbaketuren imorgen med 2 sleder, 16 hunder og vel ut-
styrt med proviant.

Forbödigst
Roal Amundsen

Halvorsen & Larsen Ld, Kristiania

● 上图

在成为史上第一支到达南极点的队伍次日，罗尔德·阿蒙森提笔写给挪威国王哈康七世
（Haakon VII）的一封信。阿蒙森把信留在了他们称之为"波尔海姆"的帐篷里，请求斯科特
将其转交，以防阿蒙森的队伍在返程中遭遇不测。信最终在斯科特及其同伴的尸体旁被发
现，毫无疑问地证明挪威人在南极点的竞争中击败了斯科特。

TELEPHONE: No. 57 MAYFAIR.

1, Savile Row,
Burlington Gardens,
London, W.

March 26th, 1912.

Capt. Roald Amundsen,
  C/o. Norwegian Consul,
    Buenos Aires, Argentine Republic.

Dear Capt. Amundsen,

        Our President, Lord Curzon has cabled to you the
hearty congratulations of the Society on the magnificent
journey you made to the South Pole and back.   I send you my
own personal warm congratulations, although I hope you will
allow me to say that I wish you had been quite frank about your
intentions before you left.   Captain Scott would have been the
last man in the world to object to your making an attempt to
attain the South Pole.   ~~I think you were mistaken.~~   However,
~~it is all over now and you have been successful.~~   I hope you
will reap the rich reward that you deserve.

        I learn from the lecture Agent here, Mr Christy,
that you propose to come to England next autumn unless Captain
Scott returns home in the meantime and intends to lecture in
England, in which case you would not interfere.   Should you
come to England our Council would be glad if you would give

●上图

英国皇家地理学会秘书约翰·斯科特·凯尔蒂致探险家罗尔德·阿蒙森信的第一页，邀请他
到学会做演讲。这封信包含了凯尔蒂本人和大多数英国地理机构对于阿蒙森击败斯科特的
复杂心情。

SHIRASE'S JAPANESE ANTARCTIC EXPEDITION

白濑的日本南极探险

经过长期的积极争取，白濑蟲获得了日本国内对南极探险的支持。他于 1910 年 12 月从日本出发，一路向南。罗斯海的厚冰阻止了开南丸号到达南极海岸，于是白濑的队伍前往悉尼过冬，在那里，拮据的预算使他们活得像乞丐一般。1912 年初，登陆大冰障后，白濑领导了向南 250 公里的"疾速巡逻"。他们返回时，恶劣的环境使登船变得岌岌可危，好在他们成功了，并以英雄的身份凯旋。

● 上图
白濑蟲的"疾速巡逻"是第一个探索爱德华七世（Edward VII）领地的队伍，这是早期探险家无法到达的地方。

斯科特的主要基地在埃文斯角，但维克托·坎贝尔领导的一支分队在阿代尔角过冬。1912 年 1 月，这六个人被特拉诺瓦号运去维多利亚地考察。可是，由于冰层太厚，他们无法被顺利接走。因食物匮乏，他们被迫挖了一个冰洞，靠食用海豹和企鹅为生。在经历了或许是南极历史上最悲惨的冬天之后，这些虚弱的人沿着海岸行进了 40 天，才到达安全地带，与他们的同伴会合。

● 上图
陷入浮冰包围的特拉诺瓦号。比没有到达维多利亚地的坎贝尔队伍的船更令人惊讶的是成功驾驶在危险的南极海域的旧帆船的数量。

DOUGLAS MAWSON

—

道格拉斯·莫森

道格拉斯·莫森被誉为最伟大的南极科学家，他进入这一领域却纯属偶然。莫森 1882 年出生在约克郡，后在新南威尔士长大，进入悉尼大学后拜师著名地质学家 T. W. 埃奇沃思·戴维门下。1907 年，戴维获得机会，跟随欧内斯特·沙克尔顿的第一次探险队去往南极洲，在探险船留下一支过冬队伍后，随船返回。莫森当时是阿德莱德大学的讲师，他询问沙克尔顿是否可以参与考察，并对整个考察过程中自己被称为物理学家感到尤其惊讶。

Although arguably the greatest Antarctic scientist, Douglas Mawson came to the field quite by chance. Born in Yorkshire in 1882, he grew up in New South Wales, and at the University of Sydney became a protégé of the famed geologist T.W. Edgeworth David. In 1907, David was given the opportunity to sail to Antarctica with Ernest Shackleton's first expedition and then return after the ship left behind a wintering party. Mawson, then a lecturer at the University of Adelaide, asked Shackleton if he could do likewise, and was surprised to be named the physicist for the entirety of the expedition.

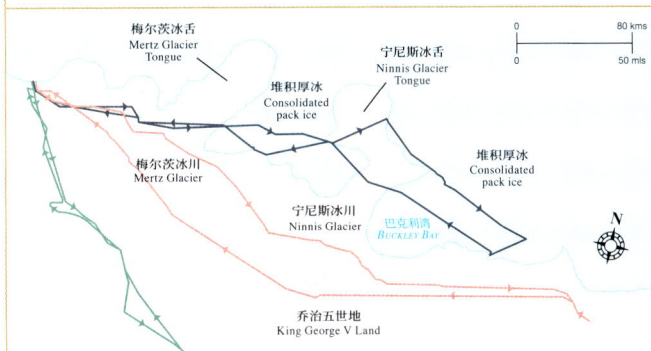

恩德比地
ENDERBY LAND

肯普地
KEMP LAND

埃默里冰架
Amery Ice Shelf

南极洲
ANTARCTICA

沙克尔顿冰架
Shackleton Ice Shelf

诺克斯海岸
KNOX COAST

罗斯冰架
Ross Ice Shelf

维多利亚地
VICTORIA LAND

塞布里纳海岸
SABRINA COAST

罗斯海
ROSS SEA

阿代尔角
Cape Adare

威尔克斯地
WILKES LAND

见下方图

巴雷尼群岛
Balleny Islands

南极圈 Antarctic Circle

南太平洋
SOUTH
PACIFIC OCEAN

0   1000 kms
0   500 mls

梅尔茨冰舌
Mertz Glacier
Tongue

宁尼斯冰舌
Ninnis Glacier
Tongue

堆积厚冰
Consolidated
pack ice

堆积厚冰
Consolidated
pack ice

梅尔茨冰川
Mertz Glacier

宁尼斯冰川
Ninnis Glacier

巴克利湾
BUCKLEY BAY

乔治五世地
King George V Land

N

0   80 kms
0   50 mls

南磁极之旅，1909

参加澳大利亚南极探险队航行，1912

莫森远东之旅，1912—1913

东海岸之旅，1912—1913

南部之旅，1912—1913

英国、澳大利亚及新西兰南极考察队，1929—1930

英国、澳大利亚及新西兰南极考察队，1930—1931

莫森开始逐渐在南极考察中发挥重要的作用。在探险早期阶段，他是首次登上罗斯岛埃里伯斯活火山的队员之一。第二年春天，莫森与一直待在南极的戴维，还有外科医生阿里斯泰尔·麦基一道乘坐人力雪橇前行了大约 2000 公里，尽管携带的科学仪器无法使他们准确定位，但他们依旧是第一批接近南磁极的人。莫森认识到科学知识的巨大价值，所以当探险队往北后撤时，他开始考虑继续从事南极研究。

莫森的目标是着手调查对着澳大利亚南部区域的南极洲长达 3200 公里的海岸，当时那里仍不为人知。为此，他所在的澳大利亚南极探险队制定了当时覆盖面最广的南极科学计划。1912 年初，因为无法找到登陆点，这个计划在最后一刻仍有变化。但是，AAE 仍然包括了三个站点：一个位于在亚南极地区的麦夸里岛（计划 5 人），主站位于英联邦湾的丹尼森角（计划 18 人），西部站位于沙克尔顿冰架（计划 8 人）。在约翰·金·戴维斯（John King Davis）指挥的极光号考察船穿梭于站点和海洋期间，探险队的成员进行了在当时来说最为全面的南极科学项目。两支队伍还驾着雪橇，对南极大陆进行了广泛探索，而来自西部站的成员到达了 1902 年埃里

希·冯·德赖格尔斯基（Erich von Drygalski）曾发现的高斯堡。

不过，最引人注目的还是莫森的雪橇之旅。在距离基地大约 500 公里的地方，两个同伴之一、B. E. S. 尼尼斯（B. E. S. Ninnis）坠落进一个冰裂缝中，不幸丧生，他们也损失了最好的狗和大部分食物。莫森和泽维尔·默茨（Xavier Mertz）绝望地疾驰过冰盖，奔向丹尼森角，边走边靠吃剩下的狗充饥。由于食用了狗的肝脏，两人都遭受了严重的维生素 A 中毒，默茨也因此死亡。莫森独自一人继续前行，这或许是南极历史上最非凡的旅行。当他最终挣扎回到基地时，却发现极光号已经在几个小时前离开了。他不得不多滞留南极一年，陪伴他的是 6 个被留下来寻找他的人。

莫森以民族英雄的身份回到澳大利亚，而后开始学术生涯。然而，他对南极的兴趣仍在继续。1929—1931 年，他领导了英国、澳大利亚和新西兰的南极考察队。在这次考察中，他发现了新的南极海岸地区，通过船只和飞机的探索，绘制了它们的地图，并且对其归属做出了声明。这些工作促成了澳大利亚南极领地的建立。在 1958 年去世之前，莫森一直是南极研究的关键人物。

● 对页上图
在最后一刻，莫森在丹尼森角的主基地合并了两支队伍。完成后，两座小屋彼此相邻，一个作为生活区，另一个作为工作区。

● 对页下图
在筹划澳大利亚南极探险队时，道格拉斯·莫森选用的签名照。严格来说，南极历史最伟大的科学考察是他的心血结晶。

● 上图
在莫森逃回丹尼森角后，其雪橇的惨象。当同伴泽维尔·默茨去世后，为了拖走雪橇，莫森只能用一把削笔刀将雪橇一分为二。

● 上图

莫森的伙伴在雪中挖了一条隧道后才得以
离开小屋。风吹得如此之大，以至于雪没
过了屋顶。右边的人是 B.E.S.·尼尼斯。

● 下图

1909 年，阿里斯泰尔·麦基，埃奇沃思·戴
维和莫森宣告为大英帝国找到了南磁极。
图片中，相机的快门线从大卫的手里延伸
到镜头前。

THE GREATEST ANTARCTIC SEA CAPTAIN

最伟大的南极船长

1907 年，一个名叫约翰·金·戴维斯的年轻水手主动提出在沙克尔顿的猎人号船上担任大副。他得到了这份工作，并且表现得非常出色，因此被任命为返航英格兰的船只的船长。随后，戴维斯担任了极光号船长和澳大利亚南极探险队的副指挥官。在此期间，他进行了三次南极之旅和两次亚南极之旅。在指挥远征队、营救沙克尔顿在罗斯海的队伍之后，戴维斯在莫森领导的新西兰南极考察队中担任船长，这成就了他作为南极海域最富经验船长的职业生涯。

● 上图
约翰·金·戴维斯是一位激烈、苛刻的船长。他全心全意，言行十分稳重，绰号"阴郁的戴维斯"。

ANTARCTIC PHOTOGRAPHY

南极摄影

在南极摄影史上，有两个人一骑绝尘。作为罗伯特·法尔肯·斯科特最后一次探险的成员，英国人赫伯特·庞廷（Herbert Ponting）天生孤僻，很少与他人合作。然而，他在职业生涯中却是一个至高无上的完美主义者：每当确定一张照片的最佳构图后，就是无休止地等待理想的拍摄时刻。相反，陪伴莫森和沙克尔顿的澳大利亚人弗兰克·赫尔利（Frank Hurley）不仅承担装卸雪橇和其他探险任务，还能拍摄出令人惊叹的照片。虽然赫尔利是一个在事件发生时就拍照的机会主义者，但他具备一种不可思议的神奇力量，能创作出引人入胜的照片。

● 下 图
弗兰克·赫尔利在丹尼森角的小屋前收集冰块融化水的照片。每次出门时，应对暴风雪几乎都是男人们的"必修课"。

● 对 页 图
弗兰克·赫尔利（下）在莫森的澳大利亚南极探险队和英澳新北极考察队工作。他最著名的照片（上）拍摄于沙克尔顿领导的大英帝国跨南极探险队期间。在这张照片中，他展现了这种独特的冰的形态。

CROSSING
ANTARCTICA

—

穿越南极洲

在人们到达南极极点之前,探险家曾提议进行一项穿越南极大陆的计划。1908 年,苏格兰海洋学家 W. S. 布鲁斯就发表过这样一份计划,但由于缺乏资金支持,一直无法成行。与此同时,德国探险家威廉·菲尔西纳提议进行一次考察——两支探险队相向而行,最后在南极大陆的中心会合——以确定威德尔海和罗斯海是否是被一块连绵的陆地或一些冰雪覆盖的岛屿分开。但资金缺乏也同样困扰着菲尔西纳,于是他将目标缩减为单程穿越南极大陆。

The South Pole had not even been reached before explorers began proposing a crossing of the Antarctic continent. In 1908, the Scottish oceanographer W. S. Bruce published such a plan, but lack of funding saw it still-born. Concurrently, the German explorer Wilhelm Filchner proposed an expedition in which two parties would meet in the continent's centre to determine if the Weddell and Ross seas were separated by a continuous landmass or an ice-covered series of islands. Lack of funding plagued Filchner, too, and his goal was reduced to a one-way crossing of the continent.

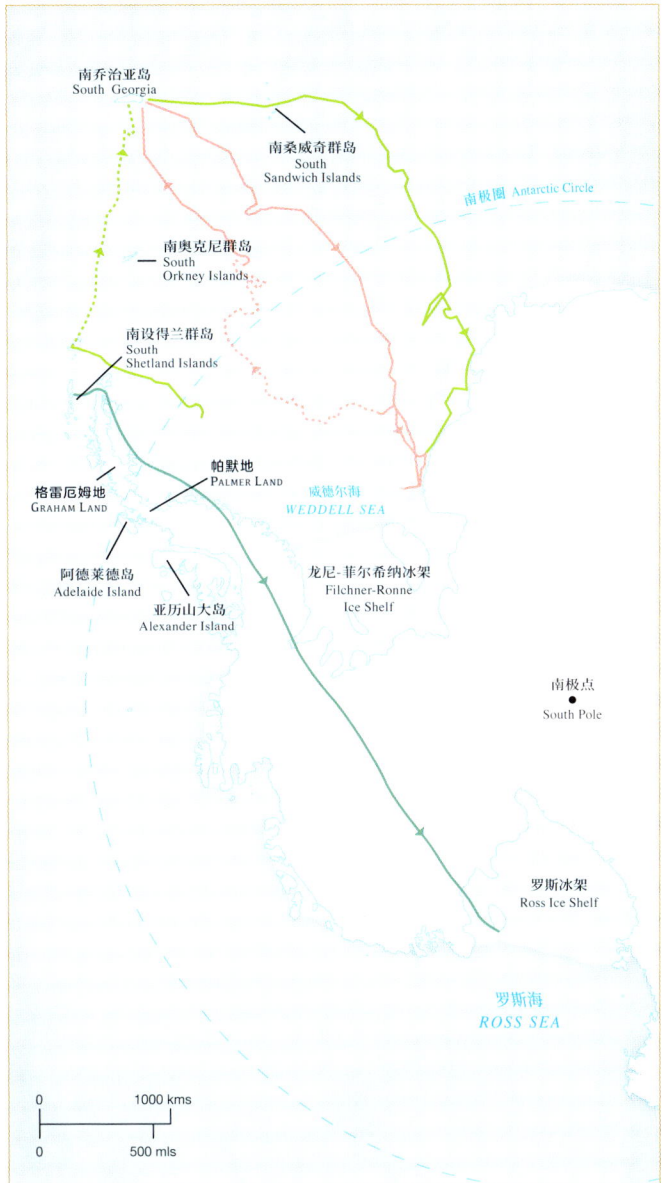

南乔治亚岛
South Georgia

南桑威奇群岛
South
Sandwich Islands

南极圈 Antarctic Circle

南奥克尼群岛
South
Orkney Islands

南设得兰群岛
South
Shetland Islands

帕默地
PALMER LAND

格雷厄姆地
GRAHAM LAND

威德尔海
WEDDELL SEA

阿德莱德岛
Adelaide Island

亚历山大岛
Alexander Island

龙尼-菲尔希纳冰架
Filchner-Ronne
Ice Shelf

南极点
South Pole

罗斯冰架
Ross Ice Shelf

罗斯海
ROSS SEA

| 0 | | 1000 kms |
| 0 | | 500 mls |

菲尔纳西，1911—1912

菲尔纳西，被困于冰雪之地

沙克尔顿，1914—1916

沙克尔顿，被困于冰雪之地

沙克尔顿在詹姆斯·凯德号上

埃尔斯沃斯，1935

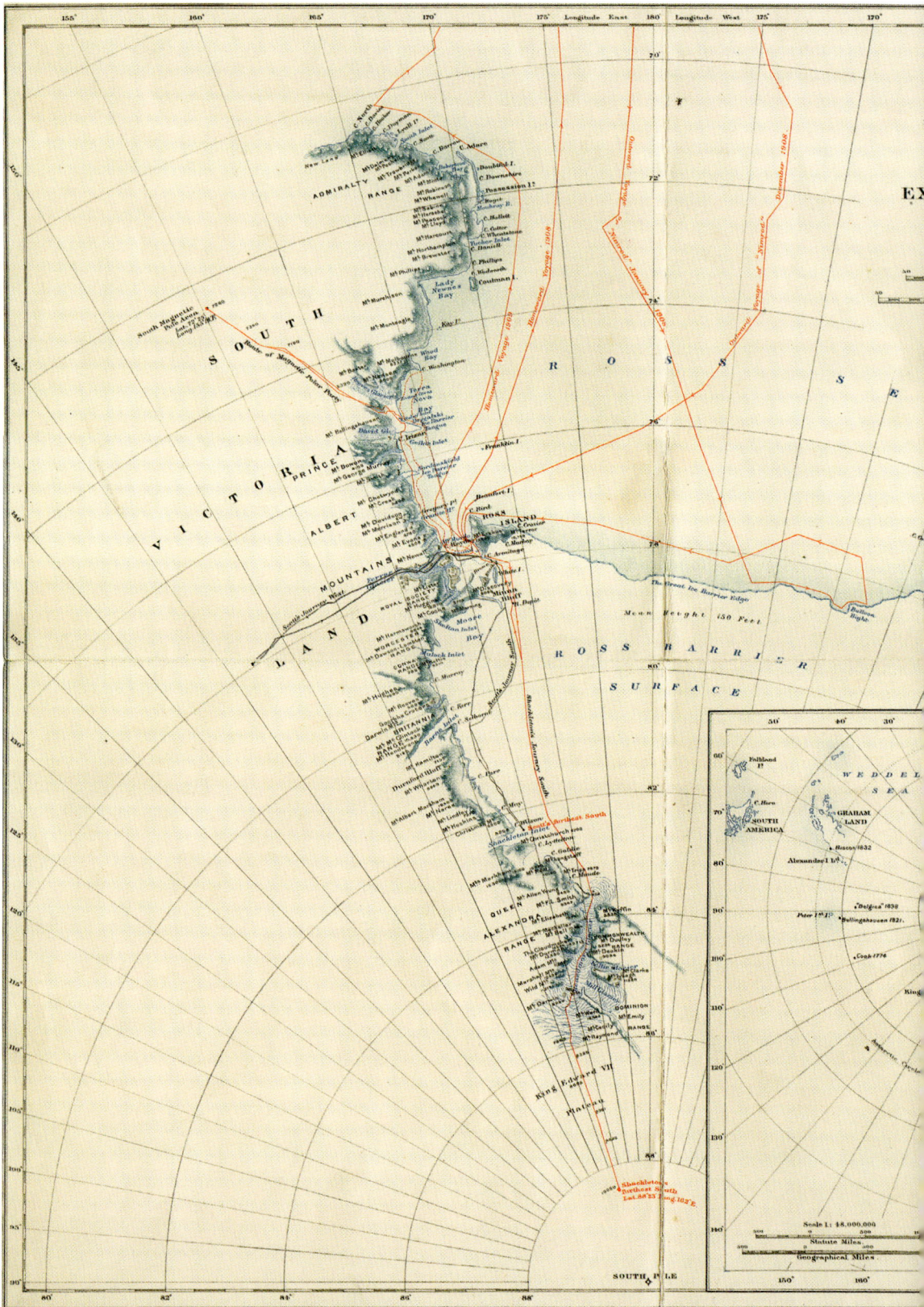

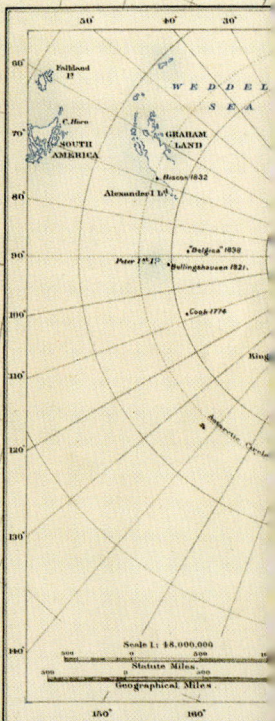

EX

ADMIRALTY RANGE

SOUTH

VICTORIA

PRINCE

ALBERT

MOUNTAINS

LAND

ROSS ISLAND

ROSS SEA

ROSS BARRIER SURFACE

The Great Ice Barrier Edge

Mean Height 150 Feet

South Magnetic Pole Area
Lat. 72°25' S
Long. 155°16' E

ROYAL SOCIETY RANGE

WORCESTER RANGE

BRITANNIA RANGE

QUEEN ALEXANDRA RANGE

DOMINION RANGE

King Edward VII Plateau

Shackleton's Farthest South
Lat. 88°23' Long. 162° E.

SOUTH POLE

Longitude East   Longitude West

WEDDELL SEA

GRAHAM LAND

SOUTH AMERICA

Alexander I. Ld.

Peter I. Id.

Bellingshausen 1821

Cook 1774

Belgica 1898

Antarctic Circle

Scale 1 : 48,000,000

Statute Miles

Geographical Miles

ANTARCTIC EXPEDITION
1907

eral Map showing the

TIONS AND SURVEYS

THE EXPEDITION
1907 - 09.

Scale 1 : 6,000,000
100   200   300
Statute Miles
100   200   300
Geographical Miles.

Heights in feet above Sea Level.

ALEXANDRA M^S

ARD VII LAND

Long. 10° East 20°   30°   40°   50°

Enderby Land

Kemp Land

Nares (Challenger)
1574

Kaiser
Wilhelm II Land   Gauss 1901

Knox Land

Shackleton
Lat. 68° E.
Long. 158° E.

Scott 1902

SOUTH

VICTORIA

LAND   Sabrina Land

Clarie Land

Adélie Land   Wilkes 1840

Balleny I^s

Macquarie I^s

Campbell I^s

Auckland I.

TASMANIA

ZEALAND

AUSTRALIA

Lyttelton

60°
70°
80°
90°
100°
110°
120°
130°
150°

170°   160°   150°

● 左 图

1907—1909 年，欧内斯特·沙克尔顿组织并领导了尼姆罗德探险队（英国南极探险队）。他们试图到达南极，并继续开展 1901—1904 年由斯科特领导的科学和地质调查工作。两支独立的队伍分别从大本营出发。1909 年 1 月，第一支队伍发现了南磁极。沙克尔顿在第二支队伍中，他们试图到达地理意义上的南极点。1909 年 1 月 9 日因恶劣的天气，在离目标只有 180 公里处，他们做出了勇敢的决定——调头返回，而不是继续冒险。否则，前方的行程百分之百将把食物和燃料耗尽。

1911 年，菲尔西纳进入威德尔海，并到达基地附近的陆地，发现了后来以他名字命名的巨大冰架。1912 年 2 月，他开始建造一座冬令营，但 8 天后，冬令营随着一大片冰架的崩落而漂走了。虽然船员和大部分补给品都被抢救回来，但他的考察船德国号却被困九个月。当冰层解冻后，他们已经向北漂移超过 10°，菲尔西纳随即放弃了进一步的尝试。

但是，菲尔西纳的计划仍被人惦记。欧内斯特·沙克尔顿从菲尔西纳和布鲁斯那里借出充足的资金，以实现他提出的穿越南极的构想。沙克尔顿的想法是带领一群人从威德尔海出发，穿越未知地带，到达南极点，从那里他可以沿着自己早期的路线到达罗斯海。与此同时，从罗斯岛到比尔德莫尔冰川的补给站也将投入使用，这可以支援他的穿越活动。

1914 年末，当沙克尔顿忍受着严寒艰难地向南航行时，他的运气甚至比菲尔西纳还要差。这艘船被卡在威德尔海的冰里，孤立无援地漂流了 9 个月后被挤碎。探险队员在冰上又经历了 6 个月的露营后，乘坐三艘敞篷船到达象岛。弗兰克·怀尔德留在象岛负责管理一切，沙克尔顿和其他五人驾驶着捕鲸船詹姆斯·凯德号驶向南乔治亚岛，航程达到 1450 公里。在那里，沙克尔顿、弗兰克·沃斯利（Frank Worsley）和汤姆·克林（Tom Crean）奇迹般地穿过岛上未被开发的山脉，来到斯特罗姆尼斯捕鲸站。在接下来的几个月里，沙克尔顿连续组织了四次救援行动，成功解救出其他被困象岛 105 天的队员。

与此同时，沙克尔顿的补给队也同样经历了至暗时刻。1915 年 5 月，奥罗拉号探险船被暴风雪中吹离锚地，10 位没有足够补给的

● 上图

威廉·菲尔西纳在菲尔西纳冰架上的经历与沙克尔顿有些类似，后者在罗斯冰架上建立基地，但又在冰层裂解过程中失去营地。尽管如此，菲尔西纳还是绘制了以前不为人知的海岸，进行了一次冬季雪橇之旅，并两度访问南乔治亚。

● 上图

绰号"老大"的欧内斯特·沙克尔顿的经典造型。沙克尔顿在距离南极点仅 180 公里的地方成为国际英雄，为自己赢得了骑士勋章，也使他日后能够组织起帝国跨南极探险队。

● 对页图

夹在威德尔海浮冰中的"坚韧"号因挤压变形，最终解体沉没。许多人舍不得弃船，但是沙克尔顿很现实地承认："无论遭受了什么样的破坏，冰块都要保留下来。"

Dec. 10th 1935

at 3 a.m. G.C.T. arrived at
the sledge, Kane in pretty well
exhausted. After a meal of
imped nuts turned in.
After 7 hrs sleep took sights
and plotted our position about
12 miles north of the head of the
Bay of Whales. Encouraging, so
eventually we will find D. A.
The two maps we are using don't
agree.

The weather the last two days
perfect, no wind and the sun
shining down out of a cloudless
sky and the temp above freezing.
We sweat beautifully on
our march.

What a time, apiece the sledge,
locked in the huntless expanse
and how far off we could get it.

Silence and desolation and we
its only inhabitants! Antarctica

Camping on the Barrier ice now
for we surely must be off Roosevelt
Is.

Saw a Byrd beacon 2 days ago,
also a flock of Ivory gulls flew
over our plane.

Dec. 11th 1935.

Took our sledging by night today
after our experience with soft snow
yesterday. Traveled 10 or 11 miles.
One bad pull over a crevasse
it was weary work and it
seemed as though we must
be going in the wrong direction
for the never ending expanse
stretched on forward, yet our
sights of yesterday placed us
10 to 15 miles from the head
of the Bay of Whales. The
night sun cast a weird
dull glow over the ice fields
without warmth although out
of a cloudless sky, and unlike
anything to be found outside
the Polar regions. Suddenly
I told Kenyon I could see
a line of blue water on the
horizon. Yes, there it is he
said, the Bay of Whales.
We had been travelling much
too far west.

We made camp. I took off
my socks and moccasins
looked at my left big toe
and saw it was one big
water blister. It had been
numb without feeling

队员被留在了茫茫冰原上。奥罗拉号在冰天雪地里漂流了 10 个月后，才走走停停，到达新西兰。随后，在约翰·金·戴维斯的带领下，1917 年 1 月的救援探险行动营救了那些被迫滞留的人。在此期间，尽管缺少设备、衣服和食物，这支补给队还是为沙克尔顿建立了补给库，一直延伸到比尔德莫尔冰川。他们中有一名成员死于坏血病，两名在海冰上失踪。

15 年后，资助阿蒙森飞越北极的林肯·埃尔斯沃斯三次尝试驾驶飞机穿越南极洲，再加上步行，埃尔斯沃斯和赫伯特·霍利克 - 凯尼恩（Herbert Hollick-Kenyon）在 1935 年 11—12 月完成了这一壮举。埃尔斯沃斯最后总结，因为燃料补给和恶劣天气，飞机迫降了四次，他们 14 小时的飞行航程却花费了足足 22 天。他们的飞机在距离"小美国"基地 26 公里的地方耗尽了燃料，他们只好步行到达目的地，然后被船接走。

此后三十年，南极大陆的第一次陆路穿越并未实现，直到昵称为"斯诺猫"的履带雪地车、拖拉机和空中侦察的出现和应用，才终于使之成为可能。从 1955 年开始，由维维安·富克斯（Vivian Fuchs）领导的英联邦跨南极考察队在菲尔西纳冰架上启动站点建设，并建立了一个前沿基地，然后在 1957—1958 年穿越南极大陆到达南极点。在那里，富克斯的队伍与埃德蒙·希拉里（Edmund Hillary）率领的新西兰支援队碰面。随后，富克斯继续前行，成功地到达罗斯岛的斯科特基地，实现了沙克尔顿多年前横跨南极的夙愿。

● 对页上图
林肯·埃尔斯沃斯在两极地区长途飞行总会有意料之外的延误。在北极，他和罗尔德·阿蒙森迫降后，飞机又被滞留了 24 天。

● 对页中图
在坚韧号沉没之后，沙克尔顿的人试图将三艘救生艇拖到冰上的安全处。这可不是一件容易的事，因为詹姆斯·凯德号足有一吨多重。

● 对页下图
摘录自林肯·埃尔斯沃斯穿越南极大陆期间的笔记本。当驾驶的飞机耗尽燃料后，埃尔斯沃斯和赫伯特·霍利克 - 凯尼恩在恶劣的天气中艰难走完剩下的路程。

● 右图
当维维安·富克斯（中）在穿越南极洲到达南极点时，埃德蒙·希拉里爵士（左）和美国"深冻行动"指挥官乔治·杜菲克少将（Rear Admiral George Dufek）迎接他。

MODERN ANTARCTIC ADVENTURERS

现代的南极探险家

近几十年来，无论男女，探险家在南极洲取得了令人瞩目的成就。最有名的也许是雷纳夫·法因斯（Ranulph Fiennes），他的众多旅行包括通过两极环绕地球探险（1979—1983）。1989—1990 年，包括美国人威尔·斯蒂格（Will Steger）和英国人杰夫·萨默斯在内的六人团队[1] 外加一支阿拉斯加雪橇犬队伍，在 220 天里，完成了最长距离的南极洲穿越，达 6020 公里。彼得·希拉里（Peter Hillary）不负父亲的盛名[2]，完成了一系列南极洲和山地探险。安·班克罗夫特（Ann Bancroft）和丽芙·阿内森（Liv Arneson）在 2000 至 2001 年，成为第一批穿越南极洲的女性。

[1] 译者注：团队由中、美、苏、法、英、日六国科学家与探险家组成，秦大河院士为中方队员。

[2] 译者注：其父为 1953 年首攀珠峰的埃德蒙·希拉里爵士。

● 上图
雷纳夫·法因斯爵士是最伟大的冒险家之一，他的成就令其声名远播。然而，他令人印象最深刻的胜利发生在南极洲——只身一人徒步横穿南极。

● 下图
在英联邦跨南极探险队考察过程中，"斯诺猫"雪地车小心翼翼地跨越一个深不可测的冰裂隙。

FRANK WILD

弗兰克·怀尔德

在南极探险"英雄时代"的探险者中，没有哪一位比弗兰克·怀尔德在南极待的时间更久。作为斯科特第一次探险时的出色水手，怀尔德遇到了沙克尔顿，并受邀加入后者的探险队。怀尔德伴随沙克尔顿到达他个人所及的南极最高纬度。后来，怀尔德在沙克尔顿的探险中，又遇到了道格拉斯·莫森，莫森邀请怀尔德在澳大利亚南极探险中负责主持西部基地。作为沙克尔顿在大英帝国跨南极探险时的副手，怀尔德被留在象岛统领和安抚留守人员。

五年后，也就是 1921—1922 年，他再次与沙克尔顿一起出海，并在沙克尔顿去世后接过指挥权。

● 上图
作为最伟大的南极探险家之一，弗兰克·怀尔德在沙克尔顿的最后一次探险之后，就再未去过那里。他晚年在非洲南部担任各种工作。[1]

[1]译者注：英国 BBC 在 2015 年他去世 90 周年时，拍摄了纪录片《弗兰克·怀尔德：被遗忘的南极探险英雄》以表怀念。

书中插图地图系原文插图地图

审图号：GS（2021）5595 号

图书在版编目（CIP）数据

伟大的探险之旅 / (英) 博·里芬堡
(Beau Riffenburgh) 著；张佳静, 付强译. –– 重庆：
重庆大学出版社, 2022.5
书名原文: The Great Explorers
ISBN 978-7-5689-3048-2

Ⅰ. 1伟… Ⅱ. 1博… 2张… 3付… Ⅲ. 1探险者
－生平事迹－世界－通俗读物 Ⅳ. 1 K811-49

中国版本图书馆CIP数据核字(2021)第249584号

伟 大 的 探 险 之 旅

WEI DA DE TAN XIAN ZHI LÜ

[英]博·里芬堡 著

张佳静 付 强 译

责任编辑 王思楠
责任校对 刘志刚
责任印制 张 策
装帧设计 武思七 @[e]-De-SIGN

重庆大学出版社出版发行
出 版 人 饶帮华
社 址 (401331)重庆市沙坪坝区大学城西路21号
网 址 http://www.cqup.com.cn
印 刷 重庆升光电力印务有限公司
开 本 720mm×960mm 1/16 印张：19.75 字数：543 千
版 次 2022年5月第1版 2022年5月第1次印刷
I S B N 978-7-5689-3048-2
定 价 128.00元